轻与重
FESTINA LENTE

姜丹丹 何乏笔（Fabian Heubel） 主编

# 神话的智慧

［法］吕克·费希 著　曹明 译

Luc Ferry
**La sagesse des mythes**

华东师范大学出版社

华东师范大学出版社六点分社　策划

# 主 编 的 话

## 1

时下距京师同文馆设立推动西学东渐之兴起已有一百五十载。百余年来,尤其是近三十年,西学移译林林总总,汗牛充栋,累积了一代又一代中国学人从西方寻找出路的理想,以至当下中国人提出问题、关注问题、思考问题的进路和理路深受各种各样的西学所规定,而由此引发的新问题也往往被归咎于西方的影响。处在21世纪中西文化交流的新情境里,如何在译介西学时作出新的选择,又如何以新的思想姿态回应,成为我们必须重新思考的一个严峻问题。

## 2

自晚清以来,中国一代又一代知识分子一直面临着现代性的冲击所带来的种种尖锐的提问:传统是否构成现代化进程的障碍?在中西古今的碰撞与磨合中,重构中华文化的身份与主体性如何得以实现?"五四"新文化运动带来的"中西、古今"的对立倾向能否彻底扭转?在历经沧桑之后,当下的中国经济崛起,如何重新激发中华文化生生不息的活力?在对现代性的批判与反思中,当代西方文明形态的理想模式一再经历祛魅,西方对中国的意义已然发生结构性的改变。但问题是:以何种态度应答这一改变?

中华文化的复兴,召唤对新时代所提出的精神挑战的深刻自觉,与此同时,也需要在更广阔、更细致的层面上展开文化的互动,在更深入、更充盈的跨文化思考中重建经典,既包括对古典的历史文化资源的梳理与考察,也包含对已成为古典的"现代经典"的体认与奠定。

面对种种历史危机与社会转型,欧洲学人选择一次又一次地重新解读欧洲的经典,既谦卑地尊重历史文化的真理内涵,又有抱负地重新连结文明的精神巨链,从当代问题出发,进行批判性重建。这种重新出发和叩问的勇气,值得借鉴。

3

一只螃蟹,一只蝴蝶,铸型了古罗马皇帝奥古斯都的一枚金币图案,象征一个明君应具备的双重品质,演绎了奥古斯都的座右铭:"FESTINA LENTE"(慢慢地,快进)。我们化用为"轻与重"文丛的图标,旨在传递这种悠远的隐喻:轻与重,或曰:快与慢。

轻,则快,隐喻思想灵动自由;重,则慢,象征诗意栖息大地。蝴蝶之轻灵,宛如对思想芬芳的追逐,朝圣"空气的神灵";螃蟹之沉稳,恰似对文化土壤的立足,依托"土地的重量"。

在文艺复兴时期的人文主义那里,这种悖论演绎出一种智慧:审慎的精神与平衡的探求。思想的表达和传播，快者，易乱；慢者，易坠。故既要审慎，又求平衡。在此，可这样领会：该快时当快，坚守一种持续不断的开拓与创造；该慢时宜慢，保有一份不可或缺的耐心沉潜与深耕。用不逃避重负的态度面向传统耕耘与劳作，期待思想的轻盈转化与超越。

4

"轻与重"文丛，特别注重选择在欧洲（德法尤甚）与主流思想形态相平行的一种称作 essai（随笔）的文本。Essai 的词源有"平衡"（exagium）的涵义，也与考量、检验（examen）的精细联结在一起，且隐含"尝试"的意味。

这种文本孕育出的思想表达形态，承袭了从蒙田、帕斯卡尔到卢梭、尼采的传统，在 20 世纪，经过从本雅明到阿多诺，从柏格森到萨特、罗兰·巴特、福柯等诸位思想大师的传承，发展为一种富有活力的知性实践，形成一种求索和传达真理的风格。Essai，远不只是一种书写的风格，也成为一种思考与存在的方式。既体现思索个体的主体性与节奏，又承载历史文化的积淀与转化，融思辨与感触、考证与诠释为一炉。

选择这样的文本，意在不渲染一种思潮、不言说一套学说或理论，而是传达西方学人如何在错综复杂的问题场域提问和解析，进而透彻理解西方学人对自身历史文化的自觉，对自身文明既自信又质疑、既肯定又批判的根本所在，而这恰恰是汉语学界还需要深思的。

提供这样的思想文化资源，旨在分享西方学者深入认知与解读欧洲经典的各种方式与问题意识，引领中国读者进一步思索传统与现代、古典文化与当代处境的复杂关系，进而为汉语学界重返中国经典研究、回应西方的经典重建做好更坚实的准备，为文化之间的平等对话创造可能性的条件。

是为序。

姜丹丹（Dandan Jiang）
何乏笔（Fabian Heubel）
2012年7月

献给独一无二的穆恩(Moune)

# 目　录

序　言　希腊神话:为了谁? 为了什么? / 1

第一章　诸神和宇宙的诞生 / 43
第二章　从诸神诞生到凡人诞生 / 100
第三章　奥德修斯的智慧
　　　　或者重回失去的和谐 / 168
第四章　僭越:宇宙受到重归混沌的威胁
　　　　或者缺乏智慧如何损害了凡人的生存 / 209
第五章　Dikè(正义)与宇宙
　　　　英雄的第一使命:确保宇宙秩序,反对混沌回归 / 248
第六章　俄狄浦斯和女儿安提戈涅的厄运
　　　　或者为什么凡人没有罪过却经常受罚 / 339

结　语　神话与哲学:狄奥尼索斯的教诲与俗世精神 / 370

# 序　言
## 希腊神话：为了谁？为了什么？

让我们从起源开始：希腊神话的根本意义是什么，为什么今日——可能比往日更甚——我们应该关注它们？我相信，答案就在可能是古希腊最脍炙人口的作品、荷马《奥德赛》独特的一节诗篇中。在那里，我们清楚地看到，神话什么程度上不是我们通常所认为的样子："故事和传说"的合辑，奇闻异事的汇编，唯一的目的就是博人一乐。远不能被划归为娱乐文学，神话是古代智慧的精髓、希腊哲学大厦的根基，后者以概念的形式，为我等凡俗之人勾勒了成功生活的蓝图。

让我们允许自己在荷马故事的河流中泛舟片刻，这里回想起来的是大概的要点，后面我们会有机会再次探讨。

在特洛伊战争僵持长达十年之后，奥德修斯——卓越的希腊英雄——通过计谋赢得了胜利，当然多亏那著名的木马，这是他留在城市壁垒外沙滩上的。特洛伊人自己将木马拖进他们的城堡，否则希腊人是无法破城的。他们将其作为奉献给神的礼物,然而那是战争机器,其腹内藏满了士兵。夜幕降临,希腊士兵从这宏伟塑像的腹部突然窜出,血洗睡梦中的特洛伊人,几乎不留活口。这是令人震惊和残忍的屠杀——如此可怕地抢夺甚至激起了神的愤怒。不过,至少现在战争结束了。奥德修斯可以考虑返回故乡,即他的伊萨卡岛;回到妻子珀涅罗珀(Pénélope)身边;儿子忒勒玛科斯(Télémaque)身边——简而言之,他可以重新恢复他在家庭和王国中的位置。我们已经注意到,在实现目标,即如此这般和谐、与本然之事物和平共处之前,奥德修斯的生命——如同整个宇宙一般——开始于混沌。他参加的那场可怕的战争,迫使其不情愿地放弃在爱人身边拥有的"自然的位置",卷入到纷争女神厄里斯(Eris)挑起的混乱中。正是因为她,敌意开始在希腊人与特洛伊人之间生根——而且,如果我们要把握其作为智慧文学的含义,那么就必须将英雄的征程放在这种原初冲突①的视野中。

冲突在一场婚礼上爆发了。这是未来会成为阿基里斯(Achille)的父母亲的婚礼②,阿基里斯是一位希腊英雄,而且是特洛伊战争最主要的参与者之一。正如睡美人的故事,每个人都

---

① 荷马对此有暗示,但似乎最早提到这一点的是在一本先于《伊利亚特》而完成的作品中:已经失传的"西普里安(Cypriens)诗篇"。从那时起,这个故事就不断被重述,尤其是在被认为出自希吉努斯(Hygin)之手的神话中,这是一位罗马文法学者,有着西班牙血统的诗人,生活在公元1世纪。这里我遵循希吉努斯的记述。

② 即忒提斯(Thétis)与珀琉斯(Pélée),一位海洋女神与色萨利地区一座城邦的人间国王。

"忘记"了邀请邪恶的继母——更确切地说是厄里斯,她在这个故事中扮演了这一角色。换句话说,他们有意在喜庆场所忽视她:无论她在哪里出现,任何事情都会被搞砸;迟迟早早,仇恨和愤怒总会设法盖过爱与欢乐。未被邀请的厄里斯当然现身了,一心要搅乱仪式。她有备而来——带着一只苹果,把它搁在一张桌子上,新人在此宴请,奥林波斯主神临时围坐在一起。这只华丽的金苹果上刻着这样的字行:"献给最美丽的人!"不出所料,所有赴宴的女性异口同声地说:"它是我的!"——冲突暗暗地滋生了,缓慢却必然,它在时机成熟时就会点燃特洛伊战争之火。

进程是这样的。

围着宴席而坐的有三位华贵的女神,她们对于神的统治者宙斯来说同样重要。首先是赫拉(拉丁语为朱诺[Junon]),众神之王不朽的妻子,宙斯对她无法拒绝任何事。不过,在场的还有他宠爱的女儿雅典娜(密涅瓦[Minerve]),以及他的姑母爱欲和美丽女神阿芙洛狄忒(维纳斯[Vénus])。不出所料,厄里斯的计谋生效了,这三位女神都索要那只金苹果。宙斯作为一家之主,要尽可能地避免在争吵中选边站:他清楚地意识到,在女儿、妻子和姑母之间做出选择,他会永无宁日……而且,他必须公正行事,无论他选择谁,都会被他做出不利裁决的神指控偏心眼。因此,他派遣其忠诚的使者赫尔墨斯(墨丘利[Mercure]),谨慎寻找某个无辜的年轻人,在这三位美丽女神之间做出裁判。第一眼看到的那位年轻人貌似一个特洛伊牧羊人,但实际上是特洛伊国王普里阿摩斯(Priam)的儿子帕里斯(Pâris)。帕里斯一出生就被抛弃了,因为有个神谕预言他会招致母邦的毁灭。但是关键时刻他得救了,一个牧羊人救了他的命。后者同情这个婴儿,把他抚养成了美少年,现在就站在他们面前。因此,一个年轻粗野之人的伪装中藏着一位特洛伊王子。帕里斯有着年轻人的天真坦率,接受了裁判的角色。

为了获得帕里斯的关注,并得到这著名的"纷争之果",每一位女神都许诺给他与女神自身匹配的礼物。赫拉,协助宙斯统治最广阔的天界——即整个世界——许诺,如果帕里斯选择她,就会同样地统治所有地上疆土,还会拥有数之不尽的财富。雅典娜,智慧、艺术和战争女神,许诺如果她以胜利者的姿态出现,就让帕里斯战无不胜。轮到阿芙洛狄忒,她低声说,有了她的帮助,帕里斯就会博得这个世界最美丽女人的欢心……帕里斯当然决定支持阿芙洛狄忒。然而,不幸的是,世界上最美丽的女人事实上已经嫁给了一个希腊人——不仅仅是一个希腊人,而是墨涅拉奥斯(Ménélas),所有城邦中最擅长战争的斯巴达国王。她的名字叫海伦,艳名远播的"belle Hélène"(美女海伦),从古至今,多少诗人、作家和厨艺家对她魂牵梦绕。厄里斯达成了目的:一位特洛伊王子,帕里斯,被阿芙洛狄忒所魅惑,将美丽的海伦从墨涅拉奥斯身边拐走,而特洛伊人与希腊人之间不可避免的战争几年之后就爆发了……

可怜的奥德修斯被迫参与其中。希腊国王——奥德修斯也是其中之一,因为他统治着伊萨卡——都曾经许下誓言,无论谁与海伦缔结婚约,都要维护其婚姻权利。她的美丽与迷人无与伦比，人们担心由此而引发嫉妒，激起仇恨，在国王之间制造不和。因此，他们发誓忠诚于任何海伦所选之人。墨涅拉奥斯正是幸运儿，倘若发生任何背约行为，其他所有国王都要助上一臂之力。奥德修斯，由于其妻珀涅罗珀正巧诞下小忒勒玛科斯的缘故，竭尽全力避免这场战争。他假装疯了，倒着犁耕，把石子当成良谷播种——不过他的诡计没能欺骗被派来寻找他的智慧长者，最终奥德修斯必须听从命令，与其他人一起出航。漫长的十年时间，他都背离其"自然的位置"、他的世界、他宇宙中的家、他的挚爱——献身于冲突和纷争，而非调谐与和平。战争一旦结束，他的脑海中只有一个念头：他想回家。但是，麻烦才刚刚开始。他的返乡旅程持续十年之久，而且满是困苦与陷阱：几乎无法克服的挑战表明，一种有序的存在、个人的救赎以及智慧之路在这个世界都不是想当然的。我们必须尽力赢得它们，有时得冒着牺牲生命的危险。就是在返乡旅程——他从战争走向和平的旅程——的开端，我们现在关注的那一情节上演了。①

## 奥德修斯与卡吕普索：宁要人世间的成功生活，也不要无益的不朽……

奥德修斯努力回到伊萨卡，中途被迫困在了卡吕普索（Ca-

---

① 《奥德赛》与《伊利亚特》一样，采用倒叙的方式，在《奥德赛》第一卷开篇提到了奥德修斯被卡吕普索困住的故事，因此，下文关注的正是这一情节。——译注

lypso)的岛屿,这里住着一位较低的神,却也拥有颠倒众生的美丽,还有超自然的力量。卡吕普索无可救药地爱上了奥德修斯,迫不及待地引诱奥德修斯,下定决心掳住其身。在希腊语中,她的名字源于"calyptein"这个词,即"掩藏"。她的美丽与时间同在;她的岛屿类似天国,富丽堂皇,有各种动物与果树,可以提供精美的食物。那里气候宜人;众仙女容颜美丽,进退有度,照料着两位爱人。看起来,女神一切尽在掌握。然而,奥德修斯命定了要回到这个世界中他自己的角落,回到伊萨卡。无论付出什么代价,他必须返回到他离开的地方,每个夜晚,他面朝大海,长吁短叹,对越过海洋感到绝望。不过,他没有想到雅典娜会介入,她是出于其自身的理由——包括了特洛伊的帕里斯没有选择她的嫉恨——女神一直在战争中支持希腊人。她看到奥德修斯遭受这般苦痛,便请求其父宙斯派出信使赫尔墨斯,命令卡吕普索释放奥德修斯,以便他可以找寻到其自然位置,并且生活下去,最终和宇宙秩序协调——神的统治者毕竟是这一秩序的创造者、护卫者。

然而,卡吕普索的袖中还藏有一张王牌。最后一次不惜一切努力留住她的挚爱,她承诺赐予他凡人眼中的永恒不朽:有机会超越死亡——这是凡人普遍的宿命——加入那不可企及的群体,希腊人称他们为"被神眷顾的",这也指称神自身。另外,为了增加其请求的分量,还有一份绝对无法忽视的重礼:如果奥德修斯答应,他会永久获得的,不仅是不朽之身,还有青春和力量,后者是少年人独有的属性。这额外的一条既重要,又有趣。如果卡吕普索除了不朽还特别提到青春,那是因为她记得一个有些尴尬的先例:①这涉及另外一位女神奥罗拉(Aurore)②,她同样与一位普通的凡人、一位名叫提托诺斯(Tython)的特洛伊人相爱。和卡吕普索一样,奥罗拉想让她的爱人不朽,为的是永远不会与他分离。她乞求宙斯满足她的愿望,但是忘记请求宙斯赐予青春,正如赐予其不朽一样。结果是:随着时间的流逝,不幸的提托诺斯无情地衰老,而且萎缩,直到变成了干枯的皮壳,一种令人讨厌的昆虫。奥罗拉一直将其丢弃在宫殿的一个角落,最终决定把他变成一只蝉,以便自己能够彻底摆脱他。这就是卡吕普索的请求为什么特别具体的原因。她是如此爱奥德修斯,既不想让他死亡,也不想让他变老。爱与死亡之间的冲突,如同在所有关于救赎和智慧的伟大故事中一样,是我们这个故事的核心。

卡吕普索摆在奥德修斯面前的诱惑是无法抵御的,女神,还有她的岛屿,都是如此——对于任何凡人来说都是前所未有的美事。对于他们来说,几乎无法理解的是,奥德修斯不为所动。一如既往地闷闷不乐,他拒绝了女神独一无二的诱人承诺。让我们开门见山:这一拒绝是有着纪元意义的。其内核包含了毫无疑问是希腊神话最有力和最深刻的教益,接下来希腊哲学③基于其自身的目

---

① 在《荷马颂诗集》的一篇中记载了这个故事,传统上错误地将此记述归于荷马名下。
② 奥罗拉是罗马女神,希腊名为厄俄斯,黎明女神。——译注
③ 或者至少是与智慧相关的哲学分支,从巴门尼德,通过柏拉图和亚里士多德,传至斯多亚派。与希腊思想所有其他的阐释者一样,我将此一传统与另外被称之为"解构性的"一支分开,后者以一种"反主流的"关系与前者共存,基本上是从原子论者、伊壁鸠鲁派再到智者这样的一条主线。

的吸纳了这一点,可以概述如下:人之存在的终极目的不是像基督徒(未来的)相信的那样,通过所有可能的方式获得永恒的救赎,达成不朽,包括最极端的道德顺从和乏味。相反,良好的凡人生活远比无益的不朽更有价值!换句话说,奥德修斯的信念是,"离散的"或者漂泊的生活——背井离乡,不和谐,偏离一个人自然的轨道,远离社会——实在是比死亡本身还要糟糕。

奥德修斯的拒绝所包含的意义,简言之就是良好的生活的定义——从这里我们开始瞥见神话的哲学维度。追随奥德修斯,我们必须知晓,宁可选择与宇宙天命一致的凡俗生活,而非不朽的永生,后者注定会陷入希腊人称为 $hybris$(僭越)的状态:这种不节制使我们背离与本然世界的协调。我们必须生活在一种清晰的状态中,接受死亡,接受我们自身所是,还有超越我们的东西,与我们的同类和宇宙步调一致。这要有意义得多,不朽脱离现实,消除意义,尽管似乐园——女人陪伴身边,尽管她可能很完美,我们并不爱她,这远离我们的同类和家园,处于孤寂之中,不仅如卡吕普索的岛屿所象征,而且成神或者不朽亦是如此,那会同等地让我们疏离我们自身和所有我们身边之物……对于我们今日这样的世俗时代而言,这是智慧教给我们无可估价的一课。这种教导与古今一神论的逻辑步调不一致,哲学将其逐步转变为理性的语言,是没有神的救赎教诲,是对于我们一般凡人的良好生活的教诲。

我们必须更进一步,探明奥德修斯拒绝的动机。通过整部著作,我们将会看到希腊主要神话如何以其各自不同的方式,展

8

示、发展且证实了这一拒绝的至高真理,奠定了哲学未来发展的根基。

不过,在陈述我们整体探究的主张之前,先让我们从这种与希腊神话的初步接触中得出些许结论。首先,我们如何解释,三千多年前创造的系列神话,在语言和背景与我们今天几乎毫无联系的情况下,仍能够以相当有力和亲切的方式向我们诉说?全世界每年都有不少关于希腊神话的著作出版。很长时间以来,电影、动画以及电视剧,不厌其烦地袭取古典文化,拼凑剧本情节。在某种程度上,我们所有人都知晓赫拉克勒斯的劳作、奥德修斯的归程、宙斯的情人以及特洛伊战争。我认为对此存在着两种阐释方式:当然有文化解释,不过还有更为重要的哲学阐释,这是我乐意在此序言中提到的。考虑至此,这一著作可以看成是我探究的直接延伸,那是由更早著作《思想简史》(《学会生活》的第一卷)①开启的。我试图以最简洁、最生动的术语,重述希腊神话的主要故事。不过,我是在某种特殊的哲学视野下完成的,对此,我要略为陈述。在尝试挖掘这些故事隐藏的智慧教义之际,我试图探究诸多故事和轶闻之间的关联,它们经常是在"神话"的名义下,多少有些杂乱地汇集在一起。为了更好地析取出这些昔日故事中如此直接告诉我们的东西,首先,我想表明

---

① 在这两卷之后还有三卷:关于古代贤者和基督教思想家的(第三卷),关于人文主义基础的(第四卷),以及关于当代哲学诞生的(第五卷)。《学会生活》的第一卷构思了一项更为宏大工程的框架,试图更为广泛地解释哲学及其主要的历史趋势,为的是探究当下的发展。

我们的文化从中所受益的。

## 以文化的名义:为什么我们亦是古希腊人……

让我们从希腊神话丰富的文化遗产开始。

想想许多日常形象、修辞和表述被直接借用,我们并不知其含义或来历;某些习以为常的事物烙有神话或寓言情节的记忆痕迹,经常是神或英雄历险的关键之处:出外寻找"金羊毛";"抓住牛角把牛制服";"陷入斯库拉(Scylla)和卡律布狄斯(Charybde)之间";给敌方引入"木马";清扫"奥吉斯的牛圈";跟随"阿里阿德涅线团";有"阿基里斯之踵";感怀"黄金时代";把我们的力量放在某人的盾牌或者"埃吉斯"上;仰望"银河";参加"奥林匹克"运动会……其他一些习语,还有更多,暗指一种人格的主要品性,我们对于这些名字很熟悉,经常既不了解其原因,也不知道它最初在希腊的想象中扮演的角色:把一句话说成是"女卜神谕";直面"纷争之果";扮演"卡珊德拉"(Cassandre);如《奥德赛》中的忒勒玛科斯那样有"良师"(Mentor);沉入"梦乡"或者吸食"吗啡";赐福——或者施咒——的"点金术";把自己困在"迷宫般"的巷子;有"Sosie",即双面性(名字的起源是,宙斯降落凡间引诱阿尔克墨涅[Alemène]之际,赫尔墨斯扮成了安菲特律翁[Amphitryon]仆人的样子),被赐予"提坦"或者"赫拉克勒斯"的力量;遭受"坦塔罗斯(Tantale)的折磨";被放在"普洛克路斯忒斯(Procuste)的床上"拉伸;成为"皮格马利翁"(pygmalion),爱上自己的作品,或者是一个"奢侈享乐的人"(类似于锡巴里斯[Sybaris]城一个颓废的纵情娱乐之人);查询"地图"(Atlas);"像个车夫"一样发誓;①从事"普罗米修斯式"的伟业,或者干着类似于搬运"西西弗斯"石头的无目的之事;通过凶神恶煞般的看门人或把门的"三头犬"(Cerbère);说话有着"斯屯托耳"的嗓门;解开"戈尔迪"之结,或者"亚马逊人"的骑马方式;"喀迈拉"(Chimères)的幻想;就像被"墨杜莎"(Médusé)石化了;完全成形地"从宙斯额头"跳出来;被"哈比"(Harpie)或是"复仇神"追逐;"惊慌失措的"(panique);不明智地开启充满灾难的"潘多拉盒子";有"俄狄浦斯情结";是个"自恋狂"……这样的清单可以无限地开列。同样地,我们清楚意识到在我们的日常用语中,双性人(hermaphrodite)真的就是赫尔墨斯(神的信使)和阿芙洛狄忒(爱神)的后代吗?或者"戈尔工"(Gorgone)指的就是看起来被石化了的一种植物,就像接触了墨杜莎的眼光;"博物馆"和"音乐"源自九位缪斯女神;猞猁被认为是从林叩斯(Lyncée)获

---

① 这一用语的起源,比起其他的可能要陌生一些,说来有趣。我经常疑惑,为什么——从各方面考虑——一个车夫被认为是誓言的代表,而不是农夫或者铁匠。答案源自赫拉克勒斯十二件劳作之一的一个情节,关于这一点,阿波罗多洛斯(Apollodore)是我们的主要来源(《书藏》,第二卷,118 行)(周作人译为《希腊神话》。这一情节见原本第二卷第四章 11 节,第 108 页。——译注):"穿越亚洲之后,赫拉克勒斯来到了特尔米莱德(Thermydrai)的林多斯(Lindos)港口。他从一个牧牛人的车上解下一头公牛,祭献给神,随即吃了它的肉。那车夫没有能力帮助自己,站在一个山头上咒骂赫拉克勒斯;(因为这个缘故,即使是今天,当献祭赫拉克勒斯的时候,人们都是咒骂着完成祭祀)。"这位不幸的车夫,登上一个山头,不愿意激起另外一座山的愤怒,那是由赫拉克勒斯本人的肌肉积成的!

得敏锐的视力,据说,这位阿尔戈英雄能够看穿橡树板;厄科(Echo)仙女由于纳克索斯(Narcisse)的走失,自己消失多年之后,依然让我们听到凄厉的哭声;月桂树是献祭怀念达芙妮(Daphné)的,而柏树,在地中海地区很多墓地可以看到,象征悲痛,怀念不幸的库帕里索斯(Cyparissos),他误杀了自己的伴侣——一只温顺的牡鹿——由于它沉睡在森林里,悲伤无法抑制,他变成了柏树?……类似的许多习语唤回神话中许多著名的地方:香榭丽舍(Champs-Elysées)(福地),或者,更远些的博斯普鲁斯(Bosphore),它准确的意思是公牛的"河流通道"(*bous*, βούς,"公牛" + *poros*, πόρος,渡河的方式,摆渡)——不过,这实际上是关于伊娥(Io)的传说,赫拉循着其显赫夫君宙斯的步伐,嫉恨万分地追赶这位仙女,为了保护她免遭妻子怒火的伤害,宙斯把他的情人变成了一头漂亮的小母牛……

实际上,我们需要整整一本书来公正评判日常习语中嵌入的、后来被遗忘的所有神话典故,使诸如海洋、台风、法螺、巨蟒,以及其他一些极具魅力的名字恢复生命,它们是我们日常习语的隐姓埋名之地。查理·佩雷尔曼(Charles Perelman),上个世纪最伟大的语言学家,说到我们母语中"沉睡的隐喻"时,非常精确地说明了这一点。英国人依然记得"疯狂"意指月亮的变化——法国人记得,当他抱怨其错放的 *lunettes*(眼镜)时,他正在寻找"小月亮"。一个人要看清一种特定语言中潜藏的性质,需要成为外国人,这也是为什么日本人或者印度人经常在我们的一个术语或者惯用语中发现诗,而那在我们眼中却是极普通的——正如我们发现他们给自己孩子起的转译名字或可爱或古怪:露水珍珠、熊胆、朝日。本书的一个目的就是"唤醒"源自希腊神话的沉睡着的隐喻,重新讲述那神奇的故事,它们构成了起点——如果仅说文化的目的,为的就是理解不计其数的充斥于博物馆和图书馆的艺术和文学作品,从其古老的根基那里得到启示,这对于不熟悉神话的人来说依然是非常"深奥难解的"(另外一个赫尔墨斯神的传说!)。如同我们将要看到的,这值得不辞辛劳,而愉悦自来。

古典神话在语言学中获得了新生,意义甚明。这一独特的现象有着深层次的理由——哲学体系、世界宗教,哪怕是《圣经》也不具有同等的重要性——凭借此,古典神话的教义,即使在对其真正起源一无所知的情形下,也能够在我们的共同文化中宣称其不可动摇的存在。毫无疑问,这首先是基于这般事实:它源自具体的故事,而不是像哲学那样源自抽象概念。这就是为什么神话即使在今天也能向众人敞开:激发孩童的热情,与成人相比不遑多让,不止超越社会阶层和年龄(如果慎重表达的话),而且穿越了时代,直至今天——实际上它已经传承近三千年,无有中断。尽管很长时间以来它被看作是"区分"的标记,是最高文化的象征,但是,神话研究绝没有限制在一个精英圈子中,或者局限于那些研究拉丁语和希腊语的人:比如,历史学家让-皮埃尔·韦尔南(Jean-Pierre Vernant)非常乐意给自己的孙儿讲这些故事,每个人都能够理解它们,包括孩童——他们最好能够尽可能早地被领入其中。神话带给他们的,远远多于他们每天被轰炸的动画卡通,不仅如此,它还深刻地阐释了他们即将面对的生活,而这需要我们不怕麻烦,足够深入地理解这些神话异常惊人的丰饶,有能力以实用和容易理解的术语交流。

这里,我想提及本书的一个目的:让古典神话完全向父母敞开,以便于他们不间断地传递神话的宝藏——却不会背离或者误传衍生这些故事的古典文本。这一点是关键的,我想对此简要地阐释。

就目的和方式而言,本书与普及性或者"重述"这类体裁无关,后者经常是"神话和传说"的汇集,其本身也十足地引人入胜。一般说来,因为这些是为了孩子们,也是为了更大范围的读者群,编者很乐意把所有异质的原生物和衍生物混合在一起的,都是随着时间的流逝,汇集在被认为是正在讨论的"所谓"神话名下的。大多数情况下,这些来源相互冲突的零散素材,为了一时的目的,被有选择性地搅和且"编排"。这些伟大神话叙述的起源和意义由此蒙上阴云,甚至被篡改到了这样的程度,它们最终缩减为我们记忆中的奇闻异事汇集,多少有些可信度,被归在介于寓言故事和原始宗教衍生而来的迷信之间。更糟糕的是,在浮华虚饰、添油加醋、谬论连连的表层之下,这些故事丧失其整体连贯性,现代的编者无可遏制地依赖这些来润饰那古老的故事。

事实上,我们要记住的是,这一或那一"神话"绝不是单独一个作者的作品。没有原始版本,没有权威或奉为神圣的版本,可以和《圣经》或《古兰经》相比,被虔诚地保存,经年历月,一直保有权威性。相反,我们面对的是复数的故事和变体,是被说书人、哲人、诗人以及"神话讲述者"(这一术语是指这些人:收集、整理以及编辑古代以来的各类神话汇辑)历经12个世纪或者更多时间写成的:大致从公元前7世纪到公元5世纪——不用说各种各样的口头传统,确切地说,我们对此知道的相对要少些。

这一多样性不能因为说我们不是在创作一部学术性权威作品就简化,或者被弃之不顾。尽管在这些篇章中,不是针对专家,而是对所有背景的读者说话,我仍然竭力避免纷芜杂乱,并试图在学问讲授和读者范围的要求之间做出调和,而不用为了后一目的牺牲前者。换言之,对于神话的每一部分,我会指出其最初的来源,引用所有能找到的最权威文本,详细指出随着时间的流逝,哪些地方出现了相关的重要改编。我的主张是,不但不调和这些故事的可理解性,相反,尊重古代文本——它们的复杂性和异质性——对于理解神话是必要的条件。追溯埃斯库罗斯(公元前6世纪)这样的悲剧作家,或者柏拉图(公元前4世纪)这样的哲人,带给最初由诗人赫西俄德讲述的普罗米修斯神话的变调,将会是光明大道,而不是误入歧途。不但没有使得这些叙事晦涩难解,这一过程丰富了对于它们的理解。为着更容易进入主题的理由,夺去读者这些阅读线索是愚蠢的:连续不断地重写神话,只是为了使它们更加有趣味。

古典神话的意义不局限于语言和文化遗产问题。它也不是仅仅依赖于故事的叙事艺术来传递教导。因此,本书不会将自己局限为希腊人称之为文化"老生常谈"的东西提供系列叙事的钥匙——不是说这样的引导任何情况下都是无足轻重或可有可无的。无论如何,我们每一个人从这些故事开始,也有所偏好地用其形成我们关于这个世界及人在其中位置的景象;了解我们的起源只能使我们更加自由,对自身认识得更清楚。除了它们无法估量的历史和美学意义,我们正在探究或重新探究的这些故事,自身承载着智慧的教诲,有着哲学的深刻性和现实性,这是我想我们从一开始就在从事的。

# 以哲学的名义:神话对于我们凡人关于良善生活问题的回答

如果不是成千上万,那也是成百上千的著作和文章致力于思考希腊神话的性质:它应该被归为"故事和传说",还是属于宗教领域,或者与文学和诗放在一起,或者也许搁在政治和社会学的架子上?本书给出的答案很简单。古典神话对于一个完整的文明以及多神宗教是重要的,但首先是以"故事形式"存在的哲学:一种华丽而又具体的尝试,以世俗形式①对于良善生活的问题做出回应,借助于智慧之教诲的手段,那是活生生的——穿着文学、诗以及史诗的霓裳——而不是以抽象的论辩来阐述。在

---

① 考虑到古典神话中大量的男神与女神,"世俗"这个饰词可能看起来令人惊讶。不过,它因这一事实而得到辩护:那些主体神话中体现的希腊智慧,把死亡作为人类生存之无可商议的事实来接受,因此,这些神没有一个具有慰藉和救赎的功能,而这存在于伟大的一神教中,罕有例外,希腊诸神让凡俗之辈自己与死亡相处。

我看来,正是因为希腊神话这种不可分割的传统、诗化以及哲学特性,才是其持久的活力且今天依然吸引我们的理由——与众多其他的、从严格文学视角看起来具有竞争性的神话、寓言和传说相比,这也是希腊神话非凡与珍贵之所在。我会简短地对此加以阐释,只为充分地明晰这本书的框架以及说明这一点的计划。

在《思想简史》(《学会生活》的第一卷)中,我给出了哲学的一个定义,思索的是哲学曾经和应该是什么,在我看来,这在我们这个时代依然如此:没有神的救赎教义,对于什么构成了良善生活这个问题的回应,依赖的既不是某些"超越存在",也不是严格意义的宗教信仰,而是沉思和理性自身所寄。明晰之努力,作为知天命之终极状态,在其至简至强的意义上来理解,就是胜利——毫无疑问是相对和脆弱的——克服我们的恐惧,尤其是死亡恐惧,它极其隐秘地、以非常多的方式阻止我们生命的圆满。我还想提出重大转折或者极限时刻的观念,这决定了哲学史的方向;还有一个洞察,即在时间的长河中对于哲学的核心探究到底是什么的回应:智慧本身的探究,作为一种存在状态,克服我们恐惧的战斗,让人类更加自由,并且对体验更加开放,为他们自己而思索,为他人而生活。现在,我是以同样的视角走进神话:作为史前史,哲学的起源时刻,或者换句话说,作为母体,惟其能解释哲学在公元前6世纪希腊的诞生——一项洪业,我们习惯性地称之为"希腊奇迹"。

从这一见解看来,神话传递着惊人深刻的信息,以及某种视野:为凡人开启了一个愿景,无需求助于死后的安详,赐予我们一种方式,面对人类的必死性,面对我们的宿命,无需给我们服一剂慰藉药丸,那是伟大的一神教承诺带给人类的。换句话说,如同我在《思想简史》中所勾勒的,神话,在人类历史中,或者至少在西方第一次,绘制了我称之为"无神之救赎论"的轮廓,一种"俗世精神",或者,更加简化些,一种"死亡智慧"。因此,它代表着一种独一无二的重要努力,帮助人类,将其自身从担心和恐惧中"拯救"出来,后者阻止我们步入良善生活。

这一看法可能看起来是悖谬的:从奥林波斯山上的那些神算起,希腊神话不是充斥着数之不尽的众神吗?最重要的是,这不都是"宗教"神吗?乍一看,很明显是的。但是,如果我们越过表象,很快就会意识到诸神的这种复数性与我们各种圣经宗教的唯一神截然相反。很明显,奥林波斯众神更贴近凡人,且涉世更深,但同时又是极端难以接近的:他们留待人类独自解决,用大众的说法,即所谓"如何生活"的问题——与不朽众神完全不同,而且没有任何希望加入众神的行列,只有对其自身必死状况之局限性充分的知识,对此他们必须倾尽全力才能窥其堂奥。在这方面,希腊人的态度比以往任何时代更现代。这一点才是我想在序言中要澄清的,由此,我们在这本书中追寻的一些个别故事,就不会看起来是被剔除了任何普通主旨的奇闻异事的杂烩——恰恰相反,被看做是有着丰富含义的故事,而且,除去它们诗的精妙之外,还是深刻且连贯的智慧的承载体。

为了正确地理解神话与哲学之间的这一轴心,也为了衡量它们赐予人们之教诲的意义和范围——各有千秋,但不无关联——我们必须从这一首要的事实开始:对于希腊人,生命体、个人的世界,首先在必死与不朽之间、人与神之间划清界限。

这可能看起来显而易见,但经过思索,变得更清晰的是:死亡的主导性——其在全部叙事作品之核心的位置——绝不是偶然的。诸神的根本特性在于其逃离了死亡:一旦诞生(因为他们不是一直存在的),他们就永远存在,并且认识到了此一事实。根据希腊人,他们是"永生的",当然,他们不时也会体验烦恼,比如,就像可怜的赫淮斯托斯(Héphaïstos)(武尔坎[Vulcain]),他发现妻子,即绝世的阿芙洛狄忒——美丽和爱欲女神——与他的同辈,可怕的阿瑞斯(Arès)(玛尔斯[Mars])一起欺骗他。永生的神至少在有些时候是相当悲惨的!他们会像凡人一样遭受不幸,而且他们也会明显地感受到凡人的情绪——爱、嫉妒、愤怒、仇恨……他们甚至偶尔撒谎,也会因此被他们的神君宙斯所惩罚。但是,有一种痛苦他们忽视了,那毫无疑问是所有之中最悲伤的,即这些与死亡恐惧连在一起的情绪。对于神来说,时间流逝可以说没有意义;因此,没有什么是不能改变的,不可逆转的,不可补救的。而这使他们既能够忍受也可注视着人类情绪,高高在上,着有凡人无法企及的优势。在他们的世界,所有事情井井有条,而且迟早会得到解决……

只是凡人的我们,最主要的特性恰好相反。与神和兽不同,我们是这个世界上唯一有情感的存在物,对于什么是不可逆转的有着充分的意识:我们终将死亡的事实。不仅是我们自己,而且我们所爱的人:父母亲、兄弟姐妹、夫妻、孩子和朋友。我们感受到,时间流逝,永不停息。毫无疑问,这有时赐予我们幸福——我们热爱生命证明了这一点——但是,同样无情地把我们最为珍视的东西夺走。唯独我们处于此种困境,独自以无可匹及的敏锐体察到在我们的生命中——除了最终结局,正确地说,是死亡本身之外——存在无可挽回的东西。神对此毫无体会,因为他们是永生的。至于动物,就我们所能判定的而言,它们几乎不会考虑这类事情;或者,即使它们有某种短暂的意识,也毫无疑问处于混杂的状态,而且只是在极端接近目标之际。相反,人类近似于普罗米修斯,古典神话中的另一个主要形象:他们运思"超前";他们是"有远见的造物";他们经常审视未来,深思熟虑。由于他们知道生命短暂,而他们的时间已经提前配置,因此就会禁不住去追问,如何才能够利用时间……

汉娜·阿伦特(Hannah Arendt)在她的一部著作中解释说,希腊文化着迷于死亡意识,将其作为主要关怀,并从中得出结论说,面对必死性提出的这一问题,如果我们想要做出充分的回应,存在着两种方式。

第一,很简单,我们可以选择生育孩子或者——如我们所说,"后裔"。但是,这如何能够与对不朽的渴求相联系呢?在我们对死亡的确信和对生命的欢乐之间加以对比即可唤醒这一渴求。在这一意义上,看起来非常明了:通过孩子,我们的某些因素在我们身后将会继续生存,既是肉体意义的,也是精神意义的;我们的生物特性或物理相似性,如同我们的性格特征,多少会原封不动地保存在我们养育和喜爱的那些人身上。因此,教育也是一种传递,而所有的传递在某种程度上都是超越我们自身之自我的延长,是某种并不随我们而死亡的东西。然而,无论父母的宽宏、欢乐——还有担忧——是什么,认为我们培养孩子就足够达到幸福的生活,却是荒谬的!更谈不上这就消除了死亡恐惧。恰恰相反。因为这种凡人的痛苦并不必然,或者甚至并不主要与一个人的自我相关联。它更多地与我们所爱的人有关,从我们的孩子开始(当然足够多了)——忒提斯(Thétis)拼命的努力就是证明,特洛伊战争中最伟大英雄阿基里斯的母亲,为了使她的儿子得以不朽,将其沉入地底的冥河水中。这皆属徒劳,因为阿基里斯将会被特洛伊的帕里斯杀死,那人尽皆知的脚踝处中了一箭,他母亲正是通过抓着这个部位将其沉入那神水之中的,而这由此保留着脆弱的必死性:阿基里斯的阿基里斯之踵。而忒提斯和所有的母亲一样,听到心爱的儿子死亡,流下了痛苦的眼泪,她一直担心儿子的英雄伟业会早早地把他拖入坟墓……

因此,另外一种替代性策略就是必需的,如汉娜·阿伦特所表明的那样,这在希腊文化中逐步占据了一个核心的位置,即英雄主义及其赢得的荣耀。隐藏在这种非凡且独特的信念背后的逻辑是这样的:英雄——阿基里斯、奥德修斯、赫拉克勒斯、伊阿宋——完成了普通人无法想象的壮举,通过这样做,他们避免了惯常吞噬所有凡人的遗忘。他从这个偶然的、只有一种时间向度的世界掳走自身,以便能够进入某种持久性,如果不是永生的话,在某种程度上将其置于诸神行列。简言之,英雄荣耀在古希腊文化中,与我们今日所称的"明星光环"毫无共同之处。它完全是另外的东西,也是深刻的,这种贯穿整个古代的信念认为:人类处于永恒的竞争之中,不仅与诸神的不朽,而且与自然本身的不朽竞争。让我们努力简洁地概括这一关键看法背后的根据。

首先,我们必须记住的是,在古典神话中,自然与诸神最初是一体的。举例来说,盖亚(Gaïa)不只是大地女神,乌拉诺斯(Ouranos)不只是天空之神,波塞冬(Poséidon)也不只是海洋之神:他们各自就是大地、天空和海洋——在希腊人看来明显的是,这些原始的自然因素与人格化它们的诸神在同样的意义上都是永恒的。而且,这种自然秩序的永久性是自明的,可由经验证实。我们如何知晓这一点?首先,通过简单的观察。自然中的万物最终是循环的。昼去夜来,夜尽昼至;风暴之后有彩虹,同样春去夏来,冬从秋生。每一年,随着第一场霜雪,树木落叶,每一年,随着阳光照射,又会叶繁枝茂,因此,打断自然秩序的主要事件可以说会铭刻在我们心中。更简洁地说,我们不可能忘记它们,而且如果这样的意外事件出现了,它们在双重意义上"重归"我们。另一方面,在人的世界,一切都会消逝;所有一切都会失去并终结,死亡和遗忘正在扫荡一切——我们说的话以及我们完成的行动都是如此。什么都没有留下……除了书写!的确如此,书面语言比起口头语言、行为或者英雄"武功"自身更好地保存下来。如果凭借其伟业以及由此为他赢得的荣耀,一位必死的英雄——阿基里斯、赫拉克勒斯、奥德修斯——成功地成为一部历史或史诗作品的核心主题,那么他在某种程度上就超越了他自身的死亡,即使只是在我们的集体记忆中。证据呢?人们可以回答说,甚至今时正在制作关于特洛伊战争或赫拉克勒斯劳作的电影,或者就在夜晚,至少我们中的一些人正在为孩子讲述着阿基里斯,或者伊阿宋,或者奥德修斯的功绩——都是因为基督纪元之前几个世纪,诗人和哲人**有志于这些伟业的铭写**……

书面语言使得荣耀恒久留传,支撑此种辩护的信念尽管有力,不过,救赎的问题在严格意义上——什么能够从死亡中,或者至少从与死亡相关的恐惧中拯救我们——依然没有完全被解决。

我刚才提到了阿基里斯的名字,有人会说,他在这一意义上没有死亡。至少在我们的记忆中是如此,但在现实中呢?去问他的母亲忒提斯,她关于此事的看法!当然,这是言辞的方式,因为这些特征从一开始就不是真实的——毋宁说它们是传说。但是我们想象这种情景:我确信,忒提斯会放弃所有这些著述作品,以及世上的所有伟业,只为能够再次将其年轻的儿子拥入怀中。对她来说毫无疑问的是:她的儿子无可置疑地死了,而且他被以书写的形式"储存"在图书馆的书架上这一事实,肯定只是小小的慰藉。阿基里斯自己呢,他会说些什么?如果我们信任荷马的话,看起来,在阿基里斯的眼中,英雄战斗中的光荣死亡几乎不值得费心……这至少是《奥德赛》中一节令人吃惊的诗行告诉我们的。

我们暂时停留在这一片断中,它对于救赎问题,以及紧密关联的什么构成良善生活的问题,被定义为从死亡恐惧中"得救"的问题,具有最重大的意义。实质上,我们将看到,《奥德赛》中这一简洁的诗行,同样阐释了作为一个整体的古典神话世界。

是这样的:听从了喀耳刻(Circé)女巫的高明建议,而且多亏其神圣的介入,奥德修斯获得了凡人之中独一无二的特权:降临地狱,来到哈德斯(Hadès)与其妻子珀尔塞福涅(Perséphone)(得墨忒耳[Déméter]的爱女,谷物和季节女神)的王国,为的是向一位名叫特瑞西阿斯(Tirésias)的著名先知,询问其剩余的回乡旅程中有什么考验在等待着他。在这个地方——那是不幸的人们死后的归属,在这个凶邪之地,人们会化为无法辨认且孤独凄凉的影子——奥德修斯偶遇了勇敢的阿基里斯,他们曾经在特洛伊并肩作战。战友重逢,大喜过望,他用乐观的口吻说:

> 你生时我们阿尔戈斯人敬你如神明,
> 现在你在这里又威武地统治着众亡灵,
> 阿基里斯啊,你纵然辞世也不应该伤心。[①]

---

[①] 《奥德赛》第十一卷,482—486。《奥德赛》引文翻译参考王焕生译本,下同。——译注

奥德修斯在这里表达的看法,我曾经详细解释,它鼓舞了希腊英雄主义:一种救赎荣耀的观念,阿伦特对此曾有著述。即使他英年早逝,因名望而被挑选出来的英雄——远离寂寂无名,并且成为半神——绝不可能不快乐。怎么能不是呢?因为他不会被忘记,准确地说——他逃离了芸芸众生可怕的命运,他们一旦死亡,就会变得(再次)"默默无闻",并且会因此既丧失生命本身,又丧失个体性或者正确地说是人格性的每一标记。然而,不幸的是,阿基里斯的回答摧毁了附着于荣耀观念的所有幻象:

> 光辉的奥德修斯,请不要安慰我亡故。
> 我宁愿为他人耕种田地,被雇受役使,
> 纵然他无祖传地产,家财微薄度日难,
> 也不想统治即使所有故去者的亡灵。①

所有这些话对他的朋友奥德修斯不啻一盆冷水!就这两句,征服死亡之英雄的神话破灭了。地狱中的阿基里斯依然挂念的唯一事情就是打听他父亲的消息,还有更担心的儿子的。而且,当讯息令其大喜之时,他逐渐退至地狱凶险的阴影中,心理的负担稍微减轻了些,就像所有人家的父亲一样,满是人之常情的操心——与阿基里斯活着时候的非凡杰出、光彩耀人的英雄形象南辕北辙。换句话说,他对于其先前的荣耀和显赫完全

---

① 《奥德赛》第十一卷,487—491。——译注

无动于衷……

# 神话的智慧或者为什么良善的生活就是与万物秩序协调共存

从这里就会衍生出那根本问题,这是我们必须找到答案的,如果我们想要抓住希腊神话的哲学意蕴及其最深刻的整体线索的话。如果子孙繁衍和英雄主义——后裔和名声——无法使我们以更大程度上的宁静来面对死亡,如果这些特性没有提供良善生活的入口,那么我们该转向智慧的什么渊源呢?这的确是核心议题,也是神话间接地传递给希腊哲学的。在许多方面,后者——至少在起源上——不过是以其他方式(理性的而不是神话的主张),对前者的延续。

哲学同样地在"良善生活",即智慧生活的观念,和与万物或者希腊人所说的"宇宙"和谐共处的人类生存观念之间,缔结了无法斩断的联系。生命与宇宙和谐共处——就其从恐惧中拯救我们且使得我们由此更幸福、对他人更坦率的意义而言,这是真正的智慧,救赎的真路径。希腊神话想要表达的正是这一超过其他一切的强有力的信念,是神话和诗的方式,之后哲学以概念的和推理的术语进一步在重述这一点。

正如我在《思想简史》中解释的那样(这是我为什么这几页只是简短地提到这部作品的原因,仅仅为了澄清神话与哲学之间的影响轴心),希腊哲学传统,至关重要的是将世界作为一个整全秩序来思考：同时是和谐的、正当的、美丽的以及良善的。"宇宙"这个术语涵盖了所有这些含义。比如对于罗马诗人奥维德(Ovide)在其《变形记》中——当依他的方式重新解释关于世界起源的伟大神话时——遵循的斯多亚派来说，万物类似于一种巨大的生物机体。如果我们想要得到关于此的理念，可以想象医生或者生理学家或者生物学家，在解剖兔子或者老鼠时候所发现的。他们发现了什么呢？首先，每一器官都令人惊奇地与其功能相适应：有什么能够比观看的眼睛、给肌肉供氧的肺，比心脏通过一个灌溉系统供血构造得更好呢？这些器官比起人造的几乎所有机器，不止千百倍地灵巧、协调且复杂。而且，我们的生物学家还发现了其他东西：这些器官的综合性，每一个单独看来都已足够让人惊讶，合起来构成了一个极其完美的、"有逻辑的"的整体——正是斯多亚派命名为**逻各斯**的东西，既指世界的连贯秩序，也指言辞表述——而且还是比任何人类发明无限优越的一个整体。从这一观点看来，我们必须谦虚地承认，即使是最卑微存在物的创造——一只小蚂蚁，一只老鼠，或者一只青蛙——都远远超越了我们最精妙的科学实验室的范围……

如此，基本理念就是，在宇宙秩序中，我们每一个人都有其被指定的或者"自然的"位置，哲学理论接下来揭示的就是这一秩序——宙斯(根据宏大的神话叙事)经过一系列反对混沌力量的战争之后建立的秩序。在这一视角下，智慧和正义构成了人类发现其位置的根本性努力。一位鲁特琴制作者一个个地调整诸多构造其乐器的木条，直到他们能够相互之间达到协调的状态(而且如果乐器的音柱,有时候被称为 âme,或者"灵魂"——小的白木销子,贯穿鲁特琴板的顶端和背面——放置错位的话,鲁特琴就不能正确地发声,也无法相互调谐)。因此,我们人类必须效仿伊萨卡的奥德修斯,找到我们生活中的位置,并不惜痛苦占据它,否则的话就不能完成经纬巨制中我们的使命,如果那样的话,我们遭遇到的除了不幸之外什么也没有。这也是就绝大部分而言,希腊哲学会从先前的神话中得出的要旨。

但是,这和必死与不朽之间的根本区分有什么联系呢?这种宇宙观如何能够帮助我们满足救赎问题的要求?比起建立在子孙繁衍或世俗荣耀观念基础上的方式,这种途径为什么看起来应该更加优越呢?

改变自我适应世界,并且发现我们在宇宙秩序中的正确位置,在这种意愿背后,对于那些知道自己正在走向死亡的人来说,隐藏着更深奥的思想,它直接联系着我们对于必死生命之意义的追问。整个哲学传统从神话中继承而来的主旨,事实上导致了这样的意识:宇宙——宙斯创造的秩序,以及哲学试图向我们揭示的、以便于我们能够在其中发现自身位置的秩序——本身是永恒的。有人会问,这有什么意义呢?嗯,它与希腊人有关的一个原因,能够以近乎准确和简洁的方式陈述如下:一旦进入宇宙,一旦个体的生命开始与宇宙秩序协调一致地运行,智慧之人意识到,只是凡人的我们仅仅是这个整体的一个碎片,永恒的一个原子,也可说是永不消逝之统一体的一个要素。因此,对于智慧之人来说,最终死亡就不再是真实的。简言之,死亡不过是从一种状态到另一种的过渡——而且,如果这样想,它就对我们不再有任何恐惧之处。根据此种论据,希腊哲学家劝告他们的追随者不要依赖言辞,不要用纯粹的抽象满足自己,而是具体地践行,目的是帮助他人从愚蠢的死亡来临的恐惧中把自己解放出来,进而"与更伟大的和谐保持一致"、与宇宙保持一致地去生活。

无需说明,如上所述只是古人洞悉事物秩序的一个抽象的、也可以说是梗概式的提要。就人的实际情况而言,与世界协调一致的行为表现为多种形式。就像我们在奥德修斯及其历程中所看到的,这是一项独一无二的任务,在这个术语所有的意义上:一项不同寻常的任务——只有那些渴求智慧的人才能够从事于此;事实上,浑浑噩噩之人会对此视而不见。不过,它在这个意义上同样是"独一无二的"事业:我们每个人都需要基于我们自己的理由并依照我们自己的方式靠近它。雇人替我们工作是容易的——做清洁工作,打理花园——但是,在朝向征服我们恐惧的道路上,没有人能够替代我们、使我们适应世界,并找到在其中正确的位置。一般而言,终极目的的确是和谐,但是每一个个体必须找到实现它的独特方式:寻找自己的、不同于其他人的道路,可能成为一生的任务。

## 支撑希腊神话的五个根本问题

正是在这一视野之下,我将花上几页的篇幅,重释并且重述古典神话的故事。首先,我在神话中看到的是哲学前史,对于神话的研究不仅与关于哲学起源的任何理解无法分离,与哲学的更深层目的也是如此。不过除了这一理论或者理性方面,神话——通过尝试思考严格意义上的人类状态得出结论——还奉献智慧之教益,它通过世界和我们自身并见证世界和我们自身的表征,向我们诉说,就像希腊哲学一样。从这一角度思考,主要的希腊神话看起来被五个问题从根本上赋予生机,如果我们想要体会(除去它们的美学或者独特性之外)其中个体故事的意义,那么应该记住这五个问题。这五点启示实际上为我充当一种线索以及组织原则的角色,以便读者不会在细节中迷失自己。

第一个问题顺理成章地涉及世界(第一章)和人类(第二章)的起源,以及这一著名的宇宙之诞生——凡人在其最初现身之际,就被要求探寻自身与世界协调一致的独特方式。因此,所有希腊神话开始于宇宙和凡人生命的起源叙述,公元前7世纪赫西俄德(Hésiode)第一次详细地对此作了阐释,在两部开创性的诗篇中:《神谱》(这个名字在希腊仅仅意指"诸神诞生")和《工作与时日》。这两部作品处理的是世界自身、诸神和人类最初的形成。其叙事极为简练,有时难以领会,因此,我会在开篇几章尽可能流畅地尝试重新叙述,因为它值得付出努力:一切自赫西俄德开始。

这里,我应该澄清一下,以便消除一项依然频频遇到的错误理解:与很长时间流行但很不正确的一种观念相反,这种神话的起源记述或重建,尽管抽象而且经常是理论化的阐述,却绝对没有声称具有科学的真理。与一些评论者今天依然暗示的不同,它毫不关涉进入科学问题的一种"最初方式"——至今依然是天真且"原始的"(或者甚至是"魔术般的")——我们的实证科学无可阻挡的"进步"允许我们使其没有什么损害地过时了。相反,神话绝不是人的幼年状态:在深刻性以及理智方面,它与现代科学相比不遑多让,它不是多少粗略地类似于现代科学,或者是其试演。举例来说,试图把希腊神话与我们今天教授的大爆炸和宇宙第一时刻相比,就太荒谬了。由于科学和进步视野在我们的思维中如此根深蒂固,让我们重申:萦绕于希腊神话的视野是与现代科学精神完全不同的东西。它绝不是后者原始的先行者。它的关切不是客观性,甚至不是关于现实本身的知识。它真正的焦点是其他且在他处。通过一种讲故事的形式,神话寻求为凡人提供理解环绕其身的世界的方法,这种形式遗失于时间的迷雾中,而且,的确在现代科学理解的意义上,没有解释能力。换句话说,宇宙在这里不是作为**知识客体**而是**生活现实**被看待——作为竞赛场所,可以说,人的生存必须在其中找到正确的位置。这就是说,这些古代叙事的目的完全不是获得确切的真相,毋宁是通过探索在一个有序、和谐并且命运公正的世界中什么是成功的生活,为人生创造可能的意义,在那样的世界中,我们发现了自身,而且被有序地(正确地)置入其中,以寻找我们的方式。那么,对于那些知道自己正在走向死亡的人,还有那些看起来唯其注定会错误且悲剧性地行事、以致迷失道路的人,什么是良善生活?对于那些生命转瞬即逝的存在物来说——不像树木或者牡蛎或者兔子——他们对于哲人后来定义为"有限"的东西有着敏锐的意识,什么是成功的生活?这是唯一有意义的问题,真正在起源叙事背后的唯一问题。这是为什么他们会这般注定构造一种有序力量战胜无序力量的"宇宙"——因为,在这样的宇宙中,在这种秩序理念的核心,如果去获得良善的生活,我们每个人都会以自己的方式发现自己的位置。

这种在赫西俄德那里存在的原初叙事,从一开始就有着一项极其突出的特性:它是完全从诸神或者自然的视角来讲述的,这二者意指同样的事物。这一奇特且宏大故事的主角首先是超人类的力量,同时是神圣和自然的实体:混沌、大地、海洋、天空、森林、太阳。而且,即使它描述人的出现时,故事也是从诸神和世界的整体视角来讲述的。

然而,这一结构一旦建立,我们需要完全颠倒视角,并且听从**第二个问题**的指引,它事实上为这整座大厦作了辩护:人类是如何将其自身置于这一诸神的世界中,看起来在任何先验的意义上,它都不是为人类制造的?毕竟,我们不得不提醒自己,不是神而是人类发明并且创作了所有这些故事!如果他们这样做了,很明显那会赋予其生命一种意义,将其自身置于与环绕他们的东西有意义的关联中;这并不总是容易的,那数不清的、打断了奥德修斯漫长归程的阻碍可以见证(第三章)。在这方面,奥德修斯提供了一种成功地探求良善生活的原型,正如在诸神构造的宇宙秩序的中心探求(对于我们每一个人都是不同且独特的)我们的位置。

事实上,如我们会在第一章中看到的,这两个问题实际上是彼此交错的两条途径。在希腊神话中,存在着神的逐步人性化,人同等地逐步神圣化,我的意思是,那最初的神是完全非人的:他们就像混沌或者深渊,是抽象且无面目的实体,没有特征或者个性。他们只是代表了宇宙秩序,还没有任何意志,逐步地向着有意识演变。不过,渐渐地,在下一代神,奥林波斯神那里,我们看到某些特征出现了,有个性以及特殊的功能。换句话说,诸神勉强人性化了:他们更有意识,更有理智,更远离原始自然,因为宇宙的构成既需要原始力量,也需要理智!赫拉是一位妒忌的妻子,她的丈夫宙斯到处拈花惹草,赫尔墨斯是个窃贼,阿芙洛狄忒知悉所有的情爱诡计,阿尔忒弥斯冷若冰霜,雅典娜奇怪地敏感易怒,赫淮斯托斯精于手工锻造,但在情感方面有些迟钝,诸如此类。支配着最初之神所有行为的力量关系被替代之后,慢慢地出现了有逻辑的神,他们更人性化,较少被原始自然所支配,有更多细微差别。即使宇宙和自然秩序依然占据主导地位,心理要素和一种文化秩序在神的行为中开始占据更大的位置。与此并行的是,相反的倾向在原初人身上出现:他们越多地思考事物,他们就会越明白,他们最深刻的福祉在于适应作为宇宙秩序的神圣世界。神的人性化被回应于人的逐步神圣化——当然,从未完成,因为我们是、也将永远是必死之人,但是这却展示了前方的路,未来的任务:与世界和诸神和谐共处从此以后会作为生命的理念而出现。我们会在第三章追寻或者再次追寻的奥德修斯归程的全部意义,从这里开始:良善生活就是与现实相适应的生活,就是在宇宙秩序之中,生存于自然位置的生活,如果我们想要某一天抵达智慧、知天命的港湾,我们每一个人都理应发现这一位置并且完成这一旅程。

在希腊人之后很久,尼采试图重申这一点——这附带证明了,保存这种现实性的主旨在现代哲学中依然能够被发现:人类生活的终极目的就是尼采所称的 *amor fati*,或者"热爱一个人的命运"。拥抱现实的所有事物,拥抱命运——这在本质上意指当下时刻,被看做是智慧的最高形式,还是唯一的形式,它能够消除我们身上斯宾诺莎(尼采尊之为"兄长")同样难忘地所称的"负面情绪":恐惧、仇恨、愧疚和悔恨,它们是灵魂的败坏者,使我们陷入过去或未来的幻象中。对于尼采来说,对于作为一个整体的希腊文化而言,只有我们与当下、当下时刻——古希腊人的术语是 *kairos*(契机)——协调一致,才能够走向适宜的宁静、"生成的无辜",也就是救赎,这不是在宗教意义上,而是发现我们自身最终能够从这些贬低、矮化生命且使生命枯萎的恐惧中得到解救的意义上来理解的。

但是,我们不可能都成为奥德修斯,而且,为了逃避死亡,摆脱人类生存条件之限制的愿望是非常强烈的。我们之中很多人对于卡吕普索的问题会给出肯定的回答……这就是为什么贯穿希腊神话的第三个问题涉及到 *hybris*(僭越),即这些人错位的生活,他们选择驱使自我背离神圣的、宇宙的秩序,《神谱》详细地叙述了后者艰难的生成。一旦凡人出现在大地,也因此成为世界的一部分,如果有些人与奥德修斯相反,并不调整自身与世界和谐相处,而且凭着骄傲或者傲慢或者放肆——换句话说就是僭越——反叛经过诸神之战后确立的经统纬治,会发生什么呢?答案是,有很多麻烦。对此,阿斯克勒庇俄斯(Asclépios)、西西弗斯(Sisyphe)、弥达斯(Midas)、坦塔罗斯(Tantale)、伊卡洛斯(Icare),还有很多都可见证……我们将会详细地重述,并且检讨其中一些故事(第四章),挑拣出那些最深刻和有意义的。但是主题从一开始就足够清晰:如果智慧就是在一个神圣且永久的秩序中寻找我们的自然位置,以便我们的生命与当下时刻协调一致,那么僭越的疯狂就是一种相反的姿态,一场傲慢和"混沌的"反叛,对抗我们只是凡人的人类状况。非常多的神话故事都围绕着这一关键主题,由此,这样做就是重要的:拒绝依据从基督教继承来的现代伦理框架阅读它们——这是非常普遍且非常错误的尝试。

第四个问题:在这两种可能的轨迹,即奥德修斯式智慧与坠入僭越之愚蠢中间,我们如何定位那些超凡脱俗的英雄或者半神,他们几乎充斥于所有主要的希腊神话中?既不是圣人也不是傻瓜,他们在这凡俗世上践行伟业,这起初是宙斯的行为:与混沌之永不停息重新聚合力量的抗争,以便有序战胜无序,宇宙及和谐战胜纷争。这些是那些非凡人物(准确地说)、无序力量之所有可怕再生体的光荣摧毁者的故事,我们有机会描述(在第五章)。由此,忒修斯(Thésée)、伊阿宋、珀尔修斯(Persée)以及赫拉克勒斯,效仿宙斯抗争提坦神(Titans),接着去搜寻并且根除那邪恶、可怕的存在群体,它们象征了混沌原初力量施加的不间断地自我更新的威胁——或者,这意味着同样的事情,象征着宇宙秩序的永久脆弱性。

最后，还有第五个问题：一方面存在着宇宙，另一方面存在着这般人物，他们认同它，如同奥德修斯，或者拒绝其法则，生活于僭越中，或者协助神重建秩序，变成英雄。但是还存在着千千万万其他的存在物，像你我这样的纯粹凡俗之人，既不聪慧，也不邪恶，也不是英雄，把无能为力视为降临于身的无法预见的灾难，毫无疑问也会有片刻的欢乐和幸福时刻，但是，绝大多数情况下则是各种不幸——疾病、横祸以及自然灾害——也不曾理解其理由所在！我们如何向自己解释，在一个被认为是和谐的世界中，一个由完美无缺、毫无瑕疵的奥林波斯诸神建立和维护的、我们被告知是公正和良善的宇宙中，能够允许厄运冷漠地袭向好人和恶人？正是为了应对这个问题，那是当我们想到奠基于和谐与正义之上的宇宙时不可能回避的，俄狄浦斯和安提戈涅神话详细地阐述了它们的答复（第六章）。

最后，作为结论，我们会看到，通过对于狄奥尼索斯（Dionysos）形象的思考，神话如何实现了纷争与秩序、混沌与宇宙之间必要的和解——在询问哲学对于此种综合做出什么贡献，以及为什么人类从希腊宗教过渡到更加概念化的救赎教义之前。我们会看到，正是在这一点上，哲学的希腊前史非常显著地阐明了其整个历史。

于是，这部书从起源开始……这是指诸神、世界以及凡人的诞生，就像在最古老，也是最完整且最重要的文本中详细解释的那样，那是留传至我们的赫西俄德的文本。无论何时它总是富于启迪意义,不过,我会提供一些补充性或者改编版本,**毫无例外地详细说明其独立的起源并且弄清楚这些衍生版本的关联性**,目的是读者(甚至初学者)不会从一开始就被引入歧途,越来越迷惑——而另一方面会受到启发,并丰富其神话的知识,它渴望的不是渊博而是简单明了的阐释。当然,在这一同时致力于缜密和低门槛的工作中,我自然得到先辈之作的指引。这里我必须就这一点以及其他诸多之处,感谢已故的让-皮埃尔·韦尔南。他为其孙儿写的初级读本:《宇宙、神与人:古希腊神话》,还有其他作品,不仅大大地鼓舞了我,而且在很大程度上提供了现在这本书的模式。同样还有雅克利娜·德·罗米伊(Jacqueline de Romilly)关于希腊悲剧的作品。以前任职于教育部之际,我和这两位学者有过讨论,涉及他们关心的"古典人文学"的衰落。我与他们同样关心,或者至少同样热爱古典,而且我试图(或许不成功)让他们安心,妥善地采取"措施",阻止他们所担心的真实或想象的教育滑坡。……不过,在这一点以及其他地方,我认为书籍要比政治命令更有效:后者会遇到许多来自各个方向的限制、障碍和羁绊,同时,其效果永远都不确定。

我也非常感谢引用的其他作品,尤其是这部经典:由总编辑皮埃尔·格里马尔(Pierre Grimal)编纂的《古典神话词典》。除了那些我不得不阅读或者再读的原初文本之外,蒂莫西·甘茨(Timothy Gantz)的《早期希腊神话》是所有开山之作中最珍贵的。这是一部呕心沥血之作;以无限的耐心和学者的严谨,以及一位研究者的阐释技巧和谦逊,甘茨成功地确定了神话的具体作者,将他们按照纪年作了归类,由此对于每一个故事,都能区分原始版本(就我们所能确定的而言)以及缓慢衍生的改编本,后者丰富了叙事,完善初本,偶尔也与初本背离。这种丰富,甚至是充沛,通过甘茨第一次以一种有序的方式交还给我们,使我们所有人能够可靠地发现我们在希腊神话文学方面的承继。

## 关于风格、本书编排及其为孩子保留的最后一言

与《思想简史》一样,我选择通俗地对我的读者叙述,有两个理由:首先可以说,因为我曾经在我自己的孩子(以及一些和我亲密的其他人)身上"测试"过这些希腊故事,在这本书中我主要是对他们叙述。为了给他们撰述,在任何特定时刻,我首先必须使其形象化。第二个原因是,这种儿童读者,同时是理想和现实的,迫使我清晰地写作,避免模糊的幻象或者假设我的读者拥有任何先在的知识,关于赫西俄德,关于阿波罗多洛斯(Apollodre),关于帕诺波利斯的诺努斯(Nonnus),关于希吉努斯(Hygin)——或者任何先在地熟悉如"神谱"、"宇宙起源"、"神话讲述者"、"宇宙"等等这些词汇的含义:我会经常求助于这些词,但是我的通俗方式强迫我在继续下去时自动地定义且解释——如果使用一种更正式的形式,我肯定不想这样做。

这么多年来激发我所有这些著述的信念是,今天,我们发现自己陷入这样的社会,其标志是狂热消费与祛魅的奇怪混合体,这是比以往更重要的:我们提供给我们的孩子——还有我们自

己:神话是所有年龄段的人都能阅读的——一个机会,在进入成年时期以及在买卖的世界中注册之前,在古典文学的主要著作中巡游一番。如同在我对家庭史研究中有机会表明的那样,[①]我们任何人都无法完全假装逃离的消费主义逻辑,会随其他沉溺之逻辑而来。就像无法阻止自己加大吸食剂量以及频率的吸毒者一样,理想的消费者将更频繁地购物,而且在每一次突袭中会买更多。看看电视频道,它会花上一会儿的时间迎合孩子,看看他们是如何不断地被广告所打断,我们就足够明白,它们的一个主要目的就是尽可能地把孩子们转变为模范消费者。他们还在比较年幼之际就沉入其中的这种逻辑有着破坏性后果。它以一种潜在的机制影响我们:我们在道德、文化和精神层次体验一种丰富的心灵生活越少,我们就会更多地陷入获取和消费的狂热需求。由此,电视提供给广告商的"虚无的头脑空间"是他们的黄金时机。通过不断地中断节目,电视完全致力于将观众置于一种**缺乏**的状态。

我们要避免误会:我无意陷入另一种新马克思主义对于"消费社会"的抨击,甚至都不愿在宣传机器今时程式化的批判上尝试一下。在我看来,这一点并不那么清晰:广告的压制会在任何意义上改变背后的问题。非常简单,作为一个父亲以及教育部的前部长,在我看来,对于我们关键的是将索取和占有的狂热置于这样的位置——第二位的,无论是什么——而且要使我们的

---

① 参见《家人,我爱你们》(*Familles, je vous aime!*),XO,2006。

孩子明白索取不是生存的本质：它一丁点都没有开始绘制人类生活的界域。为了帮助孩子们抵抗广告施加的压力，允许他们解放自己，或者至少确立某种内在的距离，这是本质性的——或许甚至是生死攸关，如果我们记得沉溺有时如何是致命的——尽可能早地给他们提供一种心灵生活的要素，悠远而深长。我想，为了达成这一目的，我们必须紧紧地抓住我刚才勾勒的基本原则，据此，个人越多地具备强有力的价值（文化的、道德的以及精神的），他们就越少体验到基于索取本身的索取需要，以及没有理由地摁"购买"按钮；相应地，他们就更少被积习成癖的不满足弄得虚弱，这种不满足是由无限倍增的人为需求而引发的。换句话说，相较于"占有"的逻辑，我们必须帮助孩子们赋予"存在"的逻辑以更大的重要性。正是基于这种精神，我将这本书献给想要为自己孩子送上真正礼物的所有父母——这件礼物伴随他们不断探索，不是在圣诞节早上一旦打开包装纸就被丢弃一边。

我相信，正是在这种视野中，对我们来说关键的是回到古希腊神话的源头，以便与他人分享其精髓。当然这不是本书的唯一目的，如我所说，它首要地是试图对西方哲学的最早时刻予以关注。但是我们提到孩子时，更多是基于经验而非理论：当我为自己的孩子叙述最著名的希腊神话时，当他们五岁的时候，我在他们的眼中看到了从未有过的光芒。他们接二连三地提出各种问题，包括我所讲述的传奇中所有一千零一个方面。我从未看到更能引起他们兴致的儿童故事，甚至格林（Grimm）、安徒生

(Andersen)以及佩罗(Perrault)的经典童话故事(尽管它们也极好)也不曾有过——更不用说电视剧了,后者毫无疑问提供消遣,但几乎不会以同样的方式激发他们的才智。我坚信,希腊神话承载着最深刻的主题,涉及世界的创造、诞生与死亡、爱情与战争之纷扰,还论及正义以及惩罚的涵义,或者论及勇气、危险以及对于冒险的爱好——所有这些非常强有力地帮助孩子们,以独一无二地深沉敬重来理解他们自己的行为以及周围的世界,从电视或者电脑屏幕中随随便便所传递的是与此无法比拟的。我不曾有丝毫怀疑,这些古老的叙事会沉淀在他们的记忆中,一生都伴随着他们。还有,不言而喻,我们准备一起探索或者重新探索的神话,既面对成人也面对他们的孩子——这解释了为什么这本书会不时地改变语调,而且为什么其讲述模式会改变:有时我们在向成人讲述哲学的起源,有时我就像在对着孩子细细讲述传奇故事,而在另一些时候,我就一些看起来值得深入评述的篇章给出阐释。我意识到,这种混合给了这本书有些斑驳的方面,就像在《思想简史》中的情形那样。不过,这是一项决断,在我看来,任何不便之处最终都会因使用不同语调的优越性而无关痛痒。

我也意识到,在阅读这些篇章的过程中,读者不可避免地会有某些疑问——历史的、哲学的,还有甚至是形而上学的——这些问题,如果不会使我的叙事达到不堪卒读的程度,我就会回应:何时、如何以及为什么希腊人发明了神话?他们相信他们的神话吗,就像是一个当下的信徒解释他或者她的宗教?这些神话有形而上的功能吗,比如一种慰藉或者消除面对死亡的恐惧?奥林波斯众神会以半宗教的仪式被崇拜吗?在流传下来的文本和最早的口头传统之间有什么联系?古希腊的父母亲会在床头给他们的孩子讲奥德修斯和赫拉克勒斯的故事吗?或者这些是为成年听众保留的,就像在中世纪欧洲吟游诗人的抒情诗,或者17世纪童话故事中经常出现的情形那样?在这本书的写作过程中,当看起来适宜的时候,我会尝试回到部分这些完全有根据的问题中。但是现在谈论它们就会本末倒置,而且,在所有的阐述中,从伟大的神话故事本身开始,然后进一步地思索其意义或者文化地位,看起来是适宜的。

# 第一章
# 诸神和宇宙的诞生

在世界的开端,一个有些奇特的神首先从虚无中出现。希腊人称它为混沌(Chaos)。它不是人,甚至不是一个虚构形象,我们必须将这一原始神想象为不具有人的特征:没有身体,没有脸,没有任何定义特征。实际上,它是深渊,一个黑洞,在其中不能发现任何可识别的东西。在绝对的黑暗中,无法辨认出任何东西、任何形象,从根本上讲,那就是全然的**无序**,黑暗居于核心。而且,在我们故事的起点,还不存在任何人去见证那里有没有任何事物:没有造物,没有人类——甚至没有任何神。不但没有活着的、有情感的存在物,而且没有天空、太阳、山脉、海洋、河流、花朵、森林……简言之,在这裂开的深渊即混沌中,有的是全然的模糊不明。一切都是流变、混乱和无序。混沌类似于巨大的、看不清的悬崖。就像在噩梦中,如果你坠入其中,你会一直坠落……但这不会发生,因为你、我以及其他任何人到那时为止都不存在于这流变中。

紧接着,极其突然地,第二个神从这混沌中突然出现了,没有任何可辨明的理由。某种奇迹:一件开天辟地的大事,对此,很久以前(公元前7世纪)第一个讲述这故事的诗人赫西俄德不曾尝试去解释。这合乎情理:他没有任何解释可提供。某种东西从深渊中出现了,这就是全部。其实是一个可怕的女神,名叫盖亚(Gaïa)——这在希腊语中意指"大地"。最终盖亚是坚硬的土地,滋养的大地,植物很快长出,河流喷涌而来,动物、神和人在其间行走。盖亚、大地同时也是第一因素,非常具体和可靠的自然的第一片——而且在这种意义上,也是混沌的反面:从现在起,无论存在什么都不会跌落于虚无之中,因为它会受到支撑,而且还会占据位置。不过,盖亚也是第一位母亲,大地母亲,原初母体,所有或者几乎所有的未来存在物不久就会从中开始显现。

然而——为了有一天河流、森林、山脉、天空、太阳、动物、人类以及(最重要的)其他神能够诞于大地女神盖亚之上,或者它们从混沌中涌现,而它们也会诞生自己的不朽存在物——除了混沌和盖亚之外,需要第三位神。这就是厄洛斯(Eros)或者爱欲。和混沌一样,厄洛斯肯定是一位神,但不是一位个体的神。毋宁说是生命力,使得其他生命生成。换言之,一种生机勃勃的生命原则。因此,绝对不要将既看不到又无法消解的厄洛斯混同于一个纯粹的个体,混同于有着同样名字的另外一位小神,他出场要晚得多,罗马人称之为丘比特(Cupidon)。换句话说,这位后来的厄洛斯神——经常以这样的形象示人:胖乎乎的孩童,生有双翼,带着弓和箭,射出之后会释放激情——完全不同于我们说到的原始厄洛斯:那种抽象原则,迄今为止首要的目的是协助所有未来的神从黑暗中产生,现身于光明。

正是从这三位原始实体——混沌、盖亚和厄洛斯——中,万物即将诞生,而世界也会逐渐构造成型。相应地,这必然提出第一个也是所有之中最基础的一个问题:我们如何从这起源的绝对无序过渡到可识别的环绕着我们的和谐、美丽世界?换句话说,我们如何从混沌过渡到"宇宙":从无序到完美的、公正的洪范,太阳温柔地映照着的一项宏大、命定、自然的天意安排?这不久之后就是哲学的问题。这里是我们第一个故事的开始之处,讲的是万事万物的诞生——它们是元素、人类和诸神。这是希腊神话的奠基性叙事,我们也必须从这里开始。

开门见山,我这里必须提到在我们奇特故事中的第四位"主角"。在这一点上,作为我们的指路人,赫西俄德的诗提到,在起源的这一时刻,另外一个神出场了,即塔尔塔罗斯(Tartare)。这同样不是一个个体,至少在这个术语的人的意义上不是。它首先是一处场所,昏暗且可怕,潮湿且发霉,还永远陷于全然的黑暗中。塔尔塔罗斯位于盖亚的最深处,在大地最隐秘的底层。在这个地方——后来和地狱等同——死者出现时被丢弃在此,不过同样还有被战败或被驱逐的神。赫西俄德留给我们一个有趣的线索,关于如何找到或者想象这著名的塔尔塔罗斯,它同时是一位神和一处场所,类似某些其他的神:比如,一位能够产生后裔的神,但同时是自然的一部分,宇宙的一个角落。赫西俄德告诉我们,塔尔塔罗斯深埋于大地,在地表之下犹如天空在地表之上那么远,而且他还补充了一个形象,可谓栩栩如生:想象一座沉重的铁砧——换言之,即某种巨大的青铜台桌,铁匠用它把金属物体锻造成形。是吗?嗯,这巨大且厚重的青铜物体得花上九天九夜的时间从天空跌落大地,又得花上九天九夜的时间从地表跌落至塔尔塔罗斯的底部!这是换种方式说,那让人和神都恐惧的阴森场所如何被深深地嵌入盖亚的深渊极地。

让我们把注意力转回盖亚,在这里事情才会真正地发生——让我们以正确的方式来叙述故事,而不是南辕北辙,到目前为止,不存在天空或山脉,没有人,甚至没有任何神,除了这些原始实体之外,它们是(只是提醒注意,以它们的出现顺序列举名字)混沌、盖亚、塔尔塔罗斯和厄洛斯。目前为止,还没有其他什么东西产生。①

但是现在,毫无疑问在厄洛斯的动力之下,没有丈夫或者情人,盖亚从其自身深处且凭借自身独自诞生了一位可怕的强有力的神:乌拉诺斯(Ouranos)。乌拉诺斯是星空,位于大地之上

---

① 除了混沌的这些后裔之外,从中还出现了其他两位神,我们暂时把他们搁在一边:厄瑞波斯(Erèbe),黑暗的人格化,以及尼克斯(Nyx),即黑暗,它体现了一种不同的黑暗。厄瑞波斯首先是支配着较低深处的暗淡,比如在塔尔塔罗斯。另一方面,黑暗是户外的暗淡,地面之上,天空之下。因此,后者不是绝对的,而是相对的——相对于与其循环更替的白昼……一种日常现象!厄瑞波斯与黑暗结合,且很快诞生了其他两位神:埃忒尔(Ether)是弥漫于山顶的明亮的雾,一直都是霓裳羽衣,云端之上。正是这光亮将照耀着奥林波斯山的神殿,它构成了厄瑞波斯,即暗黑的绝对相反面。紧随着埃忒尔诞生的是赫墨拉(Héméré),即白昼,每天早晨继黑暗而来或者将黑暗驱走。

(实际上,伸展着或者绵延着:换句话说,覆于她身上),是其天上的复制品。盖亚无处不在,因而大地也无处不在,乌拉诺斯,或者天空,悬于其上,一点都不差。一位数学家会说,存在两组完全相同的延伸物:不存在盖亚的哪一平方厘米和乌拉诺斯的同样一平方厘米不对应……尽管如此,再一次地,盖亚无需其他任何神,接着从其腰身诞生了后代:山脉,被称为乌瑞亚(Ouréa),还有栖居其间的宁芙仙女(nymphes)——美丽的年轻女孩,但不是人类,因为她们也是神——最后,还有蓬托斯(Pontos),大洋神或者液态实体。你明白,万物、宇宙正在开始成形,尽管离完成还很远。

你会注意到,目前为止提到的物质世界的所有特征被认为同时是"自然元素"和神。大地是我们行走于上面的土地,是树木从中长出来的养料,也是像你或我有着名字的一位伟大女神:盖亚。同样,天空也是一种因素,我们头顶上的美丽碧空,但同时也是一神圣实体,已然个体化,同样有了自己的名字:乌拉诺斯。乌瑞亚,即山脉;蓬托斯,即咸涩海浪;或者塔尔塔罗斯,即大地最深处隐藏着的阴森地域同样如此。事实上,这些神会结成配偶,并各自有了后代,这也是成千上万其他或多或少神圣的造物将诞于这些第一代神的方式。目前,我们把他们大部分都搁在一边,以便将注意力集中于叙事的主要线索,以及参与这可怕戏剧的不可或缺的角色,它不久就会上演,直到最终建立一个有序的世界——一个真正的宇宙秩序,和谐且稳定,人类能够在其中生存并死亡。

在这原初的神话叙事中,自然世界和诸神的诞生是一体两面——这是他们为什么在上述故事中重叠的原因。基本上,描述大地、天空或海洋的诞生就是描述盖亚、乌拉诺斯或蓬托斯的经历。如我们即将看到的,其他的神也是如此。基于同样的理由,重要的是记住,这些最早的神尽管就像你或我有自己的名字,毋宁是自然的基本力量,而非被赋予自身特征和心理要素的个体。为了让世界步入轨道,有必要接着召唤其他更加文化的而非自然的神,比起万物凭借其而产生的最早的自然力量,他们会更具思考力和自我意识。进一步,这是通向意识、计谋以及计算的路径——简言之,即希腊神的逐步人性化——这会赋予我们的整个神话传奇故事最让人着迷的人情味(可以这么说!)……但是,目前重要的是,在开端之际,神的诞生和自然要素的诞生混合在一起。我意识到我准备使用的两个术语可能是陌生的,因此看来有些复杂:"神谱"和"宇宙起源学"。它们意指什么?实际上,这些古希腊的术语非常简单,也可以互相替换。宇宙(*cosmos*)的起源(gonie)和诸神(*théo*)的诞生(gonie)是融为一体的:**宇宙起源学**(cosmogonie),即宇宙的起源同样且相应地是**神谱**(théogonie),即关于诸神诞生的故事。

在此需谨记两点:

第一,宇宙尽管像不朽之神那样是永恒的,却并非始终存在。在起源中,不是秩序而是混沌支配着。不仅是最彻底的无序和最彻底的黑暗主导整个进程,而且(如我们稍后看到的)第一代神,远非神可能被期待的那样具备充分的智慧,相反被仇恨和最残酷的激情撩拨着——非常草率,以至于他们相互之间即刻就会以最可怕的方式战斗。因此,说起源时刻诸神有着不和谐的倾向是轻描淡写的说法,这也是为什么万物、宇宙秩序之诞生是以"诸神之战"为顶峰的长长的故事。一个充满了吼叫和怒火的故事,但是也有着智慧的内核:与事物秩序和谐相处地生存,尽管像我们凡人的情形注定有一天会消逝,比起所有其他形式的生存好很多,哪怕是与"无序的",或者"混乱的"永生相比也更可取。

第二,我们注意到,整个起源时刻,没有空间维度,正确地说:在天空与大地之间,在乌拉诺斯与盖亚之间,没有空处,没有间隙,他们紧紧地拥抱在一起。因此,世界在开端之际不是其现在的样子:大地和天空远远地分离着——就像赫西俄德的青铜铁砧形象试图让我们理解的那样。也没有时间维度,至少在任何意义上都与我们所体验的无法相比,由于时代列表——新的后代之诞生同时是其象征和具体表现——尚有待确立。除此之外,生存于时间中的人,就其定义而言是凡人,而凡人尚有待出场。

现在让我们看看,众所周知的世界如何逐渐从这些原始因素中产生。

# 天空(乌拉诺斯)与大地(盖亚)的痛苦分离:空间和时间的诞生

乌拉诺斯,即天空,尚未"高高在上"——还不是穹苍中的"那上面",就像巨大的天花板。相反,他紧紧地粘着盖亚,紧密地如同另外一层皮肤。他触摸着她;他抚摸着她全身,不曾停歇。换句话说,他尽可能地紧贴着,或者直白地说,乌拉诺斯连续地、不停地与盖亚交欢。这是他唯一的行为。他是个死心眼,鬼迷心窍,只有一个念头:爱欲激情,他以亲吻淹没了她,不停地拥抱着她,专情于她——有了无法避免的后果,他和她诞下了一整串的孩子!正是在这里事情真正开始变得复杂了。

因为,乌拉诺斯和盖亚的孩子事实上是第一代"真正的神",他们不再是抽象的实体,取而代之的变成了名副其实的"角色"。就像我一直表明的,我们见证了神的逐步人性化,拥有一种个体魅力的新神最终出现了,有着充分发展了的个性和心理,有着比前辈更少野蛮和更多细微差别的激情——哪怕(如我们将看到的)这些神依然经常相互冲突,甚至具有毁灭性:就像我们曾经说的,希腊诸神——举例说,不像基督教或者穆斯林或者犹太神——与完美智慧的状态离得很远。说到从无序中创造秩序,以及宇宙从原初混沌中诞生,正是这些神圣的后裔将会受到征召。为了与正在变得更复杂的原始世界步调一致,他们会需要所有他们能够集于一身的禀性,比如勇气以及其他各种品质:那不能凭借自然力量的纯粹作用盲目地实现,就像牛顿的万有引力一样。这一秩序是非常美丽且复杂的,因此它只得依赖正被采纳的智慧决定……诸神诞生导致的演化逐渐走向何处,我现在就来揭示。

实际上,谁是盖亚与乌拉诺斯,即大地与天空的第一代后裔呢?在一个平衡的宇宙秩序完全产生之前,他们的经历是什么呢?

他们一族首先包括被其父乌拉诺斯称之为提坦(Titans)的这些神:六男六女,后者有时被称为"提坦女神"(Titanes)或者"提坦德姒"(Titanides),为的是把她们与其兄弟区分开来。这些提坦有三类共同特征。第一,和所有的神一样,他们是完全永生的,因此,如果你发现自己准备和他们战斗的话,完全没有希望杀死他们!第二,他们被赋予巨大的力量,无穷无尽且超越人类,对此我们无法想象。这是我们为什么今天依然说一种"提坦式的"力量的原因,也是把一种特别坚硬结实的金属命名为"钛"原因。最后,这些提坦都臻于完美。总体来说,他们同时是可怕和吸引人的存在物,由于承受着其起源的标志,也极端暴力:诞生于大地深处以及塔尔塔罗斯之下界地域,这阴森的地方与原始的混沌非常接近,或许盖亚自身就是从这混沌中出现的——赫西俄德告诉我们她在混沌"之后"出现,没有弄清楚是否她实际就是混沌所生,不过这是一项合理的假设。无论如何,明显的是:提坦与其说是宇宙的力量,不如说是混沌的,与其说是有条理且和谐的存在物,不如说是无序且破坏性的。[①]

---

① 他们的名字是——不过我们必须记住的是他们之中最年幼的那一个,克洛诺斯(Cronus),因为他会在接下来的故事中扮演一个关键的角色。按照诞生顺序:俄刻阿诺斯(Okéanos),即大洋,在神话中被描述为环绕着世界;科俄斯(Coïos)、克利俄斯(Crios)、许珀里翁(Hypérion)、伊阿佩托斯(Japet),接着是克洛诺斯,他总是被赫西俄德称之为"狡黠的",原因一会儿我们就会知道。女性的一族是忒亚(Théia)(她的名字在古希腊意指"神圣的那一个")、瑞亚(Rhéa)、忒弥斯(Thémis)("正义")、谟涅摩绪涅(Mnémosyne)("记忆")、福柏(Phoibé)("明亮的那一个")以及泰西斯(Téthys),海洋王后,激发爱。

除了这六个提坦和六个高贵的提坦女神之外,乌拉诺斯与盖亚还诞下了三个怪物,赫西俄德说,"在其他方面都像神",不同的是,他们只有一只眼,巨大无比,长在前额的正中间!他们是独眼巨人(Cyclopes),他们在有序且和谐的宇宙创建中同样扮演了关键的角色。和他们的提坦兄弟一样,每一个独眼巨人都拥有非凡的力量,且暴虐无比。他们各自的名字在希腊语中,足够清楚地表明了这一点,因为他们都能够引发电闪雷鸣:第一个是布戎忒斯(Brontès),意指"雷霆";接着是斯忒罗佩斯(Stéropès),即"闪电";然后是阿格斯(Argès),即"霹雳"。正是这些怪物给了未来的神君宙斯最可怕的武器,即他的霹雳和闪电,宙斯使用它们打击所有敌手,或者闪瞎他们,或者将他们击倒。

最后,天空与大地的结合还诞下了三个都很可怕的存在物,甚至比十二提坦和三个独眼巨人更骇人(如果可能的话):他们每个都有五十颗脑袋,而且从他们奇怪的肩膀中长出了一百条手臂,有着无法想象的长度。因为这个原因,他们被称作赫卡同克瑞斯(Hécatonchires),这在希腊语中指的就是"百条手臂的人"。他们非常可怕以至于赫西俄德建议——不过是在给他们命名之前——最好不要叫他们的名字,担心会唤醒他们且引起他们的注意:第一个是科托斯(Cottus),第二个是布里阿瑞俄斯(Briarée),第三个是古革斯(Gygès)。他们与独眼巨人一起,在建立未来事物的秩序中也扮演了重要的角色。

## 诸神之战:第一代神提坦和他们的后裔奥林波斯神之间的冲突

未来的秩序:因为如同曾提到的,我们依然远离达成的和谐宇宙,对此,盖亚——基于我们能够从其坚固性推断而来的所有关于她的东西(与混沌之深渊相反)——必然正在祈求希望达成。事实上,敌对非常严重以至于全面的战争在地平线上无情地显现。如果一切切实可行且有序的世界将要产生的话,本身非常接近原初混沌的无序原始力量,实际上将会被释放出来——并且必须最大可能地被掌控、钳制且文明化。不过,这场惊天的冲突会在哪里爆发? 它又会如何结束? 这是赫西俄德希腊神话奠基性叙事的核心主题——他的宇宙起源论或者"神谱"——因为,正是通过这个故事,我们将最终从原始的无序和暴力过渡至井井有条的人类能够居住的宇宙秩序,而且他们在此寻求作为凡人的命运,无论好坏。

故事是这样开始的。

乌拉诺斯憎恨他的孩子们:十二提坦和独眼巨人或百臂巨人都一样。对于所有这些后代,他心怀一种特别的仇恨。为什么? 毫无疑问,他担心他们中间有人会推翻他:不仅仅是挑战他的至高权力,而且从他身边偷走她,即同时是其母亲和妻子的盖亚。这就是为什么乌拉诺斯(天空)紧紧地且有效地覆盖着盖亚以便阻止他们的孩子看见光亮的原因。他没有留下空间,甚至是最小的裂缝,他们可能从中穿过,离开他们的大地母亲的子宫。他甚至把他们丢弃至塔尔塔罗斯最深的、混沌的地方——因为这个缘故,他的后代不会宽恕他。盖亚也不会宽恕,她身怀所有这些孩子,却不能在自己体内保有这些尚未出生的、被压制的儿女!因此,她要求他们,敦促他们反叛可怕的父亲,后者曾阻止他们解放自己,阻止他们伸展手臂和长大——准确地,也是象征性地说,阻止他们看见白昼的光。最年幼的克洛诺斯听见了其母的呼声,后者想了一个可怕的计谋反对乌拉诺斯:盖亚用来自最深的地下层,即她下腹的融化了的金属,锻造了一把镰刀(其他版本的故事详细指出,那是燧石制成的,不过我坚持相信赫西俄德,他提到的是灰色硬石——推测是铁)。这件武器肯定锋利,赫西俄德明确说,是"带有利齿的"。盖亚把它递给克洛诺斯,直白地要求他把其父阉了!

乌拉诺斯被阉割的叙事非常具体。突出细节是因为它们有着"宇宙性"的后果,这意指对于世界的构造有着决定性的作用。克洛诺斯备好铁制镰刀,等待机会。乌拉诺斯又一次习惯性地向四周伸展,进入大地:克洛诺斯瞅准机会,用左手(一个后来的衍生神话宣称:正是从这一时刻起,"左撇子"有了"邪恶"之意,而且烙上了恶行的标记)抓住父亲的生殖器,右手只是一滑,瞬间就割了。同样是用左手,他把那不幸还留着血的生殖器抛到了身后,"扔在了该扔的地方"——这一细节绝不是过于铺陈,或者只是虚构来给这个故事添些虐待猛料,因为,乌拉诺斯的血滴落至大地和海洋之后,进一步可怕的或者华贵的神在适当的时机从中诞生。

在这里,我对这些神要多说几句,因为在诸多神话故事中我们会再次碰到他们。

从乌拉诺斯被阉割的生殖器中首先诞生的三个是仇恨、报复和纷争("纷争"= 希腊语中的 *eris*)神,他们承受着其暴力来源的印记。相反,第四个不属于厄里斯(Eris)王国,而属于厄洛斯或者爱,即美丽和情爱女神阿芙洛狄忒。我们要更深入地考察一番。

从不幸的乌拉诺斯被阉割的生殖器以及深入大地(盖亚)的血滴中,首先诞生的是三个可怕的女神,希腊人名为厄里倪厄斯(Erinyes)(复仇女神)。① 根据诗人维吉尔(Virgile),这些复仇神灵有三个,名为阿勒克图(Alekto)、提希丰(Tisiphoné)和墨纪拉(Mégère)。据说,厄里倪厄斯绝不是友善的:如我曾说,她们是复仇和仇恨神,追逐这些在家庭里犯下罪行的罪人,而且她们使其遭受折磨和酷刑。可以说,她们从出生就命定了这一角色,由于她们的主要目的就是为他们的父亲乌拉诺斯复仇,为的是最年幼的儿子克洛诺斯在其父亲身上犯下的罪行。但是,除了其私人仇恨之外,她们还在很多神话故事中扮演着一个重要的

---

① 赫西俄德既没有告诉我们她们的数字也没有她们的名字。我们不得不等上六个世纪来了解一些更多关于她们的内容,感谢维吉尔(公元前 1 世纪)。我顺带提及这一细节,表明这些有名的神话故事定型为最完整的形式需要时间的涵义:它们不是由一次单独的叙事所创造,也不是一个单独的作者,而是历经几个世纪被诗人及哲人不断完善而成。

角色,在那里她们担当着所有家族罪行复仇者的角色,以及更宽泛地说,所有有悖殷勤好客的罪行——换句话说,犯下的罪行是针对那些虽然是陌生人,却应该像家人一样被对待的个体。比如说,她们击垮了可怜的凡人俄狄浦斯,后者杀了其父并与其母结婚,而他是在完全不知情中做了此等之事。她们也被称之为欧墨尼得斯(Euménides),亦即"心地善良者"——不是在赫西俄德的诗中,而是在比如另外一位稍晚些的希腊诗人(公元前6世纪),即埃斯库罗斯的悲剧中。事实上,"心地善良者"这个称号是被设计来抚慰她们的,被用来避免引起她们的愤怒。在拉丁语中,她们被称为复仇女神。赫西俄德没有提到任何关于她们的细节,不过后来的诗人把她们描绘为有着残忍一面的女性:在地上匍匐前行,裸露着可怕的爪子,生有双翼,可以让她们迅捷地追逐猎物,挥舞着鞭子,头发缠绕着毒蛇,口中流着血……而且,由于她们就是命运本身的形象化,亦即宇宙秩序的法则,所有存在物必须服从——甚至诸神或多或少都不得不遵从她们的决定,这意味着所有的(必死的和不朽的)都惧怕且憎恨厄里倪厄斯……

接着,由于盖亚还浸染了乌拉诺斯的血,已经渗入了大地——浸入盖亚体内——七个宁芙仙女出生了。她们的名字是墨莉娅(Méliennes),这在希腊语中意指,从我们现在所称的灰树中出生的年轻女孩。她们也是令人畏惧且好战的神,由于这灰树木材——最厉害的武器都是用它做成的,尤其是战争中用的弓和矛——她们拓展了自己的疆域。

除了厄里倪厄斯和墨莉娅之外,诞自浸入大地的乌拉诺斯血液的还有其他同样可怕的存在物,即巨人或者巨灵,他们全副武装从大地中冒出,完全专注于厮杀屠戮。他们无所畏惧,没有什么比战争和屠杀更适合他们了。这里,他们肆意满足于自身本性。赫西俄德没有告诉我们更多关于他们的内容,不过这一神话的后来版本提到,发生了巨人反对诸神的叛乱,这甚至导致了异常可怕的战争,被命名为巨人之战或者"巨人的战斗"。当然,诸神从中胜出,不过,为此他们需要赫拉克勒斯的帮助[①]——更多关于他的内容后面会说到。

正如我们都能看到的那样,目前从乌拉诺斯血液与大地的融合中诞下的所有角色都是可怕的存在物,叫喊着复仇、仇恨或战争。正是在这个意义上,厄里倪厄斯、墨莉娅仙女以及巨人或巨灵,明确地辖属名为厄里斯的神:纷争的人格化,所有冲突自她而起。还有,厄里斯是模糊和阴暗的实体,是黑暗即尼克斯(Nyx)的一个女儿,是以效仿盖亚的方式生下的,无需丈夫或者情人。

不过,如上所述,从天空的生殖器中还诞生了另一位女神,这次她不属于厄里斯,相反属于厄洛斯,她专注的不是纷争和冲突,而是爱(在希腊语中,这些术语的类同似乎表明实际上的接近:容易从厄洛斯滑向厄里斯,从爱到恨)——这正是阿芙洛狄忒,美丽和情爱女神。你还记得,乌拉诺斯被割的生殖器的血渗

---

① 这一故事大部分来自阿波罗多洛斯,一位公元前 2 世纪的神话讲述者。

入大地,克洛诺斯把生殖器抛到了身后很远的距离,而它们消失于大海中——在那里,它们随海浪漂流,被白色的海水泡沫裹挟着(在希腊语中,泡沫是 *aphros*),诞生了这位年轻的女神阿芙洛狄忒,所有的神里最美丽的。温润、柔顺女神,带着爱欲的微笑。不过同样地,女神也有着欲爱的残忍和诡诈,引诱所必需的表里不一,取悦别人,摆出最谄媚的样子,或谄媚别人——这些武器并不经常(说的委婉些)用以服务真情。所有这些都是阿芙洛狄忒的:她是取悦的艺术,也是引诱和虚饰的、虚荣和嫉妒的;她是柔顺本身,但她也是受阻激情激起的愤怒和仇恨火焰。在这方面,再一次地,厄洛斯从未远离厄里斯;情爱从未远离争吵和冲突。根据赫西俄德,当她从塞浦路斯的海洋泡沫中出现时,就已经有两位其他的小神伴随左右,他们充作她的"随从",她的伙伴和心腹:厄洛斯(Eros)是其中之一,名声远扬——而这一次的确是小厄洛斯,我们早些时候说起过,一个小人,经常被描绘为(在赫西俄德很久之后)一个小胖孩,背着弓和箭。第二个,在厄洛斯边上的是西摩洛斯(Iméros),或者欲望,恰当地说,他总是在情爱的前面……

在宇宙性的层面,换句话说,就我们的宇宙之确立而言——我们凡人尚有待在其中现身的世界——乌拉诺斯的被阉有着一个绝对关键的后果,在我们最后来到诸神之战的著名故事之前,我会对此简要论述。这一后果,极其简洁地说,就是**空间和时间的诞生**。

首先是空间的诞生,因为不幸的乌拉诺斯,在被阉割之后,痛苦难耐,"向上飞升",最终发现自己悬停至穹顶,可以说,由此创造了分离大地和天空的空间。其次是**时间**的诞生,基于一个远为深刻的原因,这可谓整个古典神话的关键之一:由于空间的诞生,乌拉诺斯被囚禁的孩子——首先是提坦神——最终能够从大地中现身出来。这是未来开启的另一种说法,先前被乌拉诺斯施予盖亚的压力封锁着。因此,未来一代就居于现时的开阔空间。所有这些后裔象征着生命,还有历史。进一步,生命和历史的可能性——首先被提坦具体化,他们最终离开了大地的黑暗子宫——也导致了运动、不平衡,出于同样的原因,还有无序之开放且永久的可能性。新的每一代与其说是稳定的状态不如说是动态的,朝着混沌和远离宇宙的趋势倾斜——非常严重以致有一件事已经完全清楚:父亲必须谨防儿子!而克洛诺斯比任何人都有更好的机会认识到这一点:正是他伤害了自己的父亲乌拉诺斯,因此,他第一个意识到他自己的孩子代表了对现状、对掌握权力之人的威胁。换言之,我们必须警惕时间,不但是新生命的创造者,也是整体无序的、孕育着所有麻烦和失衡的自然王国。克洛诺斯估量着这新的无可置疑的现实:历史充满了风险,如果有人想要牢牢抓住他所获得的,并且确保他的权力,那么最好是消除历史,这样就没有什么事情会被再次改变……

这一存在性问题的深刻性是难以估量的,它在这最初和起源的神话叙事的熔炉中开始成型。它所意指的是,所有存在,哪怕似乎是永生之神,将会发现自己被困在同样无法解决的悖谬中:要么人们必须封住所有事情,就像乌拉诺斯将他的孩子封在盖亚的子宫中,为的是阻止变化和以及随之而来的风险,即事情会不断恶化——这意味着完全的静止和不可言状的乏味,如此最终必然窒息生命本身。要么,另一方面,为了避免无序状态,人们接受运动——历史,时间——这包含着接受所有可怕的、最大地威胁着我们的危险。因此,如何能够存在任何平衡呢?这是神话以及生命自身提出的根本性问题!这些故事提供的答案因此充满趣味,哪怕是对于今天的我们……

不过,我们先回到故事。

## 克洛诺斯吞食他的孩子……除了那最后也是最小的宙斯,他逃脱且反过来反叛父亲

如我所说,克洛诺斯比其他任何神都更多意识到儿子施与父亲的危险。这不无理由。他释放了兄长和姐姐们,即依旧被父亲的暴力囚禁在地下的提坦和提坦女神,不过他对于自己的孩子采取了非常不同的做法。他和姐姐瑞亚(Rhéa)结婚,但每一次她怀孕并诞下新生儿时,克洛诺斯立刻就会将其囫囵吞掉,以免有一天他的后代反叛他,正如他反叛他的父亲乌拉诺斯一样。基于同样的理由,克洛诺斯拒绝从大地底部释放独眼巨人和百臂巨人。他们有点太危险,有点太暴力,不会不引发变化,因此,他们也构成了威胁。暂时最好将他们封锁在盖亚深处,塔尔塔罗斯的灰暗之地,对那里的所有居住者造成伤害的迷雾和

潮湿王国。故而他们对变成掌管人的兄弟心怀仇恨。

克洛诺斯和他的姐姐,现在的妻子,提坦女神瑞亚,有了六个健壮的孩子:赫斯提亚(Hestia),炉火女神,意指家庭的保护者;得墨忒耳,季节女神(拉丁名字是刻瑞斯[Cérès],"谷物"就是从此而来);赫拉,不久会成为神的未来统治者宙斯的妻子;波塞冬,海洋神;哈德斯,地狱神;还有最后,宙斯自己——最后也是最年幼的,他会成为所有其他神的统治者……但是,每一次,新生儿刚从母亲的子宫诞下,如赫西俄德所说,"在他父亲的膝下",就会被其父囫囵吞掉,并且直接囚禁在他的腹部深处。值得谨记的是,克洛诺斯的双亲,盖亚和乌拉诺斯警告过他,公然预言,总有一天他的一个儿子会废黜他并窃取他的所有权力。

就算如此,他的母亲盖亚和妻子瑞亚还是被他的行为震惊了。由于阻止她的孩子离开母体看到光亮,盖亚最终痛恨自己的丈夫乌拉诺斯。瑞亚也开始憎恨克洛诺斯,因为更糟的是,他吞了她所有的小孩,直到最后一个要出生之前——我们这里说的是宙斯——瑞亚去向她的父母盖亚和乌拉诺斯寻求建议:她做些什么才能避免小宙斯像其他孩子一样被囫囵吞掉呢?她的双亲建议她立刻离开去克里特(Crète),更确切点是吕克托斯(Lyktos),在这里,盖亚有着比其他任何人都有利的条件实施这一营救行动,因为她就是大地本身。她将会把这个新生的幼儿藏在隐蔽于一座山中的一个巨大洞穴中,这山被一片森林覆盖着,宙斯不会有被克洛诺斯发现的危险。然而,为了消除他的怀疑,必须有什么替代婴儿的东西让克洛诺斯吞下!因此,瑞亚用褓褓包裹了一块巨石,而克洛诺斯没有察觉任何异样就把它给吞了。

在一个安全的地方,很好地躲过了父亲的目光,小宙斯长大了,吃的是山羊阿玛尔忒亚(Amalthée)的乳汁。据说,箭和矛都无法刺穿阿玛尔忒亚的皮肤。正是在这一隐藏之地,宙斯制造了其著名的盾牌"埃癸斯",当女儿雅典娜需要的时候,他将其赠给了她。当下,他正在成长为一个华贵少年,不久之后变得成熟,散发着力与美的光芒。同时,盖亚和瑞亚针对克洛诺斯谋划的计策正在进行。她们定好方案,迫使克洛诺斯发呕,并因此一个个地吐出了所有他吞下的孩子,从最小的那个开始——换句话说,就是那块用来替代宙斯的石头。

与此同时,宙斯非常精明和审慎地行事,仍然按照盖亚的建议行动,后者显然想要她的所有儿孙都参与建立宇宙秩序,绝不偏袒:他释放了克洛诺斯缚于大地深处的独眼巨人。后者万分感激,送给他两份极好的礼物,那被证明是比其他所有都要珍贵的,因为它们能够使宙斯成为众神之中最强大和最令人畏惧的,即雷霆和闪电。它们能够震聋、射瞎并击倒他的所有敌人。基于同样的理由,宙斯足够精明地释放赫卡同克瑞斯,即声名狼藉的百臂巨人,同样也是独眼巨人和提坦的兄弟们。换言之,通过这种释放行动,宙斯建立了重要且持久的同盟。我们可以顺带注意到,所有这些是通过诸神逐步地个性化来获得的,这会使得他们少一些自然天性,而变得更精明,更能意识到他们的责任。换言之,没有理智或者正义感,没有这些自然天性之外的品格,和谐世界秩序的达成是无法想象的。

不出所料,宙斯与兄长和姐姐——赫斯提亚、赫拉、得墨忒尔、波塞冬以及哈德斯——针对克洛诺斯和其他提坦的反叛引发了一场可怕的战争,我们对此冲突无以形容:整个世界都在颤抖,正在成型的宇宙发现本身处于随时返回混沌的边缘……投掷山脉如同你我在扔石头!整个世界的根基都在动摇,濒临毁灭。但是,对于我们凡人来说,无法想象的是没有人在这一冲突过程中死亡,这是那些完全永生的神发动的战争。因此,目的不是屠杀,而是降服且迫使对手动弹不得、力量耗尽。而风险很高:它是这样一个问题,确保混沌——绝对的无序——不会战胜一种可能的新秩序,即一个真正宇宙秩序的出现。最终,感谢独眼巨人赋予的雷霆,同样感谢百臂巨人的可怕力量(为了回报宙斯释放了他们),第二代神——宙斯和他的兄长及姐姐们,从此以后被称为"奥林波斯神",因为他们从名为奥林波斯的山巅发动他们的战争,那随后成为他们的家——获胜了。提坦们被闪电刺瞎,被活埋在百臂巨人投掷的巨石下。在被制服之后,他们最终被锁住,作为人质关在塔尔塔罗斯,即黑暗、迷雾和潮湿王国。波塞冬,宙斯的一位兄长,用青铜锻造了巨门,无法越过或者打开,而三个百臂巨人对承担岗哨职责则更为热心,因为他们的兄长提坦们曾经无所顾忌地把他们锁在地下,直到宙斯释放了他们……

从此以后,奥林波斯神——或者至少六个最初的奥林波斯神,宙斯同代的——完全地掌握了权力。不久以后,他们会有十二个,似乎是匹配十二提坦和提坦女神。事实上,宙斯有五个兄长和姐姐:赫斯提亚,炉火和家庭女神,家庭的保护者;得墨忒尔,谷物和季节女神;哈德斯,地狱神,他将会统治塔尔塔罗斯;还有波塞冬,河流和海洋神,他的三叉戟会使大地震动。在上一代神中,我们将其作为奥林波斯神的——也就是说作为资深神,他们治理这个世界,并且划分他们之间的事务——有阿芙洛狄忒,美丽和情爱女神,我们看到她自被阉割的乌拉诺斯的血液与大海泡沫的混合中诞下。在诸神之战中,她置身事外,因为她不是源自厄里斯或者纷争。因此,她可以被认为是克洛诺斯的妹妹——和他是同一代,且有着同一个父亲——也是宙斯的姑母之一。此后,继宙斯和其五个兄姐的一代神中,当然有奥林波斯山的主宰即赫拉与宙斯的孩子:他们是赫淮斯托斯,锻造和工匠之神,以及阿瑞斯,可怕的战争神,接着还有雅典娜,智谋和艺术女神,宙斯宠爱的女儿,是他与第一位妻子墨提斯(Métis)生的。同样,雅典娜会位列奥林波斯山,在那里我们也会发现双胞胎阿波罗,诸神之中最俊美的,以及阿尔忒弥斯,狩猎女神,她生于宙斯和勒托(Léto)的婚外恋,后者是提坦神科俄斯(Coïos)和福柏(Phoibé)的女儿——因此,这使得勒托是宙斯的堂姐。接着是赫尔墨斯,神的使者,辩才、行旅和商业的守护者。还有,最后是狄奥尼索斯,所有奥林波斯神中最奇特的,酒和飨宴神,生于宙斯和一位凡人母亲塞墨勒(Sémélé)的私通行为(又一次),前者在奥林波斯神中是独一无二的,后者是忒拜王卡德摩斯(Cadmos)的女儿。

关于这一点,需要明确的是,所有这些奥林波斯神以及一些希腊英雄,比如赫拉克勒斯(赫丘利),无疑还有提坦神,比如克洛诺斯(萨图恩[Saturne])会被罗马人赐予新的拉丁名字,他们改变并且将希腊神话带入新的领域:宙斯将变为朱庇特(Jupiter),赫斯提亚变为维斯塔(Vesta),得墨忒尔变为刻瑞斯(Cérès),赫拉变为朱诺(Junon),哈德斯变为普鲁托(Pluton),波塞冬变为尼普顿(Neptune),阿芙洛狄忒变为维纳斯(Vénus),赫淮斯托斯变为武尔坎(Vulcain),阿瑞斯变为玛尔斯(Mars),雅典娜变为密涅瓦(Minerve),阿波罗有时变为福玻斯(Phébus),阿尔忒弥斯变为狄安娜(Diane),赫尔墨斯变为墨丘利(Mercure),而狄奥尼索斯变为巴克斯(Bacchus)。这就是为什么我们比起希腊神的原初名称更为熟悉其罗马名称的原因。尽管如此,他们是相同的角色,赫丘利就是赫拉克勒斯,维纳斯正是阿芙洛狄忒,等等。还有,这一点是本质性的:认识,至少粗略地认识他们各自的权力和功能,因为正是他们将会在彼此之间划分世界——正是权力在完整性上扩展到了世界且由宙斯来保证的这种划分,成为经统纬治的核心。此外,对他们角色和责任的进一步熟悉会让我们对他们的个性更多一些了解。与各自的任务一道,不同的个性也开始出现:渐渐地我们进入了文化、政治和正义的王国。简言之,我曾经提及的神逐渐人性化。

我会简要陈述这些角色,概而言之,现在为止无需进入细节。每次我会给出希腊和拉丁名称,以便更好地遵照这一最初叙事的结论：

**宙斯／朱庇特**　神的统治者以及奥林波斯山的主人。

**赫斯提亚／维斯塔**　炉火女神，保护家族和家庭。克洛诺斯和瑞亚的大女儿，因此她是被克洛诺斯第一个吞下的，也是被他最后一个吐出来的；她也是宙斯的姐姐之一。

**得墨忒耳／刻瑞斯**　季节和谷物女神，促使花朵、树木生长，当然还有"谷物"。会有一个她非常疼爱的女儿珀尔塞福涅(Perséphone)，被哈德斯拐走成为他的妻子。事实上，哈德斯和得墨忒耳会共同拥有珀尔塞福涅。一年各有六个月的相处时间，这也是为什么在秋冬季节寸木不生的原因：这个时候珀尔塞福涅与哈德斯在一起，同时她的母亲悲痛、忧郁，停止工作。当珀尔塞福涅在春季归来时，阳光重返大地，万物生机勃勃！

**赫拉／朱诺**　"王后"，宙斯之妻。她经常被宙斯欺骗，又恨又妒，怒气冲冲地追逐丈夫众多的情妇以及私通所生的野种，比如赫拉克勒斯，不过后者的名字意味着"赫拉的荣耀"：实际上正是她将要求他完成十二项著名的(无比艰巨的)"劳作"，期盼他在完成这些任务中的某一项时被杀死，因为赫拉克勒斯不是她的儿子，而是阿尔克墨涅的子嗣，宙斯扮成她丈夫安菲特律翁出现在她面前，引诱了她。为此，赫拉永远都不原谅他。尽管如此，赫拉克勒斯成为了某种副手，即宙斯在人间的副指挥，受命斩杀怪物，由此帮助维护宇宙秩序。

**波塞冬／尼普顿**　海洋神，正是他用三叉戟撞击地面，带来暴风雨和飓风。这位奇怪且恼人的神的后代包括了非常多蛮横的怪物,包括波吕斐摩斯(Polyphème),即独眼巨人,他的一只眼睛被奥德修斯凿瞎了……

**哈德斯／普鲁托** 他的妻子是得墨忒耳的女儿珀尔塞福涅,共同统治地狱。多多少少一般人都恐惧他,甚至在奥林波斯山也是如此,据说他是诸神之中最富有的(*ploutos*[财富]),因为他统治的人最多:所有无名的死者。

**阿芙洛狄忒／维纳斯** 美丽和情爱女神,她魅力无穷,而且精通所有诡计,也是所有蛮横之徒的情人。

**赫淮斯托斯／武尔坎** 锻造和魔法般灵巧的技艺神,他也是跛行神(有些记载说,它曾被父母从奥林波斯山巅扔下来),唯一丑陋的神,却娶了最漂亮的女神阿芙洛狄忒,后者经常给他戴绿帽子,尤其是和阿瑞斯。

**阿瑞斯／玛尔斯** 野蛮、暴力甚至嗜血,他是战神,以及阿芙洛狄忒主要情人之一(其他还有很多)。

**雅典娜／密涅瓦** 宙斯的爱女,是他和第一个妻子墨提斯(聪慧女神)所生。据说,雅典娜是直接从宙斯的脑袋生出来的。事实上,宙斯得知墨提斯怀孕的时候,把她吞到肚中,因为有预言说,如果她生了男孩,那宙斯就会有被篡权的危险——就像乌拉诺斯有了克洛诺斯,克洛诺斯有了宙斯。最终证实,墨提斯怀着的是女孩雅典娜,她由此发现自己来到了宙斯的体内世界,激动难安……从他的脑袋跳出——这存在某种逻辑,毕竟,她是智慧女神。和哥哥阿瑞斯一样,她也是战神,但有些不同:她凭借手腕、计谋和智慧发动战争,甚至如果需要的话,她也能够以惊人的凶猛发动攻击。在智巧这方面,她也是工艺或制作女神。她象征的更多是战争的战略方面而不是它的残酷性。实际上,她像其父,以一种女性的方式体现他的禀性:力量、美丽和智慧。

**阿波罗／福玻斯** 诸神之中最俊美的(如我们说"貌比潘安"指的是男性美),也是最有智慧的之一,并且是他们所有之中最具音乐天赋的。他是狩猎女神阿尔忒弥斯(拉丁名字是狄安娜)的双胞胎哥哥。二人是宙斯和勒托的孩子,后者本人是两位提坦(科俄斯和福柏)的女儿,由此是宙斯的堂妹。阿波罗也是日神、智慧神。他还向那最著名的德尔斐神使,即宣称预言未来的祭司喻示神旨。在希腊语中,德尔斐意指"海豚",因为——根据晚于赫西俄德的某神话记载——阿波罗在快要抵达德尔斐的时候,为了引导一条船入港变成了一只海豚,目的是把乘客带至他新圣地的祭司那里。他还斩杀了一只蟒怪,名为皮同(Python),砍了它的脑袋之后,曝尸阳光下,任其腐烂(在希腊语中"腐烂"是 *pythein*)。这条蛇或者蟒吓着了德尔斐的居民,在这个地方,阿波罗建立了他的神谕所,这是为什么皮同是德尔斐的古代名字。

**阿尔忒弥斯／狄安娜** 也是宙斯和勒托的女儿,阿波罗的双胞胎妹妹。狩猎女神,她可能是令人畏惧和残忍的。比如,有一天,她在河中洗澡的时候,全身赤裸,被一位年轻人惊吓着了,她把他变成了一头雄鹿,并让其猎犬活活地吞食了……

**赫尔墨斯／墨丘利** 生于宙斯与迈亚(Maïa)仙女的结合,

他是诸神中最善欺诈和狡猾的。是宙斯的信使,是任何意义上的中介,这使得他同样是信息神和商业神……遍及全世界的许多报纸依然冠以他的名字(《法国信使》[ Mercure de France ],智利的《信使》[ Mercurio ],还有德国的《信使》[ Merkur ],等等),他赋予"解释学"学科的名称,这与文本的阐释有关。不过,他也是偷窃神:当他还是没断奶的婴孩时,生下来只有一天,就成功偷走了哥哥阿波罗的全部牛群!他甚至还想到赶着他们倒着走,为的是让牛的蹄印误导那些寻牛人。当阿波罗发现偷牛贼时,小赫尔墨斯献上一件乐器里拉安慰他,制作这件乐器用了一只乌龟的壳,牛肠用来上琴弦。这是吉他的祖先,由于阿波罗喜爱音乐胜于一切,他终于释怀,宽恕了这极其不凡的顽童……

**狄奥尼索斯/巴克斯** 诸神之中最奇特的一位,被认为是从"朱庇特之股"出生,朱庇特即宙斯。事实上,他的母亲塞墨勒是忒拜王卡德摩斯和哈尔摩尼娅(Harmonie)的女儿,后者是阿瑞斯与阿芙洛狄忒之女。塞墨勒轻率地请求宙斯现出他的真神面容,不要伪装成人。唉,凡人无法禁受得住神的直视,尤其是浑身散发致命光芒的宙斯。看见宙斯"真身"的神启实现了,可怜的塞墨勒被火焰吞噬——她当时正怀着狄奥尼索斯。在被火整个烧尽之前,宙斯迅速从母体中抢出了胎儿,然后将其缝在了自己的大腿中,等到了日子的时候才将其拿出。

在这些篇章中,我们会经常有机会回到奥林波斯神身份的不同方面。你可能注意到,上面的简介从十二个变成了十四个。

真实情况是古代的神话讲述者对于确切的诸神列表没有达成一致意见,这可以从历史遗迹中得来的考古证据得到证实,提供的列表也是相互有出入的。有时得墨忒尔、哈德斯或者狄奥尼索斯不在奥林波斯神之列,因此,如果我们将所有各种记载中提到的都算上的话,就的确是十四个而不是十二个神了。这在我们的故事中没有什么影响,而且也不会改变什么:重要的是认识到存在着较高的神和较低的神,而这十四个——如上所列——是主要的,在宇宙起源中是重要的角色,因为正是他们,在宙斯的埃癸斯之下(亦即在其由神奇山羊皮制成的著名盾牌的保护下),具有平等划分世界的品性和想象,安排好世界的规划,目的是创造一个宏伟的、和谐的宇宙秩序。

话虽如此,对于我们来说,有(就像在一部惊险犯罪作品中)太多人物一开始就要我们将其牢记在心,因此,我建议制作一张小表格以帮助我们了解他们全部。当我**概述**他们的故事,罗列他们独特的个性时,你不久就会熟悉他们。让我们开启我们极简起源之际的神谱,从第一个神混沌直到奥林波斯神,遵循他们出现的时间顺序。当然,我会限于那些重要的神,即那些在宇宙构造中有着重要作用的神,那是我们在这里感兴趣的:

## 主神列表

1. 首先,有六位神——其他所有的都是源于他们:
**混沌**,黑暗的、复返的深渊。

**盖亚**,大地母亲,坚固且可靠。

**厄洛斯**,生命原则,使万物接近存在之光的爱欲。

**塔尔塔罗斯**,同时是可怕的神和阴森之地,位于盖亚的最深处,充满黑暗、迷雾和潮湿。

**乌拉诺斯**,天空,还有**蓬托斯**,海洋,二者都是由盖亚独自生下的,无需情人或者配偶。

盖亚是例外,她有着人的早期痕迹,其他最初的神尚不是真正的个体,没有意识和性格特征;他们毋宁是自然力量,用来建立宇宙的原始要素。①

2. 盖亚和乌拉诺斯的后代,包含着三个不同的系列——首先是提坦和他们的姐妹提坦女神:

**俄刻阿诺斯(Okéanos)**

**科俄斯(Coïos)**

**克利俄斯(Crios)**

**许珀里翁**

**伊阿佩托斯**

**克洛诺斯**

还有,女性一支:

---

① 为了完整的缘故,这里列出混沌"产生的"后裔谱系,还有盖亚的,同样是独自生产的。从混沌中产生了厄瑞波斯,统治着大地内部的黑暗,以及尼克斯,支配着地上的黑暗。厄瑞波斯和尼克斯的婚配产生了混沌的第一代孙子:埃忒尔,在奥林波斯山之巅笼罩着诸神未来之家的明亮的雾,以及赫墨拉,白昼女神,继黑暗而来。这一后裔谱系在诸神之战中没有什么特别重要的角色,可以被放在一边;我在这里提及此是为有据可查。

**忒亚**

**瑞亚**

**忒弥斯**

**谟涅摩绪涅**

**福柏**

**泰西斯**

其次,三个**独眼巨人**,他们被克洛诺斯囚禁在地底,在宙斯释放他们之后为其提供雷霆——分别是:

**布戎忒斯**(雷霆)

**斯忒罗佩斯**(闪电)

**阿格斯**(霹雳)

最后,"**百臂巨人**"或者**赫卡同克瑞斯**:

**科托斯**

**布里阿瑞俄斯**

**古革斯**

3. 产生于乌拉诺斯被阉割的生殖器的后代,无论是源自渗入大地(盖亚)的血滴或者源自被扔进海洋(蓬托斯)的生殖器。他们都是提坦、独眼巨人以及百臂巨人的弟弟和妹妹——或者对于阿芙洛狄忒来说,是其同父异母的妹妹。同样也有三个后裔的新谱系,再加上阿芙洛狄忒。

**厄里倪厄斯**,复仇女神(她们想要为她们的父亲在克洛诺斯之手中遭受的屈辱复仇)。我们从罗马诗人那里了解到,她们共有三个,最年幼的名为墨纪拉。她们也被(委婉地)称为**欧墨尼**

**得斯**,这意指"心地善良者";罗马人称之为**复仇女神。**

**墨莉娅仙女**,灰树女神,在这一时期提供木材为战争制造武器。

**巨人**,他们全副武装地来到这个世界。

**阿芙洛狄忒**,美丽和情爱女神,同样生于乌拉诺斯被丢弃的生殖器,但在此是与海洋的泡沫混合,而不是与大地。

要注意的是,三类首先提到的神(厄里倪厄斯、巨人和墨莉娅)是战争和纷争之神——赫西俄德还将后者表现为一位神:**厄里斯**,是尼克斯即黑暗没有任何情人、独自诞下的女儿——而阿芙洛狄忒不属**厄里斯**的领域,而是属于**厄洛斯**或者爱。

4. 克洛诺斯与其姐姐提坦女神瑞亚的后代。继提坦之后而来的第二代"真正的"神,即原初的奥林波斯神:

**赫斯提亚**(拉丁名是**维斯塔**),炉火女神。

**得墨忒耳**(**刻瑞斯**),谷物和季节女神。

**赫拉**(**朱诺**),王后,宙斯的第二位也是最后一位妻子。

**波塞冬**(**尼普顿**),海洋和河流神。

**哈德斯**(**普鲁托**),地狱神。

**宙斯**(**朱庇特**),神的统治者。

5. 奥林波斯神(第二代):

**赫淮斯托斯**(**武尔坎**),锻造神,宙斯与赫拉的儿子。

**阿瑞斯**(**玛尔斯**),战神,赫淮斯托斯的哥哥,宙斯和赫拉的儿子。

**雅典娜**(**密涅瓦**),战争、智慧和工艺女神,宙斯和墨提斯的女儿。

**阿波罗(福波斯)和阿尔忒弥斯(狄安娜)**,龙凤胎:俊美和智慧神,狩猎女神,生于宙斯和勒托的私通。

**赫尔墨斯(墨丘利)**,宙斯的信使,宙斯和迈亚的儿子。

**狄奥尼索斯(巴克斯)**,酒和飨宴神,宙斯和凡人塞墨勒的儿子。

现在让我们回到我们的故事。

## 原初和解,宇宙理念的起源

宙斯最后一次是与赫拉结婚,后者会一直是他真正且最终的配偶。然而,他不仅与其他女性有数不尽的私通关系,有凡人也有不朽神,而且先前已经结过婚了——不是一次而是两次。与此有关联是因为两次婚姻有着"宇宙性"含义,并在世界的建立中扮演了本质性的角色,这是让我们感兴趣的。事实上,宙斯先是与墨提斯结婚,然后与忒弥斯——第一次是与聪明女神,或者如果你更喜欢,是与聪慧女神,第二次是与正义女神。

为什么是墨提斯?狡黠、聪慧的墨提斯的母亲是提坦女神泰西斯,父亲是第一代提坦中的一个,即俄刻阿诺斯——海洋,也就是在赫西俄德诗篇暗示的世界景象中,环绕着整个大地的迂阔辽远的河流。关于墨提斯,赫西俄德只是告诉我们,她知晓的比其他神要多,而且(理所当然地)比任何凡人多:她是聪慧自身,计谋的化身。不久,她就怀孕了,怀着宙斯的一个女儿,未来的雅典娜,她将会恰当地成为计谋、聪慧以及战争技艺女神——不过,如我们曾看到的,与其说是糟糕、野蛮的冲突,不如说是战术和战略之争的,前者属于阿瑞斯的领域。宙斯的祖父母乌拉诺斯和盖亚——你会记得,他们通过促成宙斯母亲瑞亚把他藏在一个地下山洞中,避免被克洛诺斯吞掉——警告宙斯有危险在等待他:如果某一天墨提斯生了男孩,他将会同样地废黜其父,就像克洛诺斯废黜乌拉诺斯,以及宙斯自己废黜克洛诺斯一样。为什么会这样呢,赫西俄德没有说,不过我们可以设想,宙斯和墨提斯的任何儿子都会必然地被赐予他父母的禀性:最大可能的威力,雷霆的威力,与其母亲的聪慧联合,我们知道后者是超越所有其他凡人或者神的聪慧的。因此,得不到信任:这个孩子能够变成一个绝对令人恐惧的对手,即使对于诸神的统治者也是如此。我们顺带提示,希腊人并不像其经常被认定的那样是厌恶妇女者或者"反对女性":非常普遍的是,女人体现了智慧,也没有以任何方式降低她们的其他品质,比如身体的吸引力和本领。

正因如此,为了避免诞下一个孩子篡他的位,宙斯非常直接地决定吞掉他的妻子(吞是这个家族的一个特别之处),不幸的墨提斯。这个故事后来的一个改编本说,墨提斯除了计谋和其他才能之外,还有随意变换外形和面貌的能力。无论何时只要愿意,她都能把自己变换为一个物件或一只动物。宙斯准备做的正是穿靴子的猫在面对怪物时做的:在童话故事中,猫请求魔法师自己变成一头狮子,结果把它吓得够呛。接着,它扮成天真的样子,请求他变成一只耗子……就在这一刻,它扑向他,把他给吃了。宙斯做了同样的事:他请求墨提斯变成水珠……她刚那么做了,他就把她给喝了!关于雅典娜——当墨提斯被吞下的时候就怀着的女儿——她会直接从宙斯的脑袋中生出来。她从他的头颅中跳出,酷似其父的形象,成为诸神中最智慧的,而且在战斗中是最可怕的女神。

我们不要忘了这个故事中一个重要的细节:吞与吃、咀嚼或者嘎吱嘎吱地咬不是一回事。被吞掉的神不仅活着而且不曾受到伤害。正像克洛诺斯的孩子在他们父亲的胃中依然活着——证明这一点的是,当克洛诺斯吐出时,他们重新现身,十分地健壮——同样地,被宙斯吞掉的墨提斯还活着,而且可以说不曾受伤。在我们的童话故事中,也会遇到这种想法,比如格林的"七个小矮人",小矮人虽然被狼给吞了,但当狡猾的狼的胃被打开的时候,小矮人被发现还活着,而且还踢着腿!在墨提斯的情形中,被吞意味着,宙斯通过这一计谋会赋予自身所有的禀赋,当然是象征性地,那是他与墨提斯联姻之后的儿子毫无疑问会被赋予的。他已经具备了由独眼巨人送给他的雷霆和闪电的威力,但是现在他还拥有了——感谢墨提斯,隐匿在他体内的最深处——超越所有其他凡人和众神的智慧。

这就是为什么宙斯从此之后是不可战胜的原因——为什么

他变成了诸神统治者的原因:因为他同时是最强有力和最智慧的;如果需要的话,也是最残酷的,还是最英明的。正是这一智慧会劝服他(与乌拉诺斯和克洛诺斯相反)践行**最伟大的正义:规划新的宇宙,分配荣誉和责任给诸神,他们曾经帮助他战胜了祖先一代——提坦神。**

这一点对于希腊神话是绝对本质性的:永远都是通过正义,一个人才能达成自己的目的,最终说来,正义从根本上恰恰就是坚持——适应——宇宙秩序。每一次,有人忘记了这一点,反对秩序的统治,后者最终会重新恢复,摧毁破坏者。人类经验的这一教训已经以模糊的形式出现在神话中:只有一种正义的秩序才是永恒的,而不正义的时日总是屈指可数。

这就是为什么在与墨提斯联姻且可以说是吸收她——准确地说将其藏于体内——之后,宙斯又娶了第二位妻子,即忒弥斯或者正义,后者在帮助他维持初生宇宙核心中的权力方面,和第一位妻子一样重要。忒弥斯是乌拉诺斯和盖亚的女儿。因此,她是一位提坦女神,宙斯和她生的孩子完美地象征了这样的德性,对于建立和维持一个和谐且平衡的宇宙秩序是必要的:这一直都是我们故事的核心,正如我们现在看到的,它表明万物如何从最初的混沌过渡到一个切实可行且宏伟的被规划的宇宙。宙斯与忒弥斯有一个孩子叫欧诺弥亚(Eunomie),意指"智慧的法律"或者 *dikè*,是在事物之正确划分意义上的正义。还生了名为摩伊莱(Moires)的神,即命运女神——也被称为命运三女神——她们的任务是在凡人中分配良好和悲惨的机运,还决定每一个人的生命期限。① 她们处置事物,以求随机地进行分配。换句话说,依据的是希腊人眼中更高的正义:毕竟我们在生命的偶然中都是平等的;没有宠儿,也没有特殊通道……最后,还生了一众女神,她们的名字使人想起和谐:这包括美惠三女神(Grâces),是近似于魅力、漂亮和创造之类事物的女神。

因此,我们能够很直接地看到宙斯的第二次婚姻所意味的:就像如果没有墨提斯所象征的智慧的帮助,仅凭野蛮的力量是不可能成为诸神的统治者和世界的主人,因此,同样地,如果没有唤起正义,换言之,没有忒弥斯,宙斯的第二位妻子,就不可能承担起这些责任,她就像第一位那样,对于他来说是不可或缺的。换句话说,与他的父亲和祖父,即克洛诺斯和乌拉诺斯相反,宙斯认识到如果他想统治,就必须践行正义。甚至在反抗提坦的战争结束之前,他已经对那些和他一起抗争第一代神的众神允诺:世界的划分会以一种和谐且平等的方式得到公平的实施。那些已经享受特权的将会保持;那些缺乏特权的将会被赐予。赫西俄德记载了宙斯如下的决定:

> 奥林波斯神、发出闪电者召集所有不朽的神到巍峨的奥林波斯山时宣布,任何神和他一起与提坦争战,他将不会

---

① 根据神话,摩伊莱是三姐妹——克罗索(Clotho)、拉克西斯(Lachésis)以及阿特洛波斯(Atropos)——她们通过一根线来决定每一个人生命的长度,第一位女神纺线,第二位丈量线,第三位在生命结束之际切断线。摩伊莱在拉丁语中被称为帕尔卡(Parques)。

从他们那里收回任何特权,而每位神都会拥有先前已与不朽的神明共有的荣耀。宙斯还称,那些未从克洛诺斯那里得到荣耀和特权的神明,他将会使其步入荣耀和特权的道路,这才是正确和正义的[忒弥斯]。①

这意味着宙斯向众神建议平等划分权利和义务、责任和荣耀,后者的赐予随后是借助于人类膜拜和献祭的方式。我们知道,希腊神迷恋被崇拜,他们尤其喜欢炙烤的肉发出的香味,那是凡人在其宏伟的"百牲祭"过程中准备的,称之为应得且应当的祭祀。赫西俄德接着描述了宙斯决定如何奖励百臂巨人和独眼巨人,还有这些提坦,他们效仿俄刻阿诺斯的例子,没有选择与克洛诺斯联盟反对他。尤其是,俄刻阿诺斯有着良好的判断,说服其女斯提克斯(Styx)——环绕地狱的河流女神(再一次地,一位神与物质宇宙的一部分毗连着),与她的孩子,克拉托斯(Kratos)和比亚(Bia),力量神和暴力女神,一起加入宙斯的阵营。作为对此的回报,斯提克斯会得到永久的荣耀,而他的孩子们会享有更大的荣耀:永远与宙斯同在。无需涉入太多细节,这整个诗篇表明了宙斯的认识:永久的经统纬治必须奠基于正义:**分配给每一个体与其相当的份额,而且只有凭借这样的方式建立的秩序才能确保稳固。**维持权力需要正义和智慧,还有力量。

---

① 译文参考《神谱》王绍辉译本(上海人民出版社,2010 年),见 390—397 行。——译注

不仅需要独眼巨人和百臂巨人,而且,同样地还需要忒弥斯和墨提斯。

## 堤丰的诞生及其反对宙斯的争斗:
**最大的威胁,也是最终给生命和时间带来平衡的机会。**

你会认为,到现在他们的战争足够多了。然而,绝非如此,因为一个可怕的对手正在等待着宙斯,即堤福俄斯(Typhée)或者堤丰(Typhon)(赫西俄德给了他两个名字),诞生于盖亚与可怕的塔尔塔罗斯神的结合。在所有的怪物中,这是最可怕的。首先,从他的臂膀中长出了一百颗蟒蛇的脑袋,眼睛闪着光。除此之外,堤丰还有着甚至更可怕的东西:从这些脑袋中传出声响,发出各种无法描述的声音。因为它们能够说所有的语言:它们能够理智地与神交流,但是同样像一头公牛咆哮,或者像一只狮子怒吼,或者——更糟,因为对比极其令人震惊——模仿一个自负的年轻人夸夸其谈! 简言之,这一怪物有着一千面,象征着与混沌的近似。如赫西俄德所暗示,如果他反叛宙斯获胜,而且同样成为凡人和神明的主宰,就没有谁能够再次挑战他的权力了。造成的浩劫是容易想象的:由于堤丰,混沌的力量就会构成威胁,永久地战胜宇宙的力量,无序战胜有序,暴力战胜和谐。

但是问题依然存在:为什么是堤丰? 我们如何解释他受到了盖亚的帮助,后者曾经一直站在宙斯一边——她将他从其父亲克洛诺斯那里救出,她警告他有危险,生了儿子可能会接着篡他的权,她给他出主意吞掉墨提斯,而且进一步建议他(非常深思熟虑),如果想要赢得反对提坦的战争,就要释放独眼巨人和百臂巨人……为什么这位和善且慈爱的祖母,与那可怕的塔尔塔罗斯勾结,通过释放反对宙斯的非常骇人的、有意造成的怪物,在这个时期意图伤害她的孙子呢?原因不清楚。赫西俄德绝没有告诉我们任何关于大地母亲动机的东西。

不过,我们可以冒险提出两个合理的假设:第一个也是更明显的解释是,盖亚对于宙斯把她年长孩子们,即提坦囚禁在塔尔塔罗斯的洞穴中这一行为很是不满。即使她不曾一直照顾他们,他们还是她的孩子,而且她不能让自己屈从指定给他们的可怕结局。毫无疑问,这是真实的,但仅仅这样一个心理解释,还存在不令人满意的地方:毕竟,这是一项严肃的事业;我们正在讨论的是世界、宇宙本身的创造,而情绪或者顾虑并不真正地成为它的一个要素。第二个假设更具有可能性:如果盖亚创造堤丰去对抗宙斯,那是因为无序和混沌的力量需要被限制在秩序中,为的是世界能够达成平衡。通过释放这一新的怪物,**盖亚实质上赋予宙斯机会去将混沌的力量永久地整合进宇宙秩序**。在这个意义上,这一诗篇中有争议的就不仅仅是政治权力的夺取,这一点经常被提到,还有宇宙起源本身。因此,堤丰体现的完全是时间、历史、生命本身。宇宙和混沌必须融合——这毫无疑问是盖亚所欲求的,**因为如果"秩序的力量"完全胜利的话,世界将会彻底地僵化和缺乏生机**。

在赫西俄德那里,关于堤丰与奥林波斯神之间战斗的描述因此是核心的,尽管描述得简洁且概要:我们只知道,斗争是可怕的,无法想象地暴力,大地的塔尔塔罗斯根基都在震动,以至于哈德斯自己——地狱的主人,住在其最深处——都在发抖,提坦们也是,首先是克洛诺斯,他们由于输掉了与奥林波斯神的战争,被囚禁在地狱中。我们也得知,作为宙斯之雷霆与堤丰之口吐焰火的结果,大地陷入火海,变成了熔岩,像融化了的金属一样在流淌。所有这些当然具有象征意义:诗人想让他的听众明白,在这场可怕的战争中作为赌注的正是宇宙本身。对于堤丰,整个世界的和谐与结构受到了威胁。但是最终,宙斯将会获胜,感谢独眼巨人赋予他的兵器:雷霆和闪电。堤丰的脑袋,一个接一个、每个方位的被烤焦了,而那怪物被送回到了他的归属之地:塔尔塔罗斯!

如让-皮埃尔·韦尔南正确断言的,赫西俄德简要的记述被后来的神话讲述者浓墨重彩地渲染和描绘,并不是毫无意义的。考虑到在世界建立的最后阶段中什么是关键性的要害——即知道什么将最终取胜,是混沌还是秩序,同时知道生命自身如何被引入秩序王国,以及时间被整合至一种持续的平衡中——那么,并不奇怪的是这一主题在后来的讲述或者重述中被苦心经营。如果堤丰胜了,公正且和谐的宇宙的建立就是一项失败的事业。相反,如果宙斯取得了胜利,正义将会统治世界。由于代价如此之高,如果这一冲突没有被大大地强化描述——比起在赫西俄德那里实际上是某种直白的记述来说,更多了点扣人心弦和戏剧性的东西——那才是真正令人吃惊,甚至令人失望的。因此,后来的神话讲述者全身心地致力于神话故事,去追寻两个文本中进一步的详细描述是有趣的,每一文本都以其自身的方式,试图综合先前版本的故事。

第一部作品的标题为阿波罗多洛斯的《书藏》(*Bibliothèque*)。我先谈谈标题和作者,因为我们将会经常地求助于它们,而这里存有混淆之处。首先,"书藏"这个词一般地并不指称一本书,毋宁是一处场所——房间、书架——书籍存贮之地。进一步,如果我们看看这个词的起源,那就是完全正确的:在希腊语中,*thêkê* 意味着存放某物的柜子或者盒子,而书是 *biblios*——因此,*bibliothèque* 就是"图书馆"。然而,"书藏"这个词经常在比喻的意义上使用,意指一种摘要,与一件家具类似,自身包含了所有关于一个特定主题的已知的内容——这精确地描述了阿波罗多洛斯的《书藏》,我们发现其内容是某种类型的特定时代所有可得到的神话知识摘要。因此,它是一部概述了其他许多著述的作品,这是它为什么作为"书藏"渐渐为人熟知的原因。第二个是症结所在:这部作为希腊神话不可或缺之来源的作品,很长时间以来被认为是在公元前 2 世纪编纂的,由一个名为阿波罗多洛斯的学者、语言学家和神话讲述者完成。现在我们知道这绝不是实情,《书藏》可能是在公元(而不是公元前)2 世纪被编纂的,作者因此完全不是这个阿波罗多洛斯,而我们对他一无所知。由于我们对他什么都不知道,而且因为积习难改,我们今天就继续称其为"阿波罗多洛斯的《书藏》",哪怕它不是一座图书馆,也不是由阿波罗多洛斯编纂的!这部作品对于我们来说绝非不珍贵,不过,由于其作者——无论他是谁——有着接触现在已遗失文本的途径,对它们的任何遥远追忆我们都要感谢他。

不过,让我们回到故事,回到由伪阿波罗多洛斯提供的版本中。在他的记述中,比起在赫西俄德那里已经引出了更多的悬念。在戏剧中被称为剧本创作学的东西,换句话说是情节的表演,也有更强烈的感情,因为,开始之际,与在赫西俄德那里发生的相反,堤丰成功地把宙斯击败。如我们所见,不幸的宙斯简直"丢了魂儿"。事实上,如我们所知,堤丰是长满了羽翼的怪物,他的尊容极其骇人,奥林波斯山众神自己看到他都被吓破了胆。他们都逃往埃及,为了掩人耳目,避免堤丰可怕的攻击,自己变成了不同的动物——必须得说,这不是他们最光彩的时刻……然而,宙斯立场坚定。一如既往地勇敢,他使用雷霆攻击堤丰,而且近身肉搏,用镰刀砍——毫无疑问和他父亲克洛诺斯一样,用其割掉不幸的乌拉诺斯的生殖器。但是,堤丰缴了宙斯的械,而且用镰刀砍他,成功割断了其手和脚的筋,以至于神的统治者,尽管不会像凡人一样受伤——既为不朽,那么这当然是不可能的——却也完全失去行动能力。无法移动,他躺在地上就像死尸一样,由得尔费涅(Delphynè)紧紧地看管着,那是一条可怕的母龙,效忠于堤丰。

幸运的是,赫尔墨斯就在附近,而且如你所见,凑巧的是,他除了其他的技艺之外,也是偷窃神。在这一事件中,他得到了埃癸潘(Egipan)的帮助,后者可能是潘的另一个名字,潘是赫尔墨斯的一个儿子,被称为羊群和牧羊人之神。据说他曾经发明了七个簧片的笛子,他将其称之为绪任克斯(syrinx),这是仿照一位宁芙仙女的名字起的,他爱上了仙女,但是后者将自己变成一枝芦苇以躲避他的关注……看起来不太可能,正是由于这笛子中发出的柔和声音,埃癸潘成功地吸引了堤丰的注意力,与此同时,赫尔墨斯设法偷回宙斯神体的筋,赶快重新放回他的身体。宙斯再次站起来,重新投入战斗,手持雷霆,追逐堤丰。不过这里再次需要外部的帮助。三位摩伊莱——宙斯的女儿,是决定凡人有时也决定众神命运的女神,因为作为世界之法则的命运甚至是高于众神的——给可怕的堤丰设置了一个圈套:她们给他尝了一口水果,许诺说,这会使得他不可战胜。事实上,这是使其力竭的某种药,因此,堤丰变得衰弱了,最终被宙斯战胜。他被击倒在地,而且被囚禁在埃特纳(Etna)火山下面,火山喷发一般被认为象征着这一可怕的造物最后的抽搐!

为了明白这些神话如何出现在这一时期——公元前2世纪——我会引用阿波罗多洛斯本人的文本。然后,我们会看到,三个世纪之后,在另外一位名为诺努斯(Nonnos)的神话讲述者口中,同样的故事如何实质上变得丰富且详实。

我们的伪阿波罗多洛斯提醒听众,盖亚对于宙斯处置其最早生的孩子的做法感到愤慨,接着作了如下的记述(和往常一样,我自己的评论以楷体出现,并放在括号中):

当众神击败巨人之后,盖亚的怒火更甚,与塔尔塔罗斯结合,在西里西亚(Cilicie)生下了堤丰。他是人与兽的杂交体,而在体格和力量上超过了盖亚其他所有的后代。大腿以上,他是人的形状,极其雄伟,当他站立时比所有的山脉还要高,而且他的脑袋甚至经常触碰到星星。手臂伸展,一边直抵西方,另一边可达东方,从手臂中长出了一百颗龙的脑袋。从大腿以下,他呈现为蜷蛇交缠状,裹满了巨大的蟠结,当它们完全伸展的时候,可以向上伸展到他的脑袋,还发出巨大的嘶嘶声。他全身长满了翅膀,脑袋和面颊上生出乱糟糟的发须,在他周围随风飘舞,眼睛里闪着火光。这就是堤丰的尊容和体格,他向天上发动了攻击,投掷燃烧的石头,同时发出嘶嘶和尖叫的声音,从口中喷出一阵阵的火焰。当众神看见他冲向天上的时候,逃到了埃及,在被追逐的过程中,他们自己变成了动物。当堤丰离得还比较远的时候,宙斯用雷霆向他投击,而那怪物临近的时候,就用坚硬的镰刀攻击他,而当他逃走的时候,就一直追到了临近叙利亚的科西俄斯山(Casios)。在那里,看到堤丰受了重伤,他就抓住他,空手搏斗。但是堤丰用它的蛇身缠住了他,很快将其制服,从他那里夺下了镰刀,割断其手脚的筋。把他扛在肩上,穿过海洋带到了西里西亚,当他抵达科律喀亚(Corycien)山洞[**这是堤丰住的山洞**]的时候,又将其放了下来。同样他把那筋也放在那里,藏在了一张熊皮中,并且派了母龙得尔费涅当看守,那是一个半兽的女人。但是,赫尔墨斯和埃癸潘把那筋偷走了,又偷偷地放回到宙斯的身体。当宙斯恢复气力的时候,突然从天空发动攻击,乘着飞马的战车,用雷霆攻击堤丰,一直追逐他到了倪萨(Nysa)山[这也是狄奥尼索斯出生的地方,他的名字意指"倪萨神"],在这里,命运女神欺骗了那亡命者,劝说他如果尝了蜉蝣果,会因此恢复气力。当又一次受到追击的时候,他到了色雷斯,在海摩斯山(Hémos)附近投入战斗,他首先投掷整个山。但是,当山被雷霆的力量打回来的时候,流水似的血从他身上喷到了那座山上,据说这就是它为什么被称为海摩斯,即"流血的山"的原因。而当他开始逃奔至西西里海的时候,宙斯将坐落于西西里的埃特纳山掷向他。这是一座巨大的山,直到今天,都有喷出的火焰从那里升起,据说是从宙斯投掷的雷霆中产生的。不过这就是关于这件事的全部了。

这一文本足够清楚地表明,神话题材在这一时期是如何被对待的。事实上,有了足够多"煽情的"细节,因此,故事讲述者能够在基本叙事上进行渲染,由此使得他们的听众提心吊胆。

在我们的第二位作者帕诺波利斯的诺努斯[1]手中,我们发

---

[1] 酒神的印度战争是《狄奥尼西亚卡》的中心主题,占这部史诗第十三卷至第四十八卷的主要篇幅,具有十分重要的意义。四十八卷《狄奥尼西亚卡》是现存最长的希腊史诗之一,仅次于荷马的《伊利亚特》、《奥德赛》,内容约占所有酒神故事的一半以上,且卷卷故事详尽生动,堪与奥维德的《变形记》媲美。关于诺努斯的生平,现存资料极少,只知道他是公元4世纪末、5世纪初的希腊诗人,生活在上埃及帕诺波利斯(Panopolis,即艾赫米姆[Akhmim]),因而被称作帕诺波利斯的诺努斯。除了《狄奥尼西亚卡》,他的传世之作还有《约翰福音》的诗文释义《墨塔波勒》(Metabole),并且,他至少还有两部作品现已失传。——译注

现同样的基本概要,但是得到了长足的发展,而且有着丰富的轶事和对话,在一部题为《狄奥尼西亚卡》(*Les Dionysiaques*)的长篇神话编辑作品中,其开篇两卷诗章主要讲述堤丰和宙斯的战斗。诺努斯尤其以这部史诗闻名,它涉及最多的是狄奥尼索斯(如其标题所表明的)的历险。作品是用希腊语写于公元5世纪,因此,比阿波罗多洛斯的《书藏》晚了3个世纪,比赫西俄德晚了一千年。这部作品被赋予了某种时间观念,这是构成我们今天当做"希腊神话"来阅读的内容所需要的,就像这是一部一个人完成的作品,而不是许多来源和版本的汇集。诺努斯的文本对于我们而言尤其珍贵,因为它形成了关于希腊神话资料的一个宝藏。

在诺努斯那里,关于堤丰和宙斯的记述与阿波罗多洛斯的有些不同,如我们将看到的,它更加丰富,更加扣人心弦,更有戏剧性。诺努斯经常强调,在这一冲突中"宇宙性地"危如累卵是什么——以大量的细节,告诉今天的我们很多有关这些神话该如何被当下听众们理解。对于诺努斯来说,没有疑问的是,宇宙的存续的确依赖于这场冲突的结果:如果堤丰赢了,奥林波斯神全部将会绝对地臣服于那篡位者——他将会占据宙斯的位置,甚至会夺去宙斯的妻子赫拉,堤丰一直垂涎于她,希望把她从宙斯身边抢走。

不过,让我们更仔细地看看这个故事如何在诺努斯的记述中展开。

如同在阿波罗多洛斯那里,奥林波斯众神看到堤丰时,首先被震慑住了,而且也是一样地远遁了——惊恐万分。在这里的记述中,宙斯也"丢了魂儿":他的筋被割断了,藏在一个只有堤丰知道的地方。但是,此时在宙斯的东山再起中赫尔墨斯不再扮演主要的角色。相反,宙斯自己谋划战斗策略,而且得到了厄洛斯——他在阿芙洛狄忒那里能说上话——和卡德摩斯的帮助,后者是忒拜城的传奇缔造者和足智多谋的国王,他也是美人欧罗巴(Europe)的兄长,宙斯曾经变成一头公牛引诱过她。为了报答卡德摩斯提供的帮助,宙斯答应卡德摩斯和那位极其美丽的哈尔摩尼娅结成连理,她正是阿芙洛狄忒和战神阿瑞斯的女儿。他还给卡德摩斯允诺了一项至高荣耀:奥林波斯众神会出席他的婚礼(顺便注意,这些故事是如何交织在一起的,正是卡德摩斯和哈尔摩尼娅的一个女儿塞墨勒,爱上了宙斯并且诞下了他的儿子狄奥尼索斯)。

宙斯策划的计谋值得仔细关注,因为它充分表明了反对堤丰之战的宇宙级别。事实是,宙斯请求卡德摩斯自己伪装成一个牧羊人,带着潘神的牧笛,这一极佳的乐器能够奏出最诱人的音调,借由厄洛斯的帮助,卡德摩斯弹奏的乐曲非常柔和且诱人,以至于堤丰沉醉在其魅力中。堤丰立刻给了卡德摩斯无数允诺(包括雅典娜的支持),条件是他一直演奏,而且也要在即将举行的堤丰和赫拉的婚礼上演奏——赫拉是宙斯之妻,堤丰一直盘算着,只要他处决了她那显赫的丈夫,就立刻将其占为己有。堤丰自信满满,步入了圈套,潘神的笛子使其沉醉,酣睡过去。卡德摩斯现在可以找回宙斯的筋了,他将其放回身体,现在一切就绪,又能够战而胜之了。

如我曾说,这个版本的故事是高度象征性的。尤其值得注意的是,借助于音乐——最重要的宇宙艺术,因为它是完全依赖于一种声音的构造,可以说,那是必须"成韵"或者相互协调的——宇宙才得以拯救。这亦可以由这一事实以示强调,即对于卡德摩斯的胜利奖赏就是执哈尔摩尼娅之手。

这里,我愿意再次引用原始文本,以便于你们能够亲自聆听宙斯邀请卡德摩斯和厄洛斯设计诱骗堤丰的言辞:

> 快些,卡德摩斯,不停地吹奏,天上就会有好日子!迟了奥林波斯山就会遭到涂炭,因为堤丰已经装备了我的神兵……[除了拿走宙斯的筋,堤丰实际上已经偷走了他的雷霆和闪电,你可以想象得到,宙斯渴望尽可能早地把它们找回]。只需成为一天的牧羊人,用你那神奇的牧羊笛吹出曲调,就能够拯救世界的牧人(即宙斯,世界的主人,用第三人称说及自己)……用你那诱人笛子及其曲调的万灵药蛊惑堤丰的判断!我会为你的辛劳赐予丰厚的回报,两件礼物:我会使你成为世界和谐的救星,以及哈尔摩尼娅的丈夫。厄洛斯,你会成为生命的本能,以及多育姻缘的保护人,拉动你的弓,世界就不会再迷失[因为堤丰不仅为那音乐而且被厄洛斯之箭所魅惑,将会落入为他准备的圈套,由此世界得以拯救]。

整个宇宙的确是在这一节点上受到了被堤丰毁灭的威胁,而那必须由宙斯通过把哈尔摩尼娅女神引入与卡德摩斯之婚姻的音乐来拯救。卡德摩斯吹着牧笛,而那庞大无比的怪兽就像一个单纯而轻佻的少女迷醉于它的魅惑中。而且,如我们所说,他许了无数诺言,劝说卡德摩斯在他与其敌人的妻子结婚之际来伴奏。而卡德摩斯把他引进了圈套:他提议,使用一种不同的乐器,即里拉琴,一种有弦的乐器,他能够演奏出远超于用潘神笛可能吹奏的乐曲。他甚至会超越音乐神阿波罗。很简单,他需要的是琴弦,如果可能,用神明的筋制成,它能够奏出真正音乐创作的一个音调!里拉琴确实是能够达成和谐的一种乐器:不像简单的笛子,它的几根琴弦能够同时演奏,而且在结果上,同时"符合"几种不同的音调奏出和弦。因此,里拉琴被认为是更加"和谐的"乐器,而且在这个意义上,也比笛子更加"宇宙性",无论笛子还有什么其他优点(在弥达斯的故事中,我们将会再次碰到曲调与和谐之间的这种对比)。当然,卡德摩斯设计计谋的目的就是找回宙斯的筋:

> 他吹奏完毕;堤丰垂低了闪着光芒的眉头,甩着他的长发:每根头发喷出蝰蛇毒液,打湿了山峰。他迅速跑回洞穴,带来了宙斯的筋,将其递给狡猾的卡德摩斯作为友好礼物,那筋是在与宙斯的战斗中落在地上的。机智的牧羊人为这神明的礼物感激他,小心地摆弄着那筋,就像它们以后会成为竖琴的弦,接着把它们藏在岩石中的一个洞中,为宙斯这

位巨怪杀手保存好。然后他嘬起嘴唇,吹出了柔和而且轻缓的乐声,摁着簧片,降低音准,以便奏出比以往更加诱人的曲调。堤丰竖起所有的耳朵,听着听着就什么也不知道了。这伪装的牧人在边上吹奏笛子,仿佛在用他的笛子奏响奥林波斯神的溃败,那巨怪被魅惑住了;但是,他正在庆祝的是宙斯即将到来的胜利,就在堤丰旁边对着堤丰吟唱他的死亡。

一旦宙斯重现站起来,战争重新降临,那整个宇宙秩序受到了比以往更多的威胁:

> 大地的洞穴裸露出来,因为那怪物的投掷物不断地劈向它。他如此行事,一处自然水脉被释放出来,当那地裂张开时,地表下的通道中涌泉沸腾,水从大地裸露的底部喷涌而出,石块被扔到了天上,从空中倾泻而下,落入了海中……这些被携带的大量土石形成了新的岛屿,它们立刻在海中生根……那坚固宇宙的根基在堤丰的手中已经在震动……无法摧毁的和谐关联正在消解……

胜利女神是提坦的另一直系后裔,陪伴在宙斯左右,她用一种帮助我们理解整个叙事之意义的极好方式,惊恐地对着奥林波斯山的主人宣告:

> 即使我被称为提坦妮(这是指提坦的女儿),我也不愿

看到提坦统治奥林波斯山,而是您和您的后裔。

这再一次完美地展示了生死攸关的是什么:如果堤丰赢了,混沌的力量——它们赋予最早的神以生机——将会占取上风,而宇宙观念将会永久地消失。还有,当堤丰发动战争时,他毫不讳言期盼这种结果,这在他动员他的"军队",即那构成了他自己庞大身躯的数不尽的臂膀中可以看到。他毫不犹豫地命令它们摧毁所有的秩序,甚至公开宣称,当冲突结束后,他会释放那些被宙斯囚禁在塔尔塔罗斯洞穴中的混沌神,从阿特拉斯(Atlas)开始,这是提坦神伊阿佩托斯的一个儿子,据说整个宇宙就扛在他的肩膀上,同样他也会释放克洛诺斯:

> 碾平宙斯的家园,哦,我的手臂!震颤世界的支柱以及世界中的神明!打破奥林波斯山的神圣维护,破坏那有着自身节奏的运转!将天国的支柱击倒在地,让阿特拉斯摇晃不止、逃之夭夭,掀翻奥林波斯山的天空穹顶,不再恐惧其旋转……食神的克洛诺斯,吃人的生番[他吞下了自己的孩子],我会把你再次带入光明,你也是我的兄长[他们实际上都是盖亚的后裔,也是混沌神的后裔],帮助我完成任务,离开地底的深渊;我会打破这些束缚的锁链[就像宙斯释放了独眼巨人和百臂巨人,堤丰也抓住了他们,他同样需要联盟]。我会将提坦带回埃忒尔(Ether)[即天空的光明中,与塔尔塔罗斯的阴暗形成对照],我会居住于那与我相近的苍

穹之下,在天空中。独眼巨人,大地的儿郎,我会叫他们锻造新的火器。因为我需要雷霆,由于我有两百条手臂可以战斗,而不是只有卑微的一双,就像克洛尼得斯(Cronide)一样〔亦即宙斯——克洛尼得斯仅仅意味着"克洛诺斯之子"〕。

注意自阿波罗多洛斯以来故事如何被改变了,但这些改变又如何是"合理的",也就是说,如何是意味深长的。比如说,卡德摩斯而不是潘现在成为关键人物。同时,他们就像兄弟一样:潘是牧羊神,也是笛子的发明者;卡德摩斯将自己伪装成牧羊人,而且正是凭借这些笛子他才骗过了堤丰。在同一故事的讲述或重述过程中,更多的是用口语传递,而不是用书面语言,很容易想象这样的改变是如何发生的。

当然,最终就像在赫西俄德和我们的伪阿波罗多洛斯那里一样,胜利属于宙斯。尽管是同样的精神,但诺努斯比前辈们更多地将重点放在了重新恢复的和谐这一事实、在冲突中遭受严重威胁的宇宙秩序之复原上。大地的碎屑,就像天空的行星,会再次找到它们正确的位置,而自然将会再一次将它们安置于相互和谐的关联之中:

> 在此之后,自然——统治着世界,且重新孕育其物质——弥合了大地破裂表层的缝隙。她用不可分离之联结物的黏合力封闭了岛屿的缝隙,那是从它们的海床中裂开的。星群不再有冲突:太阳神将鬣毛飞扬的狮子赶至原处,

它曾从黄道路线中脱离出来,来到了手持稻穗的处女神旁边;月亮女神抓住现在都爬过了天上狮子额头的巨蟹,把他再次固定在冰冷摩羯宫的对面位置。

或者,直白地说,一切都又重新恢复,星群也回到其原初的位置,由此,宙斯就可以践行诺言,庆贺卡德摩斯和哈尔摩尼娅的联姻……

但是,堤丰的遗留物是什么呢?答案是,他遗留下来的是人类需要忍受的两类灾难,这里诺努斯是完全忠实于赫西俄德的。在海洋,有被称为"台风"的飓风或风暴,也就是那邪恶的风暴,对此不幸的凡人除了被摧毁之外束手无策。在陆地上,有可怕的暴风雨,不时摧毁人们尽心尽力耕种的谷物。这里的含义意味深长,本质上是对于诸神的利益而非对于凡人来说,宇宙从这里开始达到了完美的形式。混沌的力量得以完全地控制,而任何持续性的小规模动荡都绝对被限制在人类领域。如让-皮埃尔·韦尔南所强调的,将堤丰危害性力量的残留物限制在地上,诸神表达了这样的意愿,将时间、无序以及死亡的维度引入凡人的世界——神明的领域由此排除了任何所有的不利状况。这意味着,在他们的眼中,所有在事物秩序中尚存的不完美都是次要的、表面的。除此之外,如果我们更加深入地思索这缺陷,甚至都无法确定这是否真正的不完美,因为,如果没有了时间和历史维度,因此也就没有丁点的无序、不和谐以及不平衡,什么事都不曾发生过! 一个极端和谐且平衡的宇宙将会完全固化。没有什么会移动:万物将陷入全部静止的境地;我们都会无聊至死。在这一意义上,幸运的是还留下来一份混沌,那被征服和囚禁的堤丰会不时地发出自己的声音:这或许就是在宇宙起源的终篇之后依然存在的这些汽柱和猛烈风暴的终极意义。

如果追随赫西俄德,我们现在就已经涵盖了奥林波斯神最终创造宇宙所要经历的所有阶段。然而,根据某些后来的传统,对此阿波罗多洛斯一如既往地提供了回音,存在着一个中间阶段,位于提坦之战和堤丰之战,即"巨人之战"或者"反对巨人的战争"中间。根据这个版本,事实上,在借助于塔尔塔罗斯的帮助"造出"堤丰之前,盖亚求助于反对诸神的巨人的援救,而且的确是因为她的孩子被奥林波斯神彻底击溃,她为了报复才造了堤丰。如我所说,在古代的记述中,不曾存有这一巨人之战的痕迹,赫西俄德那里没有,荷马也没有。然而,这一假设并不是没有逻辑的:它很适合堤丰的故事,或者换句话说,适合这种观念,即在达成一个平衡宇宙的目的之前,混沌的所有力量必须逐渐地被控制,包括巨人代表的力量。

这就是为什么在这一著名的争斗中值得花些时间的原因。

## 巨人之战:诸神与巨人的战斗

如我们曾经看到的,巨人产生于乌拉诺斯的血液,那是由于他的儿子克洛诺斯而流入大地的。因此,就像堤丰和提坦,他们属于最古老的神界,他们依然接近于混沌,而且不断地威胁那平衡、正义且和谐秩序的创生,宙斯自己就誓言献身此一秩序。对于赫西俄德,这一美丽世界的建立随着宙斯对于堤丰的胜利就明显地完成了。然而,如我曾经表明的,某些后来的作者认为,降服巨人对于达成完美的宇宙必是首要的。迷恋不节制以及名副其实疯狂的傲慢,这种形式希腊人称之为 hybris(僭越),巨人(由于这个原因)决定攻击奥林波斯山。诗人品达(Pindare)曾有几处暗示这一情节。① 不过,如往常一样,我们必须等到阿波罗多洛斯才能够有一个关于它的更详细的记述,尽管罗马诗人奥维德(公元 1 世纪)曾经提及,他的《变形记》是提供关于这一战争完整记述的最早来源之一。这两位作者都将巨人之战放在了反对堤丰之战的前面。在阿波罗多洛斯那里,如我曾说,正是因为盖亚对于宙斯击败巨人感到愤怒,她才孕育了堤丰,以保证混沌和提坦的力量——她也是其孕育者——不应该为了一个固定不变和没有运动的秩序而完全消失。

正是在这一视角中,我们应该阅读这两个记述,它们同样地有趣,且揭示了问题:需要将所有反宇宙的力量整合,没有例外。

在奥维德那里,首先:战争展开之际,大地上已经有了人类的一个种族,即"铁的种族"——一个尤其腐败、混乱和暴力的群体。但是奥维德补充说,较高地域的埃忒尔——换句话说,就是诸神居住的奥林波斯山之巅——比起这较低的地域来也好不了多少。天上也不再安宁,因为巨人决定他们自己成为万物的主

---

① 尤其是在《涅幄凯歌一》中,他评论说,盖亚曾经警告诸神,他们只能依赖两位半神的帮助赢得战争,在这里就是狄奥尼索斯和赫拉克勒斯。

人,而且,由于他们的确巨大,他们只是将巨大的山脉搬至另一座的山顶上,这样就形成了某种云梯,使其攀上奥林波斯山,围攻众神!奥维德没有就战争本身说太多,除了宙斯诉诸于他喜爱的兵器雷霆,使得山脉压在巨人身上,他们发现自己即刻被埋在大块的土石之下。他们受伤了,血流成河,而盖亚迫切地想要阻止这一种族完全被摧毁,因为他们也是她的孩子——用血与碎石中扬土的混合物造了一个新的生命种族,有着"人的形状",不过他们还是展现了对于杀戮的一种暴力和嗜好,那使人记起他们的起源。①

阿波罗多洛斯的记述更为详细。他极为详尽地描述了每一位奥林波斯神如何卖力地完成除掉巨人的任务:当然有宙斯,而且还有阿波罗、赫拉、狄奥尼索斯、波塞冬、赫尔墨斯以及摩伊莱等等。战斗极其暴力和血腥。比如,雅典娜不满足于杀掉名为帕拉斯(Pallas)的巨人,因而活剥了他,用他的皮制成了某种盾牌,用来在战斗中保护自己的身体。关于阿波罗,他一箭直接射入一个对手的右眼,而关于赫拉克勒斯,他的箭直抵那位受害者的左眼。简言之,从四面八方攻向敌人……首要的是,与品达暗示的保持一致,完全终结与巨人的战斗需要一位半神的帮助:每当一位神把一个巨人打倒之后,正是赫拉克勒斯协助了结了他……然而,和往常一样,只用暴力是不够的。盖亚,玩着她惯

---

① 奥维德,《变形记》,第一章,151—243。《变形记》参考杨周翰译本,以下同。——译注

常的两面派游戏——她需要创造一个持久且平衡的宇宙,但同时,她也不想混沌的原始力量被完全涤除——就想法帮助巨人,赐给他们一种能够使其不朽的香草。毕竟,巨人是她的后代,而她应该保护他们,这实属正常。但是关于盖亚,一如往常地一个更深层的动机会介入:没有混沌的力量,世界将会停滞,成为一个什么事情都不会再发生的地方。毫无疑问平衡和秩序是必需的,但是,如果只剩下了它们,世界将会僵化。因此,她其他方面的遗产也必须得到保存,这具体表现为——甚至以暴力为代价——所有生命本质性的运动原则。

与此同时,全知的宙斯看到她的介入,决定亲自——这是他的计谋和智慧、他的墨提斯的一个策略——去割除盖亚种植的有着长生不老功效的所有香草,因此,现在巨人失去了胜利的所有机会……

经过这一最后的事件,宇宙起源就完整了。因为这场战争的确是世界建立的历史中最后的一幕。在巨人死亡和宙斯战胜堤丰之后,我们已经看到在这一原始叙事的整个过程中发挥作用的混沌力量,最终被驯服或者——更准确地说——被整合进了整全的构造中,在这个术语的字面意思上是"使其归属于"大地之下。宇宙最终确立且固若金汤。很明显,在人类世界,还遗留着某些暴风、偶尔的地震以及反常的火山爆发。不过,总体而言,宇宙现在已奠定根基,且稳固持久。

对于我们,尚有待了解的是,我们凡人在这经纬巨制中占据什么位置。同样有待知晓的是我们如何诞生,以及为什么。

# 第二章
# 从诸神诞生到凡人诞生

这开端的巨幅壁画搁笔悬停处,我们已然知晓良多。希腊神话的主要角色,即奥林波斯神不仅出现在舞台上,而且宇宙,即盖亚和宙斯意欲促成的有序且平衡的世界,也最终建立了。无序和混沌的力量,至少部分地由提坦以及(甚至更多)由堤丰和巨人所表现的,已经被驯服了,或者被毁灭或者被贬黜至塔尔塔罗斯,而且被牢牢地囚禁在了大地的最深处。在此等多样的冲突中,宙斯不仅展现了巨大的力量以及前所未有的智慧,而且进一步根据正义的要求,公正地划分了世界,由此,每一位神都知晓他的特权和荣耀,他的角色和责任。从此以后宙斯同时是最强大、最聪慧的,也是所有神之中最公正无私的,再无回头路:正是他支配宇宙,确保永世和谐、公正、美丽的秩序此后必然统治一切。

就哲学意义上讲,从这原初叙事中能够演绎出三项基本观念,对此我们需要牢记在心,以便理解后面的内容。它们本身是相当有趣的,而且除此之外,正是它们隐秘地决定着大部分的伟大神话叙事,后者类似于将这些抽象观念娴熟、有创造力且多姿多彩地戏剧化——如果我们没有把握住这些观念提供的所谓主线,就不可能真正地理解奥德修斯、赫拉克勒斯、伊阿宋的历险,或是俄狄浦斯、西西弗斯、弥达斯的不幸。

第一条这样的线索是,良善生活应该被定义为与宇宙秩序和谐相处的生活,甚至对于神亦是如此。正义(希腊语是 *dikè*)首先是**适宜**,即与那井井有条且畛域分明的世界保持一致的状态,后者是极其痛苦地从混沌中娩生的,就这一意义而言,某种公正运行的存在物是至高无上的。因此,这就是世界的法则,根基性的法则,以至于即使诸神自身也必须臣服于它。因为,正如我们一再所看到的,神绝非总是理性的。他们偶尔甚至像孩童一般争吵。当纷争(*elis*[厄里斯])在他们之中产生,为了解决他们的分歧,一方或者另一方就开始说谎话——**换言之,说一些不公正的事,那是与宇宙秩序不协调的**——他们承担着非常大的风险……因为宙斯动辄就要求他们对着那流经地狱的神河、斯提克斯之水起誓。如果他们的言语与真相冲突,犯错的神,尽管是奥林波斯神,都要严格地"反躬自省":赫西俄德告诉我们,整整一年他都要"屏声静气",卧在地上,无声无息。他被禁止享用仙丹玉露,那是特别给神明保留的食物。整整一年他都"恍惚"着,而当他完成这第一轮的贬黜之后,他还要被"逐出奥林波斯山",与其他神隔离整整九年,在此期间他必须完成各种吃力不讨好且艰难的任务。比如,根据某些神话来源,阿波罗反叛他的父亲宙斯,通过削弱宇宙的护卫者,由此而威胁颠覆宇宙秩序。作为惩罚,阿波罗被贬为奴,为一个普通人服劳役,实际就是特洛伊的国王之一拉俄墨冬(Laomédon),他必须像任何一个普通的牧羊人一样照看羊群。原因在于阿波罗行事僭越,这是我曾经提到的一个根本概念,能够以不同的方式翻译为——傲慢、无礼、自负、过度——所有这些传递了此类罪恶的某些含义,即反对宇宙秩序或者反对以宙斯自身为首的缔造者。"僭越"描述了那些迷失的人,或者如此程度的反叛者:不再尊重经过堤丰和提坦之战后确立的世界等级和划分。在这种情形下,越界的神就像最普通的凡人一样被"带回正轨",而且也可以说被宙斯施与惩罚以矫正。你会看到,尽管世界的法则、从原初和解中衍生而来的宇宙正义适用于所有的存在物,凡人或者神,但那必然的结果是,没有什么是一劳永逸的:纷争是一项永远的威胁。它可能来自任何方向,甚至来自阿波罗或者其他神,他们被狂妄的激情驱离了轨道,由此,宙斯以及那些追求目标与宙斯一样的英雄所要做的从来都不曾完全实现,这反过来也是为什么这些神话叙事可能是无穷尽的。总是存在无序需要纠正,怪物需要搏斗,不公需要矫正……

第二个观念直接来自第一个。它仅仅是同一命题的反面:如果宇宙秩序的建立是奥林波斯神最珍贵的战利品,那么结果就是,对于希腊人来说,能够犯下的最大罪行,也是整个神话一再诊疗的,正是这知名的僭越——这种妄自尊大的不节制推动着神或人的个体走出经纬巨制的既定位置。本质上,僭越最终正是混沌之黑暗力量的回归,或者就像近代一位生态学者所说,一项"针对宇宙本身的犯罪"。

相比之下——这也是第三个观念——最伟大的德性是 *dikè*,或正义,以完全相反的方式来定义就是与宇宙秩序协调一致的状态。我们都知道在德尔斐神谕所——阿波罗的圣地——铭写着整个希腊文化中最著名的一句格言:"认识你自己。"这一警言与所谓反躬自省毫无关系,有时这就是今时人们所持有的看法。换句话说,是努力了解你最内在的想法,并且揭露你的无意识自我。这不是一个精神分析问题。含义完全另有所指:你应该了解你的局限。了解你自己就是了解你在宇宙规划中的"自然位置"。这一警言要求我们在这一伟大整体中找到这正当的位置,并且特别要持之以恒,避免僭越、傲慢和过度之罪。这一警言往往与另一句相连——"凡事忌极端"——也铭刻在德尔斐神谕所,它有着同样的意义。

对于凡人而言,最大的僭越就是反抗诸神,或者最恶劣的是与神比肩。正如我们将要看到的,无数神话故事被这一中心问题所限定。比如,其中一个是某个版本的著名坦塔罗斯神话:因为有着拜访诸神的习惯,而且经常被邀请去奥林波斯山赴宴,结束之后,坦塔罗斯认为自己与人们想象的神根本没有什么不同。他甚至开始怀疑,以宙斯为首的众神是否真是他们宣称的未卜先知,还有特别是他们是否真的知晓关于凡人的一切。因此,他邀请几位神去他家赴宴——已然是一种低级趣味了,不过如果宴请是谦逊且适度的,那么这是可以忽略的。但事实相反:为了确信他们不是全知的,不会比他知道得多,坦塔罗斯试图以可能最恶劣的方式欺骗他们,为他们献上的馔肴正是他自己的儿子珀罗普斯(Pélops)!门儿都没有:诸神的确是全知的。他们知晓我们卑微凡人的一切——在这方面,坦塔罗斯比他自己能够想象的要迷失得更多。他们立刻意识到了他的卑劣和邪恶行径,并对此感到厌恶。那惩罚与犯罪的程度相符,这在古代神话中一直如此。坦塔罗斯的罪不是通过食物的方式犯下的吗?那这就是对他的惩罚:被锁在塔尔塔罗斯的一角,即地狱中,他被处罚永远忍受饥渴,还有恐惧,因为一块巨石正好悬在他的头顶,随时都有掉下来将其碾碎的危险——这是提醒他,他毕竟不是不朽的……

宇宙,和谐的秩序;*dikè*,正义,也就是与这种宇宙秩序保持一致;僭越,纷争或者尤其是过度:这是开始慢慢从希腊神话中产生的哲学寓意的三个密钥。

然而,我们依然远远没有穷尽这寓意的含义。我们还在抽象的阶段,原始且粗糙,以至于它们可能造成这样的印象,宙斯如果不是一个交通警察,也是某种官方的超级代理人:宇宙反对混沌,文明反对野蛮力量,等等。我们需要分阶段地逐步使这一图景复杂化,只因为一个简单的理由:目前为止这整个历史是完全从神的角度叙述的。换言之,在目前我们所到达的地方,人类尚不存在,因此尚有待在这一被众神独自驱动的秩序井然的体系中分配自身的位置。这一最深刻的问题是神话现在开始面对的,也会接着被传递给哲学,它存在两个方面。首先,为什么是人类?可以说,为什么诸神感觉到有必要在大地上创造人,毫无疑问,这会立刻将数量可观的无序和混乱引入他们得之不易的宇宙中?其次,如果我们颠倒视角,从我们凡人的立场看待事物(而且我们必须提醒自己的是,所有这些神话,没有例外毕竟都是我们凡人设计的:荷马、赫西俄德、埃斯库罗斯、柏拉图以及其他人!),人类如何将其本身看作与从这宏大结构中慢慢出现的世界景象融为一体的?在这众神的世界中,在这看起来明显是为赐予他们而非我们凡人的宇宙秩序中,有什么位置或者空间是留给我们的?更根本的是,考虑到每一个人的独特性、品位、缺点,考虑到他或她的家庭、社会以及地理背景,简言之,考虑到使我们成为独一无二的所有事情,每一个体应该如何成就自身……如果我们想要在这神圣的世界中找到些许快乐和智慧,每一个人的生命该如何被引导?

正是为了回应这些问题,本章叙述的神话试图提供某种回答:黄金时代的神话或者普罗米修斯的神话,这对于我们凡人有着深刻的意义;潘多拉,第一个女人出现在世上,她会让我们的命运急转而下……不过在直接进入这些核心叙事之前,为了告别抽象,我会提出关于我们正在思考的这三种观念的一个原初例子,即看一看弥达斯非凡的神话。在此之后我们就可以回到我们的主题,继续人之创造的传奇故事。

弥达斯神话至少表面上是一出喜剧:是僭越或过度与十足的愚蠢不遑多让的神话之一。因此,绝大多数关注希腊神话的著作都对其不理不睬,或者认为其无足轻重,只是顺带提及,被当做某种讽刺性寓言诗,没有什么涵义或者意义。然而,如我们将看到的,这大错特错:相反,弥达斯事件(这是我们今天对其的称呼)的深刻超乎想象,只要我们不怕麻烦将其重新放在我刚才所描述的宇宙起源背景中去审视它。

# Ⅰ. 僭越与宇宙:弥达斯王和"点石成金"

弥达斯是一位国王。更准确地说,他统治着名为佛里吉亚(Phrygie)的一片地区。有人说他是一位女神和凡人的儿子。可能是这样,不过显然弥达斯并不是一位非常机灵的国王。直白地说,他甚至是一个大傻瓜。思维迟钝,后知后觉。他做事不过脑子,而他的愚蠢如我们将看到的使其陷入某些可怕的麻烦。

我们感兴趣的那个事件开始于希腊神话中另外一位重要角色的不幸遭遇:西勒诺斯(Silène),一位低级神,次等神,然而却是赫尔墨斯的儿子之一(根据某些来源,也是潘神的一位兄弟),人们有时候用"一个西勒诺斯"这样的称呼来指代他的族系中任意一位。他具有两项重要的特征。第一,他的样子会吓着小孩。他难以置信地丑陋:块头大、肥胖、秃顶,而且大腹便便,还炫耀着怪物般的扁平鼻子和尖尖的、多毛的马耳朵,这副尊容实在惊人。除此之外,他是敏感且聪明的存在物。宙斯在从自己的大腿中接生出狄奥尼索斯之后,将其儿子的教育就托付给他,这并不是没有理由的。随着时间的流逝,从狄奥尼索斯的养父变成了伙伴,西勒诺斯被授以仙丹玉露的最深秘密,也因此成为一位可信的贤人……除此之外,作为时刻伴随着狄奥尼索斯的一群杂乱的闹饮者中的一员,他有时过多地沉湎于饮酒,嗜酒如命。换言之,在我们故事开始的地方,西勒诺斯喝得酩酊大醉,或者,如果你喜欢,都记不得自己的名字了。如奥维德所述——我主要依据他的记述——西勒诺斯年事已高且嗜酒如命,走路摇摇晃晃,当弥达斯的随从撞见这个醉醺醺且面容可怕的潦倒之人时,他们不由分说把他逮住并用坚固的藤蔓捆了起来,以便直接把他带到他们的主人那里。

不过,接下来发生的是,弥达斯本人对于纵酒狂欢以及其他类似豪放热烈的场合并不陌生,他认出了西勒诺斯。由于他非常清楚后者的家庭和朋友身份,与狄奥尼索斯有关——这位强大的神,最好不要惹怒——他立刻下令放了西勒诺斯。更有甚者,为了讨神的欢心,他应景地设宴款待客人,一直持续了十天十夜。最后,弥达斯把他这位最好的新朋友送到了年轻但非常强大的狄奥尼索斯那里。后者心存感激,自然允诺回报弥达斯,由他自己选了像奥维德说的"一件合意但危险的礼物",因为,如我已经提到,弥达斯并不是非常机灵。而且,他贪得无厌,沉溺于情欲之中。因此,他不可避免地逐渐滥用神的慷慨——这正是僭越开始之处。弥达斯提出了一项过分离谱的要求:他请求神施展法力,以便他触碰的任何东西瞬间变成金子!那著名的"点金术"。稍微想想这实际上意味着什么:无论其手指所及,也无论他碰到什么——是蔬菜、矿石、动物还是人——立刻变成了珍贵的黄金……起初,贪婪的弥达斯乐开了花、欣喜若狂。在返回其宫殿的路上,他像个孩童一样找乐子,碰到什么就变成金子。他看见橄榄树枝,唰!——漂亮的绿叶变成了黄灿灿的金橘!他拣起一块石头,攥了一把烂泥,或者抓了几根干谷穗,这所有的都成了金锭!"有钱了,我有钱了,我是世界最富有的人!"可怜的弥达斯一直在大喊,还丝毫没有意识到会有什么发生在他身上。

就像你毫无疑问已经猜到的那样,弥达斯认为绝好的东西被证实有着致命的害处——的确如此,带来死亡并且表征着他愚蠢的满足结束了。实际上,弥达斯刚回到他那时已经奢华的宫廷——墙壁、摆设和地面,这显然都是他用闪光的金子铺就的——就要求吃喝伺候。他的兴奋给了他胃口。但是,就在他端起酒杯想要喝点冰酒解渴之际,他的嘴里就塞满了恼人的黄色粉末。金子可不好喝……而且当他接过一个仆人递给他的一只鸡腿,正要大快朵颐之际,他的牙齿差点被咯着!弥达斯现在明白了,有点晚了,他无法摆脱他的这项新礼物,还有很显然他将会死于饥渴。因此,他开始诅咒围绕着他的黄金,憎恨它,就像他开始憎恨那使他不思后果贸然行事的贪婪和愚蠢。然而,对于弥达斯来说,非常幸运的是,狄奥尼索斯(当然他预见了所有事情)非常有雅量。他同意他从这件礼物中摆脱出来,那已经成为诅咒。根据奥维德,他对弥达斯是这样说的:

"你的欲望给你带来了灾害,你如果不想被四周的黄金闷死,你可以到萨尔狄斯(Sardes)城外,那里有一条河,你沿着河往上游走,走过吕底亚的群山,一直到河水的源头,到了那里,就在源头冒出水的地方,跳进水中,连头带身体都没在水里,这样就可以把你的罪孽洗清。"国王按其所说到了河流源头。他的点石成金能力从他身上转移到水中。由于两岸的田野蓄积了这源头水脉的种子,至今还是又硬又黄,土壤吸收了水里的流金。①

通过在河里洗浴,弥达斯恢复了其正常状态。一个极富象征性的时刻:纯净的河水同时清洗了他的金子和他的愚蠢。不过,河流本身一直处于被污染的状态:据说从这时开始,河水就不断漂流着贵重的金块。河的名字叫帕克托洛斯(Pactole),它甚至今天在某些语言中依然是财富和好运的代名词。

然而,我并不认为历经沧海桑田我们依然能够辨析出这一神话的含义。我们的现代性情,以 20 世纪的基督教为标志,导致我们将这一预言看作是,宽泛地象征着弥达斯首先犯了贪或淫的罪。对于我们,这个故事的道德训诫可以大致概述如下:弥达斯误认现象为本质,相信财富或者黄金以及其赋予的权力和占有一起构成了人类生活的终极目的。在这方面,他混淆了拥有和存在,表象和真理。基于此他也受到公正的惩罚。这样也对。不过实际上,希腊神话走得更远。它包含着宇宙的一面,尽管是隐秘地,这远远不是那虔诚的老生常谈"金钱不能等同幸

---

① 奥维德,《变形记》,第十一章。——译注

福"所包含的。

实际上,有了点金术,弥达斯变成了某种怪物。正是整个宇宙潜在地受到他的威胁:他触碰的一切都没有了生机,因为他那可怕的能力将有机转化为无机,活的竟然变成无生气的。在某种意义上,他是世界创造者的反面,而非反抗神,甚至也不是一种确定的恶魔形象。叶子、树枝、花朵、鸟类以及一般说来动物世界——他触碰的任何东西都停止履行其在世界秩序中的定位和功能,而就在这一刻之前,它与世界极其和谐地共存。轻抚它们,它们就会改变其本性,这足以满足弥达斯,而他的破坏能力是潜在无穷的,没有极限:没有人能确定它会在哪里停止。宇宙本身可能已经发现自身在朝着更坏的情形转变:想象弥达斯在漫游,而且成功地将世界转变成巨大的金球,金光闪闪但死气沉沉,完全剥夺了诸神成功地在起源之际赋予它们的那些特征,那时宙斯通过战胜提坦、巨人以及堤丰的多重混沌,达成了原初和解……弥达斯的进展会成为所有生命和全部和谐的终结。

如果我们一定要与基督教进行对比,这需要探索得比我们最初想的深刻很多。就像从 16 世纪的德国传说中得到启发的弗兰肯斯坦(Frankenstein)神话,弥达斯王的不幸遭遇实际上告诉我们一个悲剧性丧失的故事。

弗兰肯斯坦博士也想成为神的同侪。他梦想着能够创造生命,就像造物主一样。他全身心地投入,试图使死者复活。在一个美好的日子他成功了。他收集从医院的停尸间偷来的尸体,从天空引电,设法激活他用分离的尸体拼凑而成的怪物。起初一切进行得很顺利,而弗兰肯斯坦也自认为是一位医学天才。但是渐渐地,那怪物拥有了自己的生命,而且成功逃走了。由于他可憎的样子,无论走到哪里,都孕育了恐怖和毁灭,相应地他自己也变得恶毒,而且威胁要糟蹋田地、荼毒生灵。悲剧性丧失:造物逃离了他的创造者,后者反过来被挫败。他失去了控制——这象征着那自比为上帝的人正在走向灾难,当然是以基督教的视角,它支配着这个故事。

正是在类似的意义上,我们必定会理解弥达斯神话,哪怕众神(复数的神,因为我们正在讨论的是希腊)不是基督教的。弥达斯类似弗兰肯斯坦,想要通过他的点金术取得神圣的权力,极大地背离了任何人类智慧(也远远超越了他自己有点残缺的能力):事实上他渴求颠覆秩序的权力。而且和弗兰肯斯坦博士一样,他不久就丧失对于新获得益处的全部控制。他自认为掌控的全部都离他而去,因此,他被迫请求神又将其变回一个纯粹的凡人,在这里神是狄奥尼索斯。

意味深长的是,这同样的威胁——由僭越而产生的混沌——推动着弥达斯神话的继续,而这一次,这位可怜的头脑简单之人会受到阿波罗的严厉惩罚。

## 弥达斯如何有了驴耳朵:潘的笛子与阿波罗的里拉琴之间的竞争

让我们再次跟随奥维德提供的记述。

看来弥达斯在经历点金术的羞辱和灾难事件之后变得平静

了。他似乎终于学会了谦逊,如果不是节制的话。远不是他期待的黄金带来的光鲜和富裕,他现在在森林里过着隐居的生活。远离其金碧辉煌的宫殿,他满足于粗朴的简陋。他喜欢在田野、草地独自一人散步,有时候参加森林、牧羊神潘的集会。你应该记得,潘与西勒诺斯及其随从萨提尔(Satyres)惊人地相似。实际上,他是一位简直丑陋到令人震惊的神:那些与他偶遇之人会钉在原地,被那名为"惊慌"(panique)的恐惧震颤,这正是因潘而得名,似乎是反面致敬。潘的外貌是半人半兽:长满了毛、留着角,而且身形古怪,他长着鹿角和腿,更确切地说是山羊的后腿。他的鼻子是扁平的,就像西勒诺斯的;下巴突出;耳朵大又多毛,像马的;毛发竖立而且脏兮兮的,就像流浪汉……不时有传言说,他的母亲,一位宁芙仙女在他出生的时候被吓着了,就把他给遗弃了。他被赫尔墨斯看见,并带到奥林波斯山向其他神炫耀——他们(据说)简直哄堂大笑,如此丑陋之娱乐胜过了言辞。狄奥尼索斯被这种奇形怪状所吸引,他总是喜欢任何奇特和另类的东西,当即决定吸纳潘为他的玩伴之一,而且后来成为旅途伴侣……潘天赋异禀而且脚程快,大部分的时间在追逐宁芙仙女和年轻男孩中度过,他随时想出各种办法讨他们的欢心。据说有一天他甚至追求一位名叫绪任克斯的宁芙仙女,而仙女宁可投身于河也不愿意接受他的"求爱"……在这个神话的某个版本中,这位绪任克斯被变成了河岸的芦苇,于是,潘握住了依然在颤抖的芦苇,据说把她变成了笛子,由此创造了他的标志性乐器:著名的"潘笛",这在今天依然吹奏。许多世纪以后,作曲家德彪西(Debussy)为这乐器(实际上是横笛)写了一首曲子,他将其恰当地命名为**绪任克斯**,纪念这位不快乐的宁芙仙女……潘经常被看见和西勒诺斯以及萨提尔在一起,陪伴着狄奥尼索斯,疯狂起舞,饕餮宴飨,豪饮直至癫狂。据说,这独一的神尤其不具有任何的"宇宙性"! 他不是秩序的朋友,毋宁说是所有无序化和无序之热情拥护者。他明显地属于混沌力量的那一世系,以致某些神话毫不犹豫地宣称他是僭越之子,傲慢和无节制之神……

从中我们可以推论,弥达斯作为潘的一个伙伴,根本不可能像可能看起来的那样安稳和顺服。尤其是由于他的愚蠢和心智迟钝依然顽固地支配着他可怜的脑袋。有一天,潘神吹着他著名的笛子、试图引诱某些年轻女孩的时候,自吹自擂地失去了自制力——就像在这种情形下经常发生的那样——宣称他的音乐才能甚至超越了阿波罗。无法抑制自己,在僭越地豪赌中忘乎所以,他走到了这一步,公然挑战这位奥林波斯神对手! 很快一场音乐竞赛在阿波罗的里拉琴和潘的笛子之间安排完毕,由一位山神特摩洛斯(Tmolus)做评判。潘开始吹奏他的笛子:发出来的声音沙哑、粗俗,倒也声如其人。它们当然可以被形容为诱人的,但那是一种粗俗的诱人,甚至粗野:他的气息穿过芦苇笛发出来的声音就像风吹过树林的声音。相反,阿波罗的里拉琴,则是非常高雅的乐器,以数学的精确来利用弦的长度和各自的张力之间的关系,从而确定了非常和谐的音程,它们本身象征着众神与世界协调一致的和谐。阿波罗的里拉琴是一件既精巧又文明的乐器:是笛子之粗俗的极端对立面,其诱惑的力量充满了柔和的劝服。

听众沉浸于其魅力之中,而且一致支持阿波罗——有一个例外:愚人弥达斯,在对阿波罗的赞曲中发出了刺耳的声音。由于他习惯了森林和田野的生活,而且作为潘的一个支持者,弥达斯失去了礼仪的外表。他现在大声且卖力地宣布他的偏爱——孤注一掷地——笛子的刺耳声,反对里拉琴的大雅之音。与他为敌,阿波罗不会善罢甘休,而且——一如既往地都是如此——惩罚将会与"罪"相符:倒霉的弥达斯在听音和理智方面都有罪,将会在其耳朵和智力方面都受到惩罚。

根据奥维德的描述,惩罚是这样的:

> 得洛斯(Délos)的神[阿波罗]无法忍受这种不辨美丑的耳朵继续保持人耳的形状,于是就把它们拉长,并且让它们长满了灰色的苇毛;他还让耳根能够活动,赐予它们向各个方向移动的能力。弥达斯在其他方面还保持人形,只有这部分受到惩罚,变成了行动迟缓的毛驴的耳朵了。

当然,弥达斯对于他这新的驴耳朵感到羞愧。他无法想象如何才能掩藏这永远都得忍受的丑陋,不被世人的眼睛看见——这丑陋会向别人表明,他不只是一个没有耳朵、没有音乐感受的造物,而且是一个低能儿,不比反刍动物的心智更高。他试图把他的新特征掩盖在许多种的头饰、圆帽还有头巾之下,他依次用这些仔细地裹着自己的脑袋——无济于事。他的理发奴看到了,禁不住说:"陛下,到底发生了什么?人们几乎要说你长了驴耳朵……"理发奴有理由对自己的话感到后悔,因为在弥达斯那里,对人友好并不比精明更多些:他威胁这可怜的家伙,如果他把自己看到的泄露给任何其他人,他就会立刻受到折磨和处决。后者用尽所有力量保守这个灾难性的秘密。但是同时(如果你自己在他的位置上),他又忍不住想告诉他的朋友和家人,他对于这个想法感到害怕:某一天不经意地嘴里就会说出轻率的话。为了给自己卸去负荷,他想了个主意:"我出去挖个大洞,"他对自己说,"把我的秘密吐露至大地深处,然后立即掩盖住,这样我就卸去对我来说太沉重的负担了。"说干就干。我们的理发奴在村庄边上的田地里找到一个角落,在地上挖了个洞,对着洞说,甚至是大声喊着他的秘密,接着又仔细地把洞填上,回到了家,心中释然。不过,在随后的春季,在这新挖的土地上有一块儿长出了稠密的芦苇。当风吹过,人们能够听见有声音响起,变得越来越大,对着任何有心的听众宣告:"弥达斯王长着驴耳朵,弥达斯王长着驴耳朵,弥达斯王长着驴耳朵……"

这就是弥达斯如何因为缺乏辨别能力而受到了阿波罗的惩罚。你可能会说在这个事件中,并不容易看到可怜的弥达斯如何确切地代表了对于世界秩序的威胁。的确,他是在与一位神,甚至是一位主神抗争,因为阿波罗是音乐和医药神,是奥林波斯山众神之一。但是确切无疑地,这最终不过是一个品位的问题,每一方都有表达观点的权利,而且如果阿波罗受到伤害,那他如果不是虚荣心也只是在自尊上受到了伤害。因此,他看起来反应过度了,或者甚至有些可笑……但是,这种印象的留存只是由于我们不曾进入这个故事的机理,而且(和从前一样)满足于通过现代视角来看待它。因为,如果我们看得更仔细些,这里所包含的(与宙斯和堤丰之争的结果一样)是音乐的训诫,这不可小视,因为它包含的就是我们与世界之和谐定位的联系。如我所解释过的,里拉琴是和声乐器,而笛子是有旋律的,但只能在一个时间吹奏一个音符。里拉琴就像吉他一样,能够完美地伴奏歌曲,即使希腊人不甚了解拉莫(Rameau)或者巴赫(Bach)所理解的和声。不过,他们已开始将不同的声音置于协和的关联中,然而,这种不同声音的协和用笛子是不可能达到的。一场纯粹音乐竞赛的背后,正在上演的实际上是两个世界的基本对立:阿波罗的世界,文雅且和谐;狄奥尼索斯(他的代理人是潘)的世界,不和谐且无序,如同他的宴会,在那里事情随时会变得恐怖。在狄奥尼索斯与其追随者举办的著名酒神节——这也是为什么他们被称为酒神的——围绕着酒神的女人或"信徒"纵酒狂欢,这超越了我们的一般理解:受到酒神节的狂热控制,她们卖力地追逐小动物,并将其撕成碎片,生生地吞食;有时候不仅仅是最被厌恶的小动物,而是孩子,甚至成年人——比如忒拜王彭透斯(Penthée),被撕成碎片之后,信徒们将其吞食了,后者处于癫狂之中,误将其当做一头野猪。为了理解这两种世界——阿波罗的宇宙秩序和狄奥尼索斯的混沌——的对立是多么残酷,有必要重述一个相关的神话,一个关于相同音乐竞赛的更惊悚版本,其中上演了对不幸的马西亚斯(Marsyas)的酷刑。

## 音乐竞赛的一个施虐版本:
## 对萨提尔马西亚斯的残酷折磨

有个神话与我们正在讨论的类似,这个故事非常接近于阿波罗和潘之间竞争的故事。除了在这个故事中萨提尔马西亚斯(Marsyas)扮演了阿波罗对手的角色(或者可能是名叫马西亚斯的西勒诺斯——在属于狄奥尼索斯的随从的两个类型之间做出选择没有什么意义,他们二者身体上的特征都是半人半兽,而且面容之丑陋唯有他们的淫欲才可匹配……)。现在,这马西亚斯就像潘一样,也被认为是一件乐器的发明者,即"竖笛"(实际上,一种有两个管子的管乐器,不过他同时只能吹奏一个音符)。据提供这个故事最早来源的古希腊诗人品达(公元前 5 世纪)所述,实际上是雅典娜女神第一个设计并制作了这件乐器。[①] 值得我们注意的是她制作并且最终将其遗弃的做法,因为这暗示了笛子的声音是女神的耳朵无法接受的。

故事开始于墨杜莎之死。据说有三个奇特且邪恶的造物名为戈耳工。她们面容之恐怖,甚至比潘、西勒诺斯和萨提尔的混合还要严重:她们长着蛇发;巨大的牙齿从嘴里凸出;爪子是黄铜的;而金色的翅膀能够让她们在任何情景下都能抓住猎

---

① 在他的《皮提亚颂》,12 节,6—8 行。

物……最可怕的是,她们的目光会将任何不幸看了她们一眼的人变成石头!这也是我们仍然称那些海生植物为"戈耳工"的原因,它们在水中僵硬地漂浮着,就像是被其中一只怪物的一瞥石化了。

这三姐妹,虽然让我们惊恐不已,倒是彼此怜爱。其中有两个是不朽的,但第三个名为墨杜莎的,只是一个凡人。在我们后面讲述的情景中,她被珀尔修斯给杀了,而且据品达所述,珀尔修斯展示戈耳工被砍下的脑袋时,雅典娜正好听到了墨杜莎姐姐的悲号,才第一次想到了笛子。等于说这一乐器是在迥异于阿波罗里拉琴表征的和谐与文雅之条件下制成的。

从其他一位诗人,即米洛的墨拉尼波斯(Mélanippids)[①],写于公元前 5 世纪的作品,我们得知了故事的余下部分,内容如下。

你还记得,雅典娜不仅是战争女神而且是艺术和科学女神,对她的新发明极其得意。这合乎情理。毕竟不是每一天发明的一件乐器,在千年之后地球上的每一个国家依然还在吹奏。然而,意识到吹奏"竖笛"时,她的脸颊看起来滑稽地鼓胀着,而且眼睛凸出(吹双簧管的人会原谅我说这些,直到今天,他们有着和雅典娜在吹奏时一样的喜剧表情!),她将其丢在地上,怒冲冲地踩上一脚。因此,我们应该顺带提到,这件乐器的制作导致丑

---

① 非常简短地提到这一故事(只有四行)的有希罗多德(《历史》,VII,26)以及色诺芬(《长征记》,II,8);另一方面在奥维德和希吉努斯那里有详细的记述。

陋,它破坏了面部的和谐——这是反对它的另一个理由。关于赫拉和阿芙洛狄忒,我们知道宽容不是她们的长处,从不会错过一次机会表现她们对于雅典娜的嫉妒。看到这位创造音乐的女神凸着眼睛、鼓着脸颊,她们开怀大笑。她们甚至嘲笑她,摹仿她在吹奏那不得体的笛子时傻傻的表情。雅典娜羞愤离去,要亲自证实她在吹奏的时候看起来什么样子——找到了最近的水池,池塘或者湖泊什么的,在那里审视她的倒影。那时她独自一人,避开了那两位恶意女神的细查,弯下腰,靠近水面,不可能看不到,她的脸在吹笛时扭曲到了奇形怪状的程度。她不仅把那乐器扔得远远的,而且对任何可能发现它并胆敢使用它的人施以诅咒。

碰巧马西亚斯习惯性地在森林中闲逛,希望能有好运气追逐某个倒霉的仙女,发现了雅典娜的笛子。当然他被笛子的魅力迷住了,这非常适合他,因为他本身就体现着所有不和谐的东西!而且他时时在练习,并且吹奏得很好,以至于最后他觉得自己超过了阿波罗,可以对神发起挑战赛,这里他犯下了一个致命的错误:挑选缪斯做裁判。阿波罗接受了挑战,条件是:胜者可以对败者做任何他乐意的事情。当然,阿波罗赢了——在这方面继续着宙斯反对堤丰以及所有混沌之化身的上佳表现:用他的里拉琴确保了和谐对于笛子之粗俗和野蛮曲调的胜利。不过,这一次他没有像对待弥达斯那样,满足于施以简单惩处,轻松随意,且适合所谈论的罪行。他已经事先提出了警告:胜者可以随意处置败者!鉴于此,阿波罗非常直接地将倒霉的马西亚斯活活地剥了皮……从马西亚斯身上涌出的血变成了一眼山泉,而他的皮被用作一处岩洞的标志,之后泉水从这里涌出……

希吉努斯在他的《神话》中概述的故事如下(和别处一样,我引用原始文本是表明这些神话在古代是如何被传播的):

> 密涅瓦[雅典娜]据说第一个用鹿骨制成笛子,并且在诸神的宴会中吹奏。朱诺[赫拉]和维纳斯[阿芙洛狄忒]嘲笑她,因为她长着灰眼睛,也因为她在吹奏的时候鼓起了脸颊。因此,她去了伊达山(Ida)的森林,在一池水中看到了吹笛子时的自己,真正明白了她被嘲笑得没错。因为这,她扔掉了笛子,并且发誓,任何捡到笛子的人会被严厉地惩罚。马西亚斯,一个牧羊者,奥阿格罗斯(Oéagre)的儿子,也是萨提尔之一,找到了笛子,而且勤奋练习,一天一天,吹奏得越来越甜美,于是给阿波罗下战书,弹奏里拉琴和他来一场竞赛。当阿波罗来应战时,他们选择缪斯作为裁判。马西亚斯正要像个胜利者离开,这时阿波罗把他的里拉琴完全颠倒,并且演奏了同样的曲调——这件事是马西亚斯用笛子无法做到的。就这样阿波罗击败了马西亚斯,把他绑在一棵树上,并且移交给一个斯吉泰人(Scythe),后者剥去了他四肢的皮……马西亚斯河的名字就取自他的血。

奥维德如果今天还活着的话,毫无疑问会为恐怖影片创作剧本,用这样的话表述阿波罗施加的痛苦(我的评论一如既往在括号内以楷体标出):

"为什么你将我撕裂?"他哭喊着[当然指的是阿波罗剥了萨提尔的皮这一事实,也可说是将他与自我分离]。"噢,我悔呀,悔呀!一支笛子不值得付出这样的代价!"当他尖叫之际,他的皮从身体被剥离,遍体鳞伤:全身到处都流着血,青筋暴露,静脉跳动,而且震颤不已,完全裸露着:当内脏在抽动时,你都可以数清数目,巨大的器官清晰地在胸腔中展现。乡野村民、森林神、农牧神、同辈萨提尔、奥林波斯[马西亚斯的父亲]……还有宁芙仙女都在为他哭泣,导致盛产的大地都被浸透了,吸纳了这些泪水,并将其深深地引至她的脉体……接着一条小溪产生了,得名为马西亚斯,是全部佛里吉亚最清晰的河水。

惩罚骇人听闻,比施加在弥达斯身上的要严重一千倍。不过,这两个神话,即关于马西亚斯(由缪斯做裁判)和关于潘(由弥达斯和特摩洛斯做裁判)的神话彼此非常接近,到了经常被混淆的程度。① 在两种情形下,音乐——最卓越的宇宙艺术——

---

① 此外,在其他的版本(希吉努斯的《神话》,191)中,不是缪斯而是弥达斯成为阿波罗与马西亚斯之间竞赛的裁判——证据是,在神话讲述者 (转下页注)

都处于神话的核心,而且都类似地包含着一起冲突,一方是珍惜和谐超过任何其他东西的神,另一方是混沌的类型,有着粗俗的乐器,只能魅惑诸如堤丰和弥达斯这样粗野的心灵。也正是这个原因,奥维德描写说,弥达斯在历经点金术的不幸遭遇之后,将自己关在森林中,就像潘一样,因此也接触了粗俗的嗜好。这也是为什么——像一头驴——他宁愿选择粗俗和野蛮的潘神笛子之音,而不是阿波罗里拉琴的优美且轻柔的和音。我们需要明白的是奏出如此和谐之音的里拉琴其源有自。这不是普通的乐器,而是有着完全神圣的起源,根据另一个主要源自《荷马颂诗》(大概在公元前 6 世纪)的神话:①据说,赫尔墨斯在一段相当非同一般的历险结束时,亲自设计、制作了这件乐器,并献给了阿波罗,这是我现在将要叙述的。

---

(接上页注)的脑海中,这两个故事实际上是同一个神话:"在阿波罗与马西亚斯或者潘比赛笛子的时候,弥达斯王被选为裁判……"不过,有些人认为阿波罗胜,弥达斯选择了马西亚斯。阿波罗怒了,然后对弥达斯说,"'你会有配得上你的判断的耳朵,'然后立刻赐他一副驴耳朵。"为什么希吉努斯合并了这两个神话,即弥达斯/潘和马西亚斯的,而古代的渊源没有将其联系在一起呢?答案非常简单:就像弗洛伊德描写的与梦有关的"凝缩"作用一样,存在着几处相似点支持将弥达斯与这一事件联结在一起。第一,笛子(无论是马西亚斯的还是潘的),不像阿波罗的里拉琴,不是一件和声乐器:它能摹仿人的声音,吹过树林的风声,野生物种的哭声——但是没有丁点和声演绎。第二,事件发生在佛里吉亚,弥达斯是那里的王,最早提到这个故事的诗——或者至少是留存下来最早的——是品达的《皮提亚颂 12》,那是献给"笛手弥达斯"的。最后,马西亚斯和潘都是"狄奥尼索斯式的"的造物,换句话说,是混沌、宴飨、疯狂以及无序的主人,而不是像阿波罗那样是奠基者宙斯的宇宙伟业的守护者。

① 一如经常看到的,这个神话的一个生动明晰的版本出现在奥维德的《变形记》中。

## 赫尔墨斯发明了里拉琴，宇宙和谐之乐器；
## 阿波罗式与狄奥尼索斯式之间的对立

赫尔墨斯是宙斯宠爱的儿子之一。宙斯甚至让他担任其最重要的特使：当有些极其重要的事情需要做或者传递时，就会派他去。赫尔墨斯的母亲是漂亮的宁芙仙女迈亚，七位普勒阿德斯(Pléiades)之一，她们是普勒俄涅(Pleioné)与提坦阿特拉斯的女儿，宙斯通过让后者双肩承载世界的重担来惩罚他。毫不夸张地说，小赫尔墨斯是极为早熟的。"早晨生下来，"《荷马颂诗》的作者告诉我们，"中午就能弹奏三角竖琴，而到了傍晚就偷了弓箭手阿波罗的牛……"虽然是一个生下来只有几小时的婴儿，他却已经是一位杰出的音乐家和空空妙手！你可以想象一下刚从母体中出生，一睁开眼睛看这个世界，赫尔墨斯就开始在追猎阿波罗的牛。他在路途中的一座山上发现了一只乌龟，突然哈哈大笑起来：只是看了一眼，他立即就想到它有什么用处。他拿起它，跑回家，去除了这可怜动物的内脏，接着宰了一头牛，把牛皮拉伸，裹在乌龟的壳上，用肠子制成了弦，缠在角状物上，并用十字管头将它们固定住，拨弄琴弦，调整音调。里拉琴诞生了，赫尔墨斯用它奏出有着完美和音的声音，比起潘的笛子协调很多！赫尔墨斯对这第一件发明并不满意，启程去寻找他长兄的神牛。

遇到牛群之后，他挑选了五十头，接着，为了使偷窃能够不被察觉，不留痕迹，他引着牛群倒着走，让人误解追踪路径，颠倒了蹄子的印记,并且套上了临时编制的鞋子掩藏他自己的脚印。他把牛群牵到了一处洞穴。片刻之后,他琢磨着——完全自然而然地——如何发明火,向神献祭了两头牛,熄灭火苗,吹散余灰,第一天结束了……接着他返回家里,这是他自己的庇护所,迈亚在这里孕育了他,他的摇篮还放在这里,接着就继续睡觉了,带着一个无辜的新生儿的表情……他的母亲抱怨并且问他去哪儿了,他只是回答说,他已经受够了他们的贫穷,而且他准备成为富人。我们已经可以明白,为什么他会成为商业、传播以及偷窃神。这位婴儿神的第一天过得非常物有所值……

当然,阿波罗最后发现了事情的真相。当他逮住宙斯的孩童后,威胁说要把他扔到塔尔塔罗斯的深渊中去,除非他把牛群交出来。阿波罗在手臂所及范围之内抛起他,就像是要把他远远地扔出去,不过赫尔墨斯编了许多理由,以至于阿波罗笑着让他走了,而争议最终交给宙斯裁断……面对这个早熟的儿子,宙斯乐不可支。事实上,他对他这新生儿子非常得意。阿波罗和赫尔墨斯的争议一直持续到后者制成了他最终的武器,他的里拉琴,他以极高的艺术技巧开始演奏,以至于阿波罗(和宙斯一样)认输了,最后完全沉浸于这惊人孩童的魅力之中。阿波罗,音乐之神,被这件新乐器演奏的美妙之音征服了。为了交换里拉琴,他答应给赫尔墨斯名利。不过,这婴儿坚持交易及协商,除此之外,他坚守看管其兄长全部牛群的职责!阿波罗甚至额外地把自己金光闪闪的鞭子赠给他,还有神奇的权杖,这将成为赫尔墨斯的标志,他著名的"节杖"——我会简短地讲述关于它的故事……

正是在这一背景下,里拉琴作为神圣乐器的类型而出现,这也是阿波罗的关键特征。为了充分理解弥达斯神话的后果——经常而且极其不恰当地被认为意义甚微——我们必须意识到,在经纬巨制中,阿波罗代替了宙斯,作为奥林波斯神之一,他们不断地从事维护宇宙秩序的事业。这一事业是公正的——自那原初和解衍生而来,后者是宙斯在战胜了提坦之后确立的——也是美丽的、良善的、和谐的。另一方面,混沌的现实力量,包括了它们在堤丰之后的各种世系,不断地威胁这一脆弱的和谐。阿波罗这时代表着奥林波斯神的力量:反混沌的,反提坦的,完全与那著名的训诫"认识你自己"相一致,这镶嵌于他在德尔斐的神谕所,意味着:"认识你在经纬巨制中的自然位置,并且遵守其界限!"没有诸如僭越、傲慢和过度扰乱这极好的宇宙解决之道。如果阿波罗喜爱音乐,这是因为音乐是宇宙的隐喻。狄奥尼索斯在许多方面是阿波罗的反面。显然,他也是一位奥林波斯神,宙斯之子,而且我们后面会看到他在自身之内协调宇宙与混沌,永恒与时间,理性与疯狂。但是首先,他给我们的印象是其"反宇宙的"方面:沉溺于宴飨、饮酒和淫欲到了这样的程度:残杀之癫狂支配着那追随他的女信徒。狄奥尼索斯当然也是一位音乐神,不过他喜欢的音乐不是阿波罗的:既不轻缓也不和谐,而是野蛮且失去控制。它与柔和或者文雅无关;相反它公然以下流的方式表达最古老激情的冲动,这解释了为什么它选择的乐器应该是潘和马西亚斯的笛子。

以下是年轻的尼采对阿波罗与狄奥尼索斯之间的区别所作的极其准确且深刻的描写:

> 作为一位伦理神,阿波罗要求他的追随者们节制,以便他们能够坚持认识自我。这是为什么与审美的要求并行,人们提出了"认识你自己"和"凡事忌极端"的要求。反之,傲慢和过度则被视为与阿波罗的领域极端相对的魔鬼,因此有着前阿波罗时期的特征,提坦时代,超越了阿波罗的世界:野蛮的世界……对于阿波罗式的希腊人来说,狄奥尼索斯式引发的效果看来是"提坦式"且"野蛮的"。不过,他自己不得不承认他与这些被推翻的提坦也有着内在的联系……的确,他必然会感觉到他的整个存在,连带其所有的美丽和节制,建立在苦难和知识的隐藏基础上,通过狄奥尼索斯的冲动再次透露给他。因此,阿波罗没有狄奥尼索斯是无法生存的!提坦式和野蛮最终如同阿波罗式一样是必需的!现在让我们想象,在这个世界,人为地建立在幻觉和节制上的世界,狄奥尼索斯式宴飨的狂欢之声如何不断地以更加诱人且着迷的魔力响彻着……让我们尝试想象,那些演唱颂诗式的阿波罗艺术家能做什么——拨着幽灵式的竖琴——面对这些有魔力的大众歌唱!过度自身显现为真理。矛盾,诞生于痛苦的狂喜,直接从自然的心灵中诉说着

自己。因此,凡是狄奥尼索斯越来越被接受之处,阿波罗就被清除和毁灭。①

尼采本人就是一位优秀的音乐家,他完整地理解了三件本质性的事情。第一,一场音乐竞赛的主题对于希腊神话不只是轶闻趣事,而是本质性的,这有着深刻的理由:因为它将和谐置于艺术的中心,它成为一个隐喻,宇宙的一个类似物,或者如尼采自己写的:"世界的再造和复制品。"第二,阿波罗与狄奥尼索斯——这里是他的代理人潘或马西亚斯在舞台上,但是每个人都意识到他们是木偶,仅仅代表狄奥尼索斯的角色——之间的对比,再一次地,一如既往(自世界起源以来)是混沌与宇宙、提坦与奥林波斯神之间的古老冲突。第三,即使这两个同等的神圣世界——由阿波罗象征的和谐静好,狄奥尼索斯象征的冲突喧嚣——在表面上极端相对,实际上非常明显他们是不可分离的:没有宇宙和解,混沌就会全面胜利,而一切将被摧毁;没有混沌,宇宙秩序就会僵化,而所有的生命,所有的历史也将消失不见。

在写作希腊悲剧的时候,尼采受到一位哲学家叔本华(Schopenhauer)的深刻影响,他还将其当做他的导师(不过后来他从内心与他疏远了)。那时,后者才出版了一本重要的著作,有着初看起来一个无法理解的标题:《作为意志和表象的

---

① 尼采,《悲剧的诞生》,4。——译注

世界》。我如果不尝试概述这部艰涩且隐晦的著作,就不能将注意力放在它的一个核心主题上:叔本华抱有后来为尼采所吸收的强烈信念,世界被一分为二。一方面存在着巨大的混沌性之*流变*——无序的、撕裂的、荒谬的、剥蚀感觉的、根本性的无意识王国——叔本华称之为"意志";另一方面,存在一种绝望的相对努力,使万物有序,恢复宁静,获得意识,使得万物有秩序感,这是被叔本华称为"表象"的东西。尼采将这一区分适用于希腊世界。意志的世界,无甚意义而且七零八落,与提坦力量的原始混沌相对应——在奥林波斯神殿中,最能体现这一点的神是狄奥尼索斯。而表象的世界与宙斯建立的宇宙秩序相适应,和谐、宁静且美丽。由此可见,阿波罗的里拉琴属于"表象"的秩序,而笛子——狄奥尼索斯式的、提坦式的、混沌的、粗野的、反宇宙的——属于叔本华式意志的。类似地,两种不同类型的音乐将一直彼此相对:和谐之轻柔、宇宙和文雅的秩序,以及另一方面混沌、粗野之无调性,这模仿了原始状态中意志的无意识激情。的确,所有模仿希腊宇宙的完美音乐必须结合这两个世界……弥达斯,粗野之人且靠近自然的状态,倾向于狄奥尼索斯式的。就像西勒诺斯和潘,狄奥尼索斯成为他的伙伴不是偶然的。同样不是偶然的是,狄奥尼索斯的追随者们总是半兽半人,有着泛滥的淫欲和无法控制的饕餮胃口。

换言之,在弥达斯的短小神话中,上演或者重复的内容依然是宙斯对提坦的胜利。如果这惹得阿波罗大发雷霆,那不是因为他只是被"伤自尊",就像有时一些极其迟钝的评论所说的——因为,一个像弥达斯这样的可怜傻瓜的判断如何能够让阿波罗这样崇高的神放在心上?——而是因为他不可避免地必须与各种形式的僭越斗争。他的奥林波斯神使命就是从源头上根除僭越:对弥达斯是略施薄惩,针对的是他哪里犯罪了(是他的耳朵也是通过耳朵),小心地使惩罚与罪相符——但对于马西亚斯则是骇人听闻的折磨。弥达斯是一个笨蛋,一个粗俗之人,对于音乐竞赛包含的宇宙性利害关系一无所知。他只是需要被放回本身的位置,就像人们控制一只可怜的野兽,一头驴子,简单惩罚足够了。但是在马西亚斯的情形中必须杀鸡儆猴:马西亚斯是一种威胁,而且不像弥达斯,他对一位神发起了直接挑战。我们无法理解对其惩罚的暴力,除非我们明白,这样的挑战更加不可容忍,因为宇宙秩序是脆弱的,甚至是表面的胜利:在这貌似有序且和平的和解之下,存在着混沌的恣肆汪洋,不断威胁着要突破其界限。阿波罗的盛怒对于当下时代是难于理解的,而有些神话讲述者甚至杜撰了一种结局,即阿波罗为杀死马西亚斯而感到后悔。不过这是神话讲述者个人的阐释而不是神话的真实情况。

因此,我们看到弥达斯的故事以某种宇宙模式开始,奇怪地以悲剧结束:同样地,希腊悲剧的一个最可靠且最戏剧化的手段就是,以某种残酷展示受到威胁的宇宙——由神来体现——始终如一地重申其权利,反对凡人的僭越……

但是,我们不要看得太远了。尽管有着少许的超前离题,在这一点上,凡人在经纬巨制中的位置,尤其是男人的(因为还有动物需要考虑)尚未确定。我们知道会在哪里找到提坦,与在塔尔塔罗斯牢牢地锁着而且被百臂巨人看管的堤丰一起,我们能够估量他们代表的、现在已被安全吸纳的危险。我们也知道分配给每一位个体神的位置或角色:海洋给波塞冬,地狱给哈德斯,大地给盖亚,天空给乌拉诺斯,爱和美给阿芙洛狄忒,暴力和战争给阿瑞斯,传播给赫尔墨斯,智力和艺术(包含了机智)给雅典娜,最深的黑暗给塔尔塔罗斯,等等。但是,在这世界的整体中分配给凡人的角色是什么?这个时期无人能够说清。

问题显然很关键,由于其包含着(无需赘言)人类,他们发明了所有这些神话、这全部的极其精密的神谱和宇宙起源机制。如果他们这样做了,这不只是为了怡情,而是理解环绕他们的世界,以及他们在其中应该过着的生活。尝试并且理解他们在这个世上正在做的,尝试并且细审他们存在的含义。通过三个神话——普罗米修斯的、潘多拉的(第一个女人)以及著名的黄金时代神话,每一个都与其他两个是不可分离的——希腊文化将开始回应这些根本问题。在名为《工作与时日》的诗歌中,赫西俄德仔细地将这三个叙事编织在一起,这在西方文学、艺术和哲学中有着极其普遍的回响。我现在试图追寻这些故事。在此之后,我们就能够思考处理僭越和 *dikè*(正义)的主要神话:某些特定个体做出的无节制之疯狂行为,或者其他公认为"英雄"的这些人做出的英勇且公正的行为。

## Ⅱ. 从神到凡人：如何以及为什么创造人类？

在赫西俄德的著作中，黄金时代的神话与人类的五个时期，或者如希腊人更准确的说法，人的"五个种族"的神话结合在一起，赫西俄德是第一个描述它的。这是首先要谈论的：赫西俄德描述了五个不同的人类，五个人类形式，他们随着时间的流逝一个接替另一个，但是我们也能够说他们依然隐秘地在我们当下的人类中现身。

这一神话完全关注僭越与 *dikè* 之间的关系。① 它发掘了在那些和宇宙、正义和谐共存之人的生活与相反沉溺于傲慢和不节制之僭越的那些人的存在之间一种根本性的联系。不时有人会说赫西俄德的诗为个人环境所激发，这或许部分是真实的。赫西俄德在他自己的生活中曾经历过痛苦时期，牵涉到与其兄长珀耳塞斯(Persès)（赫西俄德的诗是写给他的）严重的争吵：他们的父亲去世之后，珀耳塞斯要求得到比他应得份额更多的家庭遗产（因此，犯了僭越）。他甚至贿赂负责断案的当局做出有利于他的判决。因此，他的弟弟献给他的诗应该处理正义或者 *dikè* 就是自然的。不过，赫西俄德通过将个人事件与神谱和宇宙起源问题联系起来，扩大了论辩，因此，那诗绝不是局限在他

---

① 让-皮埃尔·韦尔南对此进行过权威性的说明，我关于这三个神话的解释主要有赖于他。

的个体情形中的。相反,它以一般性的术语,在依赖众神之盾建立的宇宙秩序视野内讲述这一问题,即根据 dikè 而过的良善生活与在僭越征兆下过的邪恶生活二者之间的区别。尽管有着一篇伦理文章的样子,赫西俄德的诗却走得相当远。因为他是第一个讲述这问题的,这是在宇宙起源论和神谱(世界的诞生,诸神的诞生)之后最让我们感兴趣的,也就是我们今天所知的人类的诞生。对于我们凡人,最根本的主旨是理解我们为什么在这里,以及在这个世界——无疑是神圣且有序的,但是,在这里我们有限的生死之隔只赐予我们有限的时间,在此期间我们必须竭尽我们所能——我们实际上能够是什么。

我以简要复述五个时代或种族的神话作为开始,随后我们将更详细地论述普罗米修斯和潘多拉的宏伟故事,接下来尝试评价对于我们凡人这些根本叙事包含着什么智慧。

## 黄金时代和人类五个"种族"的神话

起初是黄金时代,因为人类依然生活在一种完美地与神相互理解的状态中,这是一个最幸福的时代。在这一时期,所有人依然忠诚于 dikè,所有的人都是公正的。这意味着他们避免了那种引起麻烦的僭越,后者导致所求超过其份额,并因此同时误解了个体之人是谁,以及世界秩序是什么。根据赫西俄德,在这一时代,人们处于三项令人赞叹的特惠中,这是我们所有人今天当然会希望享有的。第一,他们不需要工作,不需要从事某项职业,也不需要谋生。自然在这时非常慷慨,她无条件地赋予(如同在伊甸园中,这与圣经神话的失乐园并行)轻松生活需要的所有必需之物:最可口的水果,予取予求的肥硕牛羊,泉水涌动、河流潺潺,气候宜人、四季如春。简言之,吃喝穿充裕,只需享受生活,无忧无虑。**第二**,这些先祖们既不知苦难病痛,也不知年老,因此他们的生活免除了经常在普通凡人生活中出现的这些病痛,免除了在某种程度上不断打击我们的不幸遭遇。**最后**,虽然他们终究是凡人,却可以说他们的死亡"尽可能少地"没有痛苦或者悲痛——"就像是睡着了一样",赫西俄德这样告诉我们。如果他们"几乎不是凡人",这只是说他们没有死亡恐惧,那就像眼睛眨动一样来临,无需大惊小怪。因此,这些最初的人类非常接近众神,而且他们与神分享每日的生活。

当这个种族有一天走向终结,不复存在——用赫西俄德的术语来说即"被大地所掩埋"——这一种族没有完全死亡。他们变成了希腊人所称的"精灵",我们必须小心地将这个词语与接下来它在基督教传统中获得的否定性含义区别开来,我们今天认为后者是理所当然的。相反,这里的含义是公正的守护神灵——如果有人希望继续与基督教传统保持并行,可与守护天使相比——能够区分 *dikè* 与僭越,良善与邪恶,适度与过度。由于他们这种杰出的分辨能力,宙斯让他们承担根据人之行动的良善与邪恶来分配财富的特权。此外,这个种族的人类死亡之后,继续以某种方式生存——甚至生存得不错——表明了这样的事实,一旦他们变成精灵,他们依然留在大地上,与活着的人在一起,而不是在地下(在地狱,那里邪恶的人受到神的惩罚)。①

接下来是白银时代,由一个幼稚且恶毒的部落所统治,然后是青铜时代,同样地令人厌恶,挤满了可怕且嗜血的造物,接着是英雄时代——与其祖先一样的战士,却勇敢、高贵,终结于福地岛,那里的生活与黄金时代没有区别。我会将这些时代②的

---

① 赫西俄德也称黄金时代为克洛诺斯时代,考虑到宙斯和提坦之战,这可能显得奇怪。不过我们必须意识到,根据赫西俄德,克洛诺斯——尽管其后来声名狼藉——在被宙斯战胜并且投进塔尔塔罗斯之前,是第一位统治者,宇宙的第一个主人。而且,如赫西俄德接下来告诉我们的,宙斯最后甚至原谅了父亲,并且让他重获自由。

② 概述如下:白银种族同样是经由奥林波斯神之手直接创造的,永葆青春。然而,他们延续的青春具有与我们可能设想的完全不同的含义:在起初一百年的时间,白银时代的后裔就像稚童。换句话说,与其说是羽翼丰满的成人——就像黄金时代的人类——不如说他们是孩童,只要成年,他们就只有很短暂的时间了,因为最极端形式的僭越主导了他们的行为,并且径直导向死亡:他们彼此不仅难以形容地暴力,而且也拒绝敬神或者献祭。宙斯被视作他们缺乏 dikè 以及对于事物之适宜秩序的故意忽视所激怒,决定除去他们。有人可能会说,这一种族是完全依照那些邪恶神的形象塑造的:像堤丰或者提坦,他们向奥林波斯山开战,这些人并不站在建立一个公正且和谐的宇宙秩序一边。相反,他们鄙视思想和劳作,巴不得毁掉它——这是为什么宙斯不得不除去他们的原因——这与黄金时代的人相反,后者在奥林波斯神之盾的维护下进退有据、秩序井然,因此他们与众神完美地和谐共存。当白银时代的人基于宙斯的意志消失之后,他们也成为"精灵",但在这一情形中是被发配至地狱,地面之下,就像那邪恶且"混沌的"神。这是对他们的惩罚。第三个是青铜种族:较之于他们的祖先更低级的人,因为他们的整个存在被缩减为只有一个维度,投身于全然的、纯粹的战争暴力。除了彼此争斗之外他们一无所知,而且他们的野蛮无以超越。他们力量惊人,武器是青铜的,他们甚至住在铜屋子中:他们的世界对温暖和舒适一无所知。他们的住所就是以他们自身的形象塑造的:坚硬、金属、冰冷、空荡。如果第一个种族是赞同宇宙之确立的良善神的反映,第二个种族与黑暗且混沌的神相对应,第三个种族则与巨人相对应:类似于后者,青铜种族的人还期盼着无名而死,这对于希腊人来说是所有之中最可怕的死亡,其统治领域是在大地的(**转下页注**)

描述放在一边,为的是集中于最后一个时代——黑铁时代。这是现在的时代,我们自身的有限存在的时代。赫西俄德这里的描述变得明显像是世界末日,也就是说,这一时代明显是所有之中最糟糕的。在黑铁时代,人们无休止地劳作,并且承受艰难困苦:没有一丝快乐不是即刻伴随着痛苦;没有善不是被恶所映照,就像一枚硬币的反面。人们不仅非常迅速地变老,而且为了生计必须不停地干活。这时我们还处于黑铁时代的开端,更糟糕的即将到来。为什么会这样?非常简单,因为人们现在活在一种僭越状态中,完全地不节制,这不局限于——如青铜时代——战争的野蛮,而是扩散至人类生活的每个维度。充满猜忌、嫉妒和暴力,人们既不尊重友谊、承诺,也不尊重任何形式下的正义——到了这样的程度,居住于大地上的和人类共同生存的最后一代神希望随时终极性地离开,重返奥林波斯山。这里

---

(接上页注)黑暗深处,而且没有人曾经从其铁钳中逃出。由于彼此不间断地争斗,青铜时代的人以他们种族的毁灭告终,因此,宙斯甚至都无需动手将他们从宇宙中除去。第四个种族,英雄种族同样致力于战争——有着深刻的不同,不像青铜时代之人,他们以 *dikè*、正义和荣耀之名发动战争,而不是以 *hybris* 之名,后者标志着纯粹的暴力。阿基里斯、赫拉克勒斯、忒修斯、奥德修斯和伊阿宋:这是英雄时代的典范,他们的光辉和英勇事迹使他们万世留名——而非寂寞无名归于尘土,就像青铜时代之人。显然他们也是战士,不过他们首先是荣耀之人,审慎地敬重诸神,念兹在兹的是寻找在宇宙秩序中他们适宜的位置。这是为什么这些英雄,也被赫西俄德称为"半神",有些类似于黄金时代的人,由于他们从未真正地死去。当他们正逢其时之际,最勇敢之人被宙斯安排在那大地终端——福地岛,在那里受到克洛诺斯(那时已被宙斯释放且宽恕)的护卫,他们犹如生活在黄金时代,无需劳作、无需操心、没有病痛,寓居乐土,物资充裕、各尽其需,生活幸福且舒适。

我们处于黄金时代的对立面,那时人们与神生活在一个群体中,没有辛劳,没有困苦,而且(几乎)没有死亡。现在这个堕落时代的人正在走向浩劫:如果他们坚持他们的方式,就像赫西俄德认为的(通过与其兄弟的争吵来判断),甚至就不会再有硬币善的一面,只有恶的方面,并且在其完全终结之时无可救药地死去。在这里我们看到此种生灵最终的毁灭性破坏,他们沉溺于僭越,对抗宇宙秩序,以及——这是同一件事——蔑视诸神。

这一神话提出并且依然在提出很多问题。它也引起了大量使人眼花缭乱的解释。不过有一个问题看起来与众不同,这不言而喻:人类如何以及为什么从黄金时代过渡至黑铁时代?为什么是下降,被神遗弃?或者,采取一种完全不同的圣经的视角(在这一背景中也是恰当的),如何解释自此以后的"失乐园"?而这恰好是普罗米修斯和潘多拉这一对神话非常明显特意回应的问题。这里我们再次追随赫西俄德的两部诗:《神谱》和《工作与时日》,接着涉及同一神话一些稍晚的、完全不同的版本,著名的有哲人柏拉图的,以及悲剧作家埃斯库罗斯的。

## 普罗米修斯的"罪"以及潘多拉的贬黜人间,第一个女人与人类的"最大不幸"

当我们仔细阅读赫西俄德的诗,变得清晰的是,普罗米修斯和潘多拉神话的存在解释了从黄金时代过渡至黑铁时代的原因:省去其间的三个时代,它们着力表明人类如何从一个极端过渡到另一个。当然,初看上去这一转变似乎是灾难性的。可是它也谈论我们,以及我们的独特命运,在神和自然的世界中是完全独一无二的。正是就这一命运方面而言,我们必须提出人类生存的问题,何所去的问题,这是我们在这个世界必须寻求且如果可能要找到的。换言之,如果不考虑众生在宇宙环绕之中看上去尽管可能是灾难性的独一无二的处境,就不可能思考凡人的智慧的问题。

不过,首先我必须对我们故事中扮演着重要角色的神,即普罗米修斯稍作交代。他经常作为一个提坦神出现。真相稍有些不同,因为他不属于克洛诺斯那一代。实际上,他仅仅是提坦的一个儿子:更准确地说,是伊阿佩托斯(克洛诺斯的兄长)的一个孩子,其母克吕墨涅(Clymène)是"有着美踝的"迷人海洋仙女。换句话说,是最年长的提坦俄刻阿诺斯无数女儿其中一个。在古希腊,普罗米修斯这个名字有着明确的含义:"有预见能力的人",换言之,此人在这个意义上是机智的、聪明的,即某人提及一位国际象棋手时,说他总是能够比他的对手"棋高一着"。普罗米修斯有三个兄弟,在他们每一个那里事情都有糟糕的结局,毫无疑问是因为在宙斯与提坦之战的后果中,提坦的后裔并不确切地赞成那秩序安排。首先是阿特拉斯,他被宙斯责罚用他那"不知疲倦的"肩膀扛着世界;接着是墨诺提俄斯(Ménoïtios),他很快就被奥林波斯山的主人用霹雳击杀,因为宙斯发现他自大、无法自抑地僭越,太过于鲁莽,必定危险;最后是厄庇米修斯(Epiméthée),厄庇米修斯这个名字也有其意指,完全是普罗米修斯的反面。大体上,在希腊语中,*pro* 意指"之前",而 *épi* 意指"之后":厄庇米修斯是"后知后觉",他做事不动脑子,而且总是慢半拍,众人皆知地承受着"*esprit d'escalier*"(楼梯上的灵光)①的傻瓜,要不就是以迟钝的心灵出名。他将是宙斯报复普罗米修斯和人类的主要工具——这一报复恰恰将人类从黄金时代变为黑铁时代。不过让我们不要太超前了。

当幕布开启,我们还处于广袤的平原:墨科涅(Mécôné)平原,在这里人们依然与诸神完美和谐地共存。用赫西俄德的话来说,在那里,他们的生活"受到保护,远离疾病,没有严酷的耕耘和悲伤的病痛,那对于人类来说是致命的"——容易被认为是对黄金时代的描述。这依然是最好的时代。在某个特别的日子,基于赫西俄德没有提到的原因,宙斯决定"解决人与神之间的所有分歧"。事实上,这是和平常一样地继续建立宇宙的事业。就像宙斯在其同僚,其他的神之间恰当地划分了世界,分配给每一位神公正的份额,并且使他们"各得其所",就像罗马法后来表述的那样,出于同样的原因,他现在必须决定将宇宙的什么内容分配给人类,换言之,什么是凡人的那份。因为现在是他们的时刻。而且,作为这计划的一部分,为了公正地决定在未来一

---

① 法文 *esprit d'escalier* 直译是"楼梯上的灵光"。意思是说你找到答案的那一刻,却为时已晚。比如说,你参加一个派对,有人侮辱了你,你要反击,结果众目睽睽之下,你只能支吾以对。可刚一离开那里,你开始下楼梯,就像变魔术一样,你想到了该说的最好的、将对方驳倒的话,这就是所谓楼梯上的灵光。——译注

方面什么属于神,而另一方面什么属于凡人,宙斯要求普罗米修斯献祭一头公牛,而且要公正地分享它,由此这一分配在某种意义上将作为他们未来关系的模范。

这明显关系甚大,而普罗米修斯,认为他在意图帮助人类方面做得不错。据说,他总是与人类站在一起,反对奥林波斯神的利益,或许因为他本身是提坦的后裔,故而不是这些第二代神的天然同盟。他给宙斯设了一个陷阱:他将礼物分成两堆,在其中一堆里,他放了比较好的切肉,那是人们喜欢享用的,但是用动物的皮裹住。这兽皮当然是不能食用的,另外——只是为了确保这第一堆会看起来令人厌恶,从而没有机会被宙斯选中作为预定给诸神的那一份——普罗米修斯将它完整地装在献祭动物的引不起食欲的胃中。在另一堆中,他放了最劣质的部分,公牛的白骨,仔细地剔干净,由此对人来说非常不适于食用,然后给这些骨头轻轻地抹上一层漂亮的、闪闪发亮且非常诱人的脂肪!在这一点上,我们应该记得宙斯——毕竟曾吞下其妻墨提斯,她本身是机智的化身,因而宙斯就是所有神中最聪明的——不可能被普罗米修斯的这个伎俩所蒙骗。他将计就计,可以说,对于把他当成傻瓜来欺骗的想法大光其火,假装掉入陷阱——同时已经盘算并且享受他会迁怒于普罗米修斯的可怕报复,而且,整个种族的凡人也被殃及池鱼,普罗米修斯认为自己在巧妙地为他们绸缪。因此,宙斯选了劣质肉的那一堆,诱人的脂肪包裹着的白骨,而将上好的肉留给了人类。

我们顺便指出①,宙斯将上好的肉留给人类对他来说无足轻重,而且有着一个极好的理由:奥林波斯山上的神不吃肉!他们吃的是仙丹玉露,这是唯一适合神的食物。这是重要的一点,而且这一点已经表明了等待人类之不幸的整个维度,即由于普罗米修斯的错误,他们离开了黄金时代:只有终会死亡之人才需要吃食物,比如面包和肉,以便恢复体力。诸神进食是为了快乐,为了娱乐,也因为他们的食物可口;人类必须喂饱自己,首先是出于生存的需要,如果他们不这样做的话,他们会死得更快。把肉留给人类,而将骨头给神,这实际上确证了前者是必死的,会很快因劳作而衰竭,总是要寻求食物,没有了食物,他们就会衰弱、受苦、生病而且死亡,时日不多——当然,这一切就神而言是未知的领域。

因此,普罗米修斯试图欺骗宙斯,支持人类,或者他是这样想的,而宙斯勃然大怒。为了对他们进行惩罚,他收回了火,这是神的礼物,人类借此取暖且——最重要的——烤熟他们用来求生的食物。对于希腊人来说,烹制是人之人性的标志之一,而这将他们与神和兽关键性地分离:神无需食物,另一方面兽吃生食。一旦宙斯收回火,人类就失去了这种界定。更有甚者,作为第二项惩罚,"宙斯隐藏了一切",如赫西俄德有些难以理解地告诉我们的。这实际上意味着,其实在黄金时代,大地直接且在所

---

① 正如让-皮埃尔·韦尔南在《宇宙、神和人》中指出的那样,并且表达得非常清晰明白。

有季节贡献物产,满足人的胃口,从那以后,种子被藏在地里,而人类为了使小麦发芽就必须劳作和耕种,接着就要收割、碾磨并且烘烤,为的是制作面包。由此,正是——这是关键的一点——由于劳作的开启,毫无疑问这是辛苦费力的活动,人类被逐出伊甸园后的生活开始了。

在这种情况下,普罗米修斯实施了又一次的盗窃行为,第二次犯下大不敬之罪:他偷走了火,并且将其重新带回地面!这一次,宙斯大发雷霆,而他释放出的愤怒无法限量。他也策划了一个计谋,用来惩罚普罗米修斯想要保护的凡人。他命令赫淮斯托斯即刻用水和泥土塑造一个年轻女子的形体,"她外表迷人",这些愚蠢的人类都会不幸地爱上她!众神或赐予她一种才能,或赐予她容颜或魅力:雅典娜教会她编织;阿芙洛狄忒赋予其无限的美丽,使她具有唤醒欲望的天赋:"导致思念之痛苦"且激起"让你心碎之关爱"。换言之,潘多拉(我们这里说的就是她)是诱惑的化身。赫尔墨斯——中介、言辞和商业神,一位狡猾的神,本身就是一位引诱者,还有点无赖——赐予潘多拉"狗的心灵和欺骗的伎俩"。这是说,她会一直"无以餍足地"(又是赫西俄德)索求,而这正是"狗的心灵"所象征的。她在所有方面是难以满足的:食物、金钱、礼物。她总是想要更多。当然还有性欲,这方面她的需求同样没有限制。隐晦地说,至少她的情欲亢奋从不会结束——而男人,不管他们如何努力,总是会很快筋疲力尽。对于她"阴险的伎俩"而言,这些意味着她会引诱任何人。因为所有的争执、所有的伎俩、所有撩人的谎言都是她求之不得的。为了完成这迷人的造型,雅典娜还赐予她美丽的装饰品,赫淮斯托斯制作了无与伦比的优雅头饰,其他神如美惠女神、时序女神(宙斯和忒弥斯的女儿)以及魅惑女神各自也都贡献了礼物,因此如同宙斯苦笑着对自己说的,最终不幸的人类绝对没有能力避免这一陷阱,这一"对于依赖劳作而活命之人而言的灾难",这外表高贵但实际上可怕的女人,她将"撩拨他们的内心",以至于这些愚人们"会满心欢喜地拥抱他们自己的灭亡"。

这里,我们应该注意普罗米修斯的伎俩和宙斯的报复性伎俩的相似性。它们在每一点上都是对应的:在和谐宇宙中,一如既往地惩罚必须匹配罪恶。普罗米修斯不是试图通过玩弄表面功夫(把不能吃的骨头藏在猪油渣中,反过来,将上好牛肉掩藏在公牛令人作呕的胃腔中)来欺骗宙斯吗?有什么了不起!宙斯也玩虚的:他的礼物有着福地所有外观上的诱惑性,但实际上它至贱无敌,而且绝不是礼物,无论接受者是谁!

此外,这迷人的、魅力无法阻挡的青春美人有个名字,潘多拉,这表达明晰,同时又欺骗性十足。在希腊语中,它意指"她拥有所有的天赋",因为,如赫西俄德所说,"奥林波斯山的所有神都赐予她某物"——除此之外,如其他人暗示的,这个名字意味着"她是所有的神赐给男人的"。两种解释都是正确的:就诱惑而言(如果不是就道德而言,这完全是另外一个问题……),潘多拉拥有外在的一切可能和一切能够想象的特性。同时,她被众神一致决定赐给人类——他们下定决心要惩罚人类。

因此,宙斯让这高贵的造物有了生命,接着要求赫尔墨斯将其送给厄庇米修斯,这可怜的愚人,他总是鲁莽行事、后知后觉,已经太晚了,灾难已经造成。就算普罗米修斯曾经警告他这位兄弟,决不能接受奥林波斯山众神的任何礼物,因为他深知他们会为自己报复他,而且通过他报复人类。但是厄庇米修斯无疑还是走入陷阱,疯狂地迷恋潘多拉。她现在不仅会诞下其他女人,她们将会同样地而且不折不扣地为男人招致灾难,除此之外,她还打开了一只奇特的"瓶罐"(不久在希腊神话中以"潘多拉的盒子"为人所知),宙斯在其中确保放进所有的疾病、所有的不幸以及所有的苦难,从此以后都降临在人类身上。只有希望本身会被封闭在这致命的容器底部!这有两种解释方式。或者我们可认为人类甚至没有得到紧紧抓住希望之救生筏的方式,因为后面的这件用品还留在盒子里。或者我们可以这样解释,这在我看来更恰当,即希望的确持续存在,但是绝没有被认为是得到宙斯承认的赐福之物。换句话说,不要欺骗你自己:对于希腊人来说,希望不是一件礼物。毋宁说是灾难,无益的努力,因为希望就是一直处于某种需求状态,需求我们不曾拥有之物,由此在某种意义上仍然是不满意和不幸福的。当我们希望变得更好的时候,这意味着我们是不健康的;当我们希望成为富人之际,这意味着我们是贫穷的;因此希望本身更多是恶而不是善。

无论情形如何,这里是赫西俄德在《工作与时日》中描写这一事件的方式。我对此详尽地引用,因为它清晰地表明了将这三个神话联接起来的关系(我提供的些许评论以楷体标出)：

厄庇米修斯没有考虑普罗米修斯嘱咐他的话,即永远不要接受奥林波斯神宙斯送给他的任何礼物,送来了也要退回去,以免某些灾难降临凡俗之人；但是,他接受了礼物,后来灾难加于他身时,他才明白了[一如往常,厄庇米修斯总是事后诸葛亮,已经太晚了]。先前大地上人类各个部落的生活远离罪恶,没有艰辛的劳作和痛苦的病痛,那对于凡人来说是致命的[当潘多拉现身之际,黄金时代的神话就被粉碎了]；凡人必然不久将变老,在悲惨中死去……但是,这女人用手揭掉瓶罐的塞子,让里面的东西都跑出来,给人类带来悲伤和不幸[这瓶罐不久会以"潘多拉的盒子"家喻户晓——赫西俄德没有告诉我们它来自哪里,或者如何而来；确定的是宙斯对于给它填满了可憎的内容负有责任]。唯有希望留在里面,牢牢地呆在瓶口的下边,没有飞出来,因为瓶口基于手持埃癸斯的宙斯的意志及时封住了["égide"(埃癸斯)来自希腊语 aigos,意指"山羊",指的是用山羊阿玛尔忒亚(Amalthée)的皮制成的有名的盾牌,那山羊曾在宙斯年幼之际喂养过他,据说弓箭无法穿透它的皮]。但是其他无数的不幸已经弥漫人间[宙斯在瓶子里放了所有可能和可以想象的灾祸用来惩罚人类：所有种类的疾病,所有类型的痛苦、恐惧、年老、死亡……]；不幸遍布大地,覆盖海洋。疾病夜以继日地流行,不期而至地将灾害带给人类；因为英明的宙斯消除了这些灾难的预报[*它们的降临我们既不能预见也不能阻止*]。因此,没有任何办法躲避宙斯的意志[*即惩罚凡人*]。①

这就是为什么由于潘多拉或者毋宁是通过潘多拉我们被逐出了黄金时代的理由。

除了这糟糕的惩罚之外——它看起来只是间接地针对普罗米修斯,因为还没有影响到他个人,毋宁说是影响了这些他想要为之辩护和保护的人类——还有另外一项惩罚实实在在地直接影响了伊阿佩托斯的这个儿子:他被严丝合缝且令人痛苦不堪的铁链锁在了山顶,宙斯放出一只巨鹰折磨他,每天都啄食他的内脏。由于普罗米修斯的内脏是(当然)不朽的,每个晚上都会重生,只是每天都重新开始那痛苦的折磨……后来,很久以后,普罗米修斯最终被赫拉克勒斯释放。在赫西俄德之后很久这个神话的延续版本中,宙斯对着斯提克斯河发誓——这个誓言在任何情形下都要遵守——永远不会将普罗米修斯从那石头上释放。不过,宙斯对于其子赫拉克勒斯的功绩感到得意,不愿意拒绝他。同时,他不想完全违背他的誓言,因此他承诺,普罗米修斯应该被释放,但条件是后者永远佩戴系在项链上的一小块同样的石头!据说这与天庭的小妥协就是我们最为常见的一件装饰的起源:镶着珍贵石头的项链……

---

① 《工作与时日》,87—105。

不过让我们回到我们凡人,还有他们在潘多拉神话中非常无情地开启的新现实。它至少包含着三项结论,那是我们应该尝试理解的,如果我们想要充分体会随后发生之事的话。

## 自普罗米修斯和潘多拉神话得出的三项哲学结论

第一,如果潘多拉的确如赫西俄德所认为的那样是第一个女人,这意味着在黄金时代,普罗米修斯在墨科涅实施那著名的分割牛牲之前,人类的生活本质上没有女性。世界肯定有一种阴性原则发生作用,而且显而易见有一批女性神,但是人类种族完全是男性的。这在逻辑上意味着他们不是诞生于男人和女人的结合,而只是凭借诸神的意志以及根据诸神选择的方式(毫无疑问直接来源于大地,如其他神话企图使我们相信的)而出现。这一点是关键的,因为正是基于这种男人与女人结合的诞生,使得凡人真正成为凡人。记住这一点,在黄金时代,人类并不真正地死亡,或者更准确些,他们的死亡尽可能地忽略不计:他们慢慢地衰弱,在睡眠中,没有痛苦或者不幸,也从没有死亡的想法。进一步,在他们消亡之后,某种程度上依然还活着,因为他们变成了"精灵",这些守护神灵负责根据每一个体的功绩分配财富。然而,从此以后,随着潘多拉的出现,凡人全部地、彻底地成为凡人,基于一个有着真正哲学深度的理由:如我们所知,是因为**时间维度**,连同其伴随的灾祸——年老、疾病和死亡——最终出现了。你会记得乌拉诺斯以及他后来的克洛诺斯,反对让他们的孩子看到白昼的光:乌拉诺斯将他们封闭在其母盖亚的子宫里,而克洛诺斯当即将每一个都吞了,直到宙斯的母亲瑞亚欺骗他并且使其吞食了假目标——一块用襁褓裹着的石头,替代了他事实上的儿子。这残暴的神急切地阻止他们的孩子诞生的真实理由是双重的:不但阻止那最终的冲突,即统治的王可能失去权力并且被他自己的后裔篡夺权力,而且也是更深刻地阻碍时间和变化的运行,以及随之发生的由代际延续所象征的死亡形式。一个稳定且有序的宇宙:这是任何明智统治的理想,不过诞生和延续总是多多少少包含着稳定性这种美好理念的毁灭。嗯,从此以后,后裔的理念就稳固地确立了——通过它我们也可以看到孩子们逐渐占据了一个有些模棱两可的位置,至少可以说:我们当然爱他们,但是他们也象征着我们的消亡——在这方面,希腊人看起来较少感情用事,而且或许较少过分简单化,更不用说比我们今天更少地头脑简单……

第二,如同《圣经》中的描述,从黄金时代被逐出伴随着一场真正毁灭性的灾难,即劳作。因此,实际上,人们必须通过辛苦的劳作才能获得他们的面包,原因有二。首先,如我曾经提到的,因为宙斯"隐藏了所有东西",把人类生存依靠的果实埋在了地下,尤其是我们制作面包的谷物,因为如果我们想要进食,必须通过耕种。其次,还有美丽的潘多拉需要对付,还有如《神谱》中所说的,随她而来的"女人的整个种族和部落,凡人的灾难":

> 她们与丈夫生活在一起,但不能共熬可恨的贫穷[坦率

地说,她们从不共患难],只能共享富贵。就像在有顶盖的风箱里,工蜂喂养着雄蜂,后者的本性就是作恶,而当工蜂每天都从早到晚忙碌着贮满白色蜂房,而雄蜂呆在蜂巢里面,将别的蜜蜂的劳动成果塞进自己的肚皮。①

绝不是男女平等主义的观点,我同意,但是赫西俄德生活的时代不是我们的时代。即使如此,就美好的黄金时代而言,万事俱备,那时人们每天与诸神享用美食,天真无邪地满足他们的需求,无需屈从于艰辛劳作的必然法则。而最糟糕的是,如果人们可以这样说的话,女人显然是混合性的而非纯粹的恶。

替代物会很简单,这是神话中传递的第三项结论:人类生活是悲剧性的,在这特别的意义上,没有恶就没有善。人类,如同宙斯不快的笑声所意图的,现在完全被击败了,掉入陷阱,无可逃避。如果他为了避免其遗传物被雄蜂所吞食(比如被女人,她们总是需求更多)而拒绝婚配,他毫无疑问将积攒更多的财富。但为了什么目的呢?他陷入这么多的麻烦是为了谁的利益?当他死亡之后没有孩子,没有继承人,他积累的财富会最终落入与他疏远的他并不喜欢的人手中!也可以说,他又死了一次,因为被剥夺了继承人,他就什么也没有得到延续。凡俗之有限加倍了!不,因此,如果想要继承人,他就必须婚配,但是这里陷阱再一次出现:存在着另外的思量,即他的孩子可能无足轻重,这是

---

① 《神谱》,590—596。

一位父亲的所有不幸之中最糟的！概而言之,在两种情形下,善不可避免地伴随着同等或者更大的恶。

当然,赫西俄德的文本看起来根深蒂固地厌恶女人——在今天绝大多数的大学也是这么阅读的。今天,赫西俄德肯定会被排斥且被禁止在校园教书。但是我们应该明白,时代已经改变,我们的时代不是赫西俄德的,而且,超然于其使人恐惧的价值之外,我们必须首先看到他的前提与人类有限性问题的关联。因为,很明显地,在黑铁时代,降临人身的最大不幸就是他们不再像先前黄金时代美好的旧时光那样仙逝。当我们把大地之诞生(以一种众神决定和规范的方式)替代为性的结合之诞生,女人赋予的新生活就有了其对应物,新的死亡,在此之前还有苦难、劳作、灾祸,以及伴随年老的所有疾病,这任何一个都不曾被黄金时代的人所知晓。

从中再一次出现了这个关键问题,它奠基了神话的整个结构,如我们看到的,它在赫西俄德那里初具雏形:对凡人来说什么是良善生活？与主要的一神论宗教相反,希腊神话并没有为我们许诺永生或者天堂。就像它所预示的哲学一样,它只是试图明晰我们人类的境况。除了试图与宇宙秩序和谐共存之外,或者如果我们致力于避免在不为人知中死去,试图通过荣耀行为而名垂千古之外,可以做些什么？与奥德修斯一起,我们必须说服自己这种生活甚至比不朽更合意。

不过,让我们在这一点上直抵赫西俄德之后被想象或者至少被阐释的这个故事的结局。

## 我们从黄金时代被逐出的原因:柏拉图和埃斯库罗斯讲述的普罗米修斯神话

我相信你曾经问过自己这样的问题:为什么人类最终必须因为他们不曾犯过的罪而受到惩罚?就普罗米修斯而言显然存在着僭越,因为他胆敢挑战诸神,欺骗他们,把上好的那份牛肉藏在令人恶心的包裹中,而次等的那份有着诱人的外表。但是,为什么人类要对这一事件承担责任?为什么人类应该被宙斯置于如此残酷的境遇,如果他们与这一欺骗毫无关系并且不曾做错什么的话?

我对于这样做是有顾虑的,尽管当下的神话讲述者有着这么做的习惯,即似乎从公元前 7 世纪赫西俄德讲述的故事自然地来到了三个世纪以后的完全不同背景下著写的作品中,即在柏拉图的对话《毕达哥拉斯》中关于普罗米修斯神话的部分,这部著作是以一位伟大的智者派哲学家命名的。这一变换不仅包含着不同的时代——三个世纪,这不是可以忽略不计的考虑——而且包含着风格的改变:从神话到哲学。然而,尽管有这些保留意见,柏拉图的哲学外观即使完全不同于赫西俄德的,也提供了一种对于他的诗有着启发性与合理性的视角。根据柏拉图,普罗米修斯不只是从赫淮斯托斯那里偷取了火;他还从雅典娜那里偷取了艺术和科学,使得凡人处于某一天会自认为与神并列的危险中。在这一事件中,人类毫无疑问犯了僭越之罪!因此,可能的情况是,这实际上就是在墨科涅平原上、牛牲被划分的那一时刻已经攸关生死的东西……

那么,根据毕达哥拉斯——至少就像在柏拉图的对话中戏剧性地表达的——人和神之间的分歧只有在我们考虑了整个故事、回到人类存在之前的时代,才能得到充分的理解,那时实际上世界上只有神。

有一天,神决定创造一个凡人种族,这意指动物和人类,理由毕达哥拉斯没有明确说明(或者他们是无聊穷极?)。因此他们就极有兴致地着手做了,用土和火,"以及这两种因素的各种混合物"创造了各种形式的小塑像。在赋予他们生命之前,众神要求厄庇米修斯和普罗米修斯将各种特性在这些造物中相应地分配。厄庇米修斯请求其兄让他自己来做这一分配,首先他着手给这些被剥夺了理性的动物种类来分配。他是如何做的呢?厄庇米修斯并没有他看上去的那么蠢,而且他对特性的分配甚至是非常巧妙的:他构造了一个"宇宙",一个完美平衡和切实可行的生命系统,事物的安排便于每一个物种都有机会和其他类相克而生。比如,设计诸如麻雀或兔子这样的小动物,赐予前者翅膀以飞离它们的捕食者,赐予后者(基于同样的理由)奔跑的速度和能够躲避危险的洞穴。这是毕达哥拉斯对厄庇米修斯工作的描述:

> 在对禀赋的分配中,他小心地使机率平等,在万物的发明中,他都预先安排以便没有哪一物种会被其他物种消灭。当时他已经充分地提供了避免相互毁灭的方式,设计了万

物各自的安逸之道,应对基于宙斯派遣的季节神而发生的变化,裹着厚厚的皮毛,或者坚硬的外壳,足够抵御冬季的寒冷,同时也能有效对抗酷热;而且他还设计了,当它们都入眠的时候,这同样的覆盖物应该作为适宜且自然的寝具来使用。同样他给每个物种都配备了鞋状物,有些长着兽蹄,有些是坚硬且无情的爪子。接下来赐予它们各种类型的食物——有些给的是地上的草,另外一些给的是树木的果实,还有一些是根类。他允许有些物种通过吞食其他动物来获得食物,不过他使这类物种较少地生产后代,而给他们的猎物提供了充足的多产性,由此保存了它们这些物种。

简言之,厄庇米修斯涉及并实施了生态学家今天所称的一个非常平衡且自我规范的"生物圈"或者"生态系统"——希腊人非常简洁地称之为宇宙的东西,一个和谐的整体,正义且切实可行,在其中每个物种战胜其他物种而存活下来,甚至与之共存。这证实了自然——至少在神话中——的确是令人钦佩的规划。在这一情形中,你可能会问为什么厄庇米修斯应被看作是一个愚人,总是事后诸葛亮?

这是毕达哥拉斯的回答:

> 不过,正如人人所知的,这个厄庇米修斯尤其不是一个明智之人,在他意识到后果之前,他已经在那没有理性的野蛮动物身上用光了所有可用的特性,给一无所有的人类没

有留下什么,也不知道该给他们些什么。正当他对此苦恼之际,普罗米修斯来检查工作。他发现,动物在各方面都得到了很好的供给,但是人光着身子、赤着脚,也没有天然的寝具,而且赤手空拳……因此,普罗米修斯不知道提供什么方式保护人类,就从赫淮斯托斯和雅典娜那里偷来了**技艺**,**以及火**(因为没有火,这些技能既不能够获得也无法使用),而且将其作为礼物赠与人类。

这里我们看到,普罗米修斯如何犯下了双重罪行,这将导致双重惩罚——即针对他自身的惩罚,表现为可怕的秃鹫每日吞噬他的内脏,还有对人类的惩罚,宙斯给他们送去了潘多拉,和她一起的还有自此以后与堕落的人类境遇相联系的灾祸。那么,这双重的惩罚究竟是什么构成的?

首先,普罗米修斯的行为像个贼:不经允许,他就进入了赫淮斯托斯和雅典娜共用的作坊,从前者那里偷走了火,从后者那里偷走了技艺,这已然罪孽深重。然而,在如此行事之际,普罗米修斯——又没有经过宙斯的允许——赋予人一种完全新的**权力,一项半神圣的创造力量**,我们可以确定(不用追随柏拉图对于这一神话其他方面的评论,那些方面在这里无需我们关注),总有一天这会导致人们将其自身视为神,禁不住去行僭越之事。因为如毕达哥拉斯指出的,由于普罗米修斯的这些礼物,正确地说,它们是神圣的,人类从此以后就是唯一能够制造技艺的、"机械的"事物的动物:鞋子、毛皮,衣服、源自土地的产品,等等。**换**

*句话说,他们就像神一样,也真正成为创造者。还有,他们是唯一这样的造物,发出声音,其方式是赋予它们以意义;唯一发明了语言的造物,这当然也会使他们更近似于神。诚然,由于这些礼物直接来自于奥林波斯神,普罗米修斯从他们那里偷窃而来,人类会由于同样的原因成为唯一知晓神存在的生物,为他们设立祭坛,尊奉他们。尽管如此,由于他们从未停止彼此行为不端,以至于他们经常处于毁灭自己这个物种的危险中——与动物相反,后者从一开始就构成了一个平衡且可行的制衡体系——人类永远都受到僭越的威胁!* 因此,普罗米修斯所制造的,对于作为整体的宇宙而言是异常危险和令人担心的一个物种,而且他没有经过宙斯的同意就这样做了。由此我们现在就能更容易地理解宙斯的愤怒,以及为什么他认为普罗米修斯的欺骗是可耻且鲁莽的,为什么他同样地试图不仅惩罚提坦的这个儿子,而且还有整个人类。为的是(准确地说)将人类置于他们的本分中,一劳永逸地阻止他们屈从于僭越的诱惑中。这是这个神话真正至关重要的:确保凡人尽管有普罗米修斯制造的礼物,不要自视为神。

大约在柏拉图通过毕达哥拉斯之口戏剧化这一神话之前的两个世纪,伟大的悲剧作家埃斯库罗斯关于普罗米修斯的戏剧之思考根本性地引导我们得出这同样的结论。

实际上,在《被缚的普罗米修斯》中,我们一开始就得知,宙斯自划分世界并且规划宇宙之时,从父亲克洛诺斯之处攫取权力之后,就已经讨厌凡人。在这里,让我们再次阅读埃斯库罗斯自己的言辞,以便于我们自己习惯于聆听希腊人在基督纪元前五个世纪如何表达这一事件:

> 宙斯一登上他父亲那为王的宝座[克洛诺斯的王座,宙斯刚刚借助独眼巨人和百臂巨人之力推翻他],便立即对各个神明分配权力,划分帝国[这是创造宇宙秩序之真正事业的开启之时]。但他对于那些处于不幸中的凡人却弃之不顾,甚至企图彻底消灭人类,重新繁衍新的种族:除了我普罗米修斯之外,谁也不反对这图谋。唯独我有这胆量,决心拯救人类,使他们不必前往哈德斯,遭受毁灭[换言之,通向地狱,经常以统治那里的神来命名]。为此我现在遭受如此沉重的折磨,真令人困苦不堪,惨不忍睹[当然指的是,绑着他的锁链和吞食其内脏的秃鹫]。我怜悯人类,自己却得到不值得同情的对待……①

毫无疑问是这样,但是问题再一次地出现了:为什么?在这部戏剧推进到更远之处,普罗米修斯夸口为人类带来了所有的恩惠。当我们读到那名单之际,如同在柏拉图那里,我们准确地理解了为什么宙斯不会友善看待这个物种,它的危险——颇像今日的生态学家担心的——在于从此以后成为大地上这样的物

---

① 参考王焕生译埃斯库罗斯《普罗米修斯》,230—242。——译注

种,即仅就它掌握的技术之作用而言,能够将过度带至威胁宇宙秩序本身的程度:

> 只倾听人类承受的种种悲苦——他们先前如何像个孩子,我使他们具有理性,获得思想。我并非出于讥笑,描述此前的人类,只是表明我赐给他们的恩惠。首先,他们枉然视听,却视而不见,听而不闻:如同梦幻中经常出现的种种浮影,在浑浑噩噩中度过漫长的一生,既不知道使用木料,也不知道用砖瓦建造向阳的房屋——而是如同渺小的蚁群,藏身于土中,居住在终日不见阳光的洞穴深处。对于严寒的冬季、百花繁茂的春天和果实累累的炎夏,他们从无任何预见,只是盲目地从事一切事务。直到我教会他们认识各种星辰难以辨认地升起和下沉。类似地,我为他们发明了最精深的科学数字,为他们发明了字母的组联,各种事情的记忆基础,各种艺术的孕育和庇护。是我首先把野兽套在各种轭下,使它服从轭辕,背负各类货鞍,好为人类承担各种巨大的重负;我还把经过调驯的马匹驾在车前,成为享受富裕豪华生活的装饰。除了我还有谁发明了供水手们漫游于海上的帆船呢?我为人类发明了这许多技巧,现在却为自己找不到方法摆脱正在忍受的苦难。①

---

① 埃斯库罗斯,《普罗米修斯》,442—472。

普罗米修斯是极为慷慨的,但是他恰恰忽视了那占据宙斯头脑的困难之处——一个重现(再一次)于当今生态学中的问题——普罗米修斯的形象在这后半部分的背景中无所不在不是巧合。在宙斯的眼中,普罗米修斯的夸口听起来就像最佳涉罪陈述,提坦神伊阿佩托斯的这个儿子在其辩护中提出的内容,从奥林波斯神的角度来看,就是最糟糕的自我控诉。希腊神话以其洞察力和深刻性在这里戏剧化的东西,是定义(而且是完全现代的)①这样一个物种,它的自由和创造性从根本上与自然和宇宙不一致。普罗米修斯式的人已经是科学之人,能够无休止地创造和发明,制造机器和工具,有可能某一天使其自身摆脱所有的自然法则。确切地说,这是普罗米修斯在偷窃"技艺精神"所赋予人类的东西,也可说是使用甚至设计各种发明的能力。农业、算术、语言和天文——所有这些将成为人类跨越其人类境遇的方法,将自身傲慢地提升至其他造物之上,由此扰乱宙斯艰难且刚刚才成功实施的宇宙秩序!简言之,不同于其他活着的物种——它们的生命之运转被厄庇米修斯设置为完美地自我规范且不可变更的系统,在所有方面都不同于即将成为人类特性的内容,即只有人类配备了技艺和科学——人类物种是有限的造物中唯一有能力僭越的,唯一能够对抗诸神且扰乱甚至破坏自然本身的物种。显而易见的是,宙斯只能用偏颇的、如果不是邪

---

① 它最初在15世纪人文主义开始之际重现于皮科(Pic de lla Mirandole),然后在卢梭那里,接着是康德,甚至出现在萨特那里。

恶的眼光来看待这一发展,根据他施加于普罗米修斯还有同样给人类的惩罚来做出判断。

从这里只需要一小步就能到达完全消灭人类的想法,某些神话叙事不用犹豫就跨越了这道门槛。

## 奥维德记述的洪水以及丢卡利翁(Deucalion)的方舟:人类的毁灭与重生

从此以后一项事实显然成为公认的:自从人类装备了创造之新权力,这与普罗米修斯从众神那里偷来的科学技艺连在一起,喜欢僭越成为人类的一个特点。僭越之威胁在于,经常将凡人卷入邪恶中,引导他们越来越多地犯下对抗公正秩序的罪行。有几位古代的神话讲述者在黄金时代的描述(这多少都是些不可靠的赫西俄德版本)之后,紧接着讲述了一个更加有名的事件:暴雨或者洪水事件,宙斯决定利用它来摧毁当前形式的人类,以便重新开始——正如在《圣经》中一样——择取两位正直之人,一男一女:丢卡利翁,普罗米修斯的儿子,以及皮拉,厄庇米修斯和潘多拉的女儿。二者都被描述为坦诚且正直之人,过着依据 dikè 的公正生活,远离僭越,后者标记着陷于堕落之中的其他人。[①]第一位详细

---

① 这一事件在赫西俄德那里不曾出现,当然,问题是要知道这著名的洪水出现在哪个时期。据后来的资料来源——可能是阿波罗多洛斯的《书藏》——有些神话讲述者轻易地将堕落的人类之毁灭放在了青铜时代。然而,明显的是,在赫西俄德开启的视野中,这一假设没有道理,因为青铜时代的人类首要的标志是他们自我毁灭的冲动,相互之间无休止的战争,因此,宙斯全然无需介入,以便从宇宙中清除掉他们。

且完整记述了洪水的诗人——在此之前只有零星地提及,不足以形成连贯一致的叙事——是奥维德。在《变形记》的开篇,他提供了这个神话的一个合理版本,将洪水与一起特别的事件联系起来,这可能被认为是发生在当时的那个时代,即黑铁时代,那是人类在这个时期沦为道德废弃状态的一个直接后果。这一事件涉及到吕卡翁(Lycaon),一位希腊国王,他试图以最卑劣的方式欺骗宙斯。奥维德建立了这样的场景:正值黑铁时代或在此之后(年代不清楚),存在着一个种族,是由盖亚用宙斯屠戮的巨人之血塑造的——为的是她先前后代的血脉可以保存下来。她给了这些存在物"人的面孔",不过他们承载着其出身的无可消除的痕迹,本质性的特征就是暴力、屠杀的倾向以及对诸神的蔑视。

让我们在洪水的这一叙事上停留片刻,想象我们自己被置于黑铁时代,或者甚至更糟,到了那些诞自巨人血液之人的时代——换言之,一个肆无忌惮地僭越的时代。宙斯得知人类正在为所欲为,决定降临尘世巡查一番,亲自看看人类堕落到了什么程度。他发现了什么呢?情形比他听到的要糟糕得多!每一处都由凶手和窃贼控制,都是鄙弃神建立的事物秩序的人。为了能够亲身观察、认识,并且避免歪曲公认的结果,宙斯变换成人的样子,在世间随处巡走。于是他来到了阿卡迪亚(Arcadie),这里由一位名为吕卡翁(希腊语中的意思是"狼")的僭主统治着。宙斯向这个地方的普通民众暗示,一位神降临,他们被打动了,开始向他祈祷。但是吕卡翁却哈哈大笑。与我们会经常遇到的模式一样,而这也让我们回想起坦塔罗斯的事件,吕卡翁决定挑战宙斯,看看他是否如其所说是一位真正的神,或者相反只是一个凡人。

吕卡翁决定在宙斯入眠之际谋杀他,不过在实施这罪恶的计划之前,他割断了一个不幸的囚犯的喉咙,后者是被称为摩罗西亚人的国王作为人质遣送过来的,然后把他给肢解了。他把一部分煮熟,其余的烤了,打的馊主意是将其作为宙斯的晚餐奉上!一个致命的错误,因为——坦塔罗斯为证——宙斯能够预知任何事情。他的霹雳说话了,吕卡翁的宫殿向着僭主的脑袋倒下。他成功逃脱了,但是宙斯把他变成一只狼——同样的吕卡翁,依然邪恶,同样的眼睛放着嗜血的光芒,但是现在变成与其新的同类生物为敌,对于它们,他成为最凶恶的猎食者……这里是奥维德描述这一场景的方式,几乎就在《变形记》开篇中——我的引用就来自这一作品,由此,你可以再一次看到这些神话传递了当时的风格和华彩。宙斯在这里以第一人称在奥林波斯山上说话,他在那里召集所有神的特别集会。他对着他们言说,分享他的经验,告诉他们他已经准备好摧毁人类,并且给出了其决定的理由。一如既往,我自己的评论在括号中:

> 那个晚上,当我正在熟睡之际,他盘算着以出人意料和凶残的攻击杀掉我;这是他采取的为了验证真相的实验[换言之,探查宙斯是否为神或是其他什么]。这还不满足,他拿摩罗西亚人派来的一个人质开刀,割断他的喉咙,将一部

分还有着生命余热的尸身给煮了,为的是使其更加柔嫩些,其他部分拿到火上烤。但是没等他将这些放在我面前的桌子上,我就用复仇的霹雳将房子轰向了他的脑袋……他受到惊吓,逃到了安全的地方,在一处安静的田野间,高声嚎叫,徒劳无功地试图说些什么。他的嘴巴自行喷着怒火的泡沫,而且他将其惯有的嗜血转向了羊群,依然乐于屠杀……他的衣服变成了蓬松的毛发,臂膊变成了腿。他变成了一只狼,却还留有先前外形的几分痕迹。同样灰白的毛发,同样凶恶的外表,同样放光的眼睛,同样野兽般凶残的形象。迄今我已经轰到了一座宫室房子,但是不止一处该毁灭掉!因为,无论大地延伸至何处,都会有同样愤怒的厄里倪俄(Erinye)[复仇女神之一——意味着到处都有罪行需要惩罚]的威胁。你会认为这是罪犯的共同阴谋。我们不要拖延。让他们全部受到他们完全应得的惩罚。这是我的结论,而且不可更改。

那惩罚如你所想正是洪水。宙斯最初想用其乐意的兵器霹雳这种方式毁灭人类,就像用来惩罚吕卡翁一样。不过他接着又一想:需要毁灭的范围很大——多到整个地上都需要清除掉堕落的人类——以至于需要的大火有点燃整个宇宙并且烧掉奥林波斯山本身的危险。因此,宙斯将使用水来完成他的意愿,人类种族将会因水而消亡。宙斯特意地封锁了这些风,比如将云层驱散且使得气候干燥而又温暖的西北风。另一方面,他释放——就像猎犬——潮湿的水汽,黑云遍布,蓄满了雨珠,现在开始,漂泊大雨倾盆而下。另外,他要求波塞冬(尼普顿)用它的三叉戟轰击地面,以便河流越过河床,海浪自港口停泊之地倾泻而出。不久整个大地一片汪洋。奥维德提到,不成形状的尸体代替了山羊遍布草地;海豚在树丛中穿行;狼群与羊群和黄褐色的狮子并行着游泳,它们现在唯一的想法是安然逃脱……海神涅柔斯(Nérée)的女儿们惊奇地发现,整个城市在水下依然完好无损……简言之,人和兽,这些有限造物的整个小世界都最终被淹没。甚至鸟类也死了:在无边的水面上飞翔至筋疲力尽,它们掉了下来,被水吞没。而那些以这样那样的方式避免被水淹的动物迟早被饥饿击垮,因为显然没有额外的食物了。

整个世界一片死寂……除了两个存在物,宙斯煞费苦心宽恕的两个人。这里,我们再一次地非常接近圣经故事。在那一刻,宙斯宣布了他的决定,毁灭整个人类,众神的集会实际上产生了分歧。有些同意宙斯,甚至要急切地连根铲除。但是,相反有些则指出,没有凡人的大地则可能是非常乏味和空寂的场所:他们是想让这令人惊叹的微观宇宙只是充斥着野兽吗?那时,谁来照看祭坛呢?如果没有留下人,谁会参与奉献牺牲且尊奉众神这些事务呢?事情的真相是——尽管是我表明了这一点,在奥维德那里只是暗示——没有人类,整个宇宙注定会死亡、生机全无。

这里我们再次触及到希腊神话的最深刻主题之一:*如果宇*

宙秩序是完美的,如果它的确表现为一个完美无缺和永恒不变的平衡,时间将会终结,那意指所有生命、所有运动和所有历史。甚至对于诸神来说,也没有什么其他可以做或可以看的了。从中显而易见的是,原始的混沌,以及其定期引发的力量,不能也不应该完全消失。而人类——连带其所有的罪恶,以及作为潘多拉的后裔,她的遗产就是人类现在成为"真正的"凡人,无穷地代代代传承——同样是有些悖谬地与生命不可分离。这是一个宏大的悖论,我们可以这样重新表述:没有死亡就没有生命,没有延续就没有历史,没有无序就没有秩序,没有最低限度的混沌就没有宇宙。这是宙斯面对几位神的反对、同意宽恕两个人的原因,为的是人类可以补充自身。但是哪两个人呢?他们必须是两位独特之人,以便这一物种至少能够重新从一个健全而稳固的基础上开始。独特并不意味着他们应该是举足轻重之人。相反,正在考虑之中的是两位简单却诚实之人,心思单纯,其生活远离僭越,且依据 dikè 之训诫,尊奉他们的神并且执守事物之秩序。他们是谁?他们的名字是丢卡利翁和皮拉。我曾经说起,前者是普罗米修斯的儿子。赫西俄德一点都不曾向我们透露他母亲的名字,奥维德也没有,但是埃斯库罗斯暗示她可能是俄刻阿诺斯的一个女儿,由此就是一位海洋女神,名为赫西奥涅(Hésioné)。至于皮拉,她是厄庇米修斯和潘多拉的女儿。那么,在一定程度上这两位是来自黑铁时代的人,而这照理是种族延续之大业。不过它也是从零、从一个男人和一个女人重新开始,就这新的未来整体而言,即我们当下人类,他们可被认为是

**第一个男人和第一个女人。**

他们如何让大地重新栖居着人类呢？以一种极为奇特且唤起原始仪式的方式，而不是任何与潘多拉相关联的东西——这也是公正的，如果事情一开始就步入正轨的话。孤独、惊恐，迷失于一个巨大且荒芜的世界中，丢卡利翁和皮拉造了(像诺亚一样)一只非常坚固的方舟，历经九天不断的洪水之后，终于停靠在帕纳萨斯(Parnasse)山巅，这是基于宙斯的意志小心地从洪水中保存下来的。在那里，他们遇到了一些迷人的宁芙仙女，名为科律喀亚(Corycion)的仙女，因为她们住在一个洞穴中，即科律寄昂洞，位于帕纳萨斯山麓边，就在德尔斐上方。丢卡利翁和皮拉朝着忒弥斯圣地走去，这是正义女神，他们向她表达了他们的祈求和心愿：询问如何能够在浩劫之后生存下去，还有至关重要的是，如何恢复失去的人类。忒弥斯怜悯他们，这里是她如何回答的(一如既往，用神谕——初听上去——有些难以理解)：

> 离开圣所，掩住面容，解去衣服的褶裾，将你们祖母的骨头扔到身后，不许回头。

不得不说，如此谕示似乎是奇怪的。而我们这两位忧愁之人非常困惑。女神真正意指什么呢？他们苦思冥想，最终明白了：掩住面容且解去衣服的褶裾就是采用祭司们为众神献上牺牲时那仪式性的外观。这是谦卑、尊重的标志——导致人类灾难之僭越的反面。至于他们祖母的骨头,显然这不是意指——如丢卡利翁和皮拉最初担心的——他们必须去亵渎某一公墓或者其他什么!正在谈论的祖母当然是大地盖亚——或者,更精确些,是丢卡利翁和皮拉的曾祖母,伊阿佩托斯的母亲,而伊阿佩托斯是普罗米修斯和厄庇米修斯的父亲,而他们相应地是我们这两位幸存者的父亲。那么非常简单,盖亚的骨头是地上的石头。神谕之内容只是需要一些思考。满怀敬畏,而且还担心他们误会其义,丢卡利翁和皮拉依然捡起一些石头,将它们扔向身后。接着奇迹发生了!石头开始变软,与泥土混合,它们变成了血肉之躯;血管在皮肤表面显露出来,依次充满了血液。皮拉扔的变成了女人,而丢卡利翁扔的变成了男人,他们全都印有其出身的标志:新人将是一个习惯于劳作的种族,就像他们从中诞生的石头一样,习惯于辛劳,坚若磐石!

这遗忘了动物,它们全都同样地在洪水中灭亡了。幸运的是,在阳光的照耀下,水涝的大地变得温暖,而且在这微温的泥土中,"就像在母亲的子宫中"(奥维德),动物开始慢慢地诞生,来到光亮中,开始有生气,种类不计其数,不仅有熟悉的旧种类,还有些非常新奇的种类。

世界重新上路了。生活再一次地重新开启其进程,宇宙秩序超越了威胁它的两种邪恶:一方面是混沌,如果人陷于僭越之中的话,它总是处于复活的边缘;另一方面是致命的无趣和单调,如果有限造物从地面上消失的话。这里我们意识到,只是在此时,宇宙之起源、宇宙之建立才完全彻底地完成。

由此,也正是在这点上,那关键的问题——这是神话和哲学携手之处——能够最终极其宏伟地被构想:是什么构成了凡人的良善生活?只是以奥德修斯这个人物我们才开始详细地谈论这个问题。对我们来说,将我们自身置于神的位置是不够的,这也是目前为止我们所做的,采取神谱学的视角。毕竟,实际上关涉我们的是,作为人类我们应该如何与这宏伟的理论大厦联系起来。基于论辩,我们假设我们认同希腊版本的世界,即我们相信世界是一个和谐且有规则的政体,而且我们——有限的造物——命定了无可挽回地会死亡:在这样的状况中,什么是良善生活的条件、原则?除此之外,今天,就其具有某些时代紧迫性而言,这些假设对我们来说不那么讨人厌:当衡量万事万物之际,很可能如古希腊人相信的那样,世界实际上是一个有序的整体。当代的科学在各类事项中趋于这一方向。每一天,生物学或者物理学上的发现引导我们更接近于这样的想法,的确存在着自我规范的生态系统,世界是有序的,物种正在朝着增强的适应性方面进化,等等。至于凡人,借助于世界的世俗化或者祛魅,在民主化的西方(至少)我们一起不断地倾向于认为,宗教许诺的不朽观念是有疑问的。因此,这样的观念似乎比以往更加恰当,即智慧或许就在于,接受宇宙秩序的假设,在这个舞台上,人类的出现只是短暂的。这也是奥德修斯的旅程在今日非常有力地向我们诉说的原因,它包含着从神的视角到凡人视角确凿无疑的转换,还描述了个体之人为了实现良善生活,如何能够且必须寻找到其在宇宙中的位置。

让我们努力更好地理解这其中的全部奥秘:它包含了凡人智慧的全部问题,非常值得我们探寻。

# 第三章
# 奥德修斯的智慧
## 或者重回失去的和谐

现在我将叙述奥德修斯的著名征程,荷马在《奥德赛》中对此作了描述,那在可怕的特洛伊战争后花去了十年的时间。如果我们思考这一事实,战争本身将我们的英雄与其子民隔离了十年,这使得二十年或者更多的时间里,奥德修斯不是"在他恰当的位置中",在挚爱身边,那才是他应在之所。从一开始奥德修斯就不想要这场战争。他尽其所能避免介入战争,而且只有当被迫无奈之际,他才离开了他的故乡伊萨卡,他是这个城邦的国王——离开了他的幼子忒勒玛科斯;他的父亲莱耳忒斯(Laërte);还有他的妻子珀涅罗珀。对他来说,如此行事当然是道德命令,但依然令其痛苦不堪,不管原因如何:尽管他深切地想要留在故乡,与他的子民在一起,但奥德修斯必须强迫自己,遵守对于斯巴达王墨涅拉奥斯的义务,后者的妻子、美丽的海伦被年轻的特洛伊王子帕里斯拐走了。奥德修斯的生活分裂了,或者在希腊语的意义上"灾变了"、颠覆了:他被迫离开他的自然位置,离开属于他而他归属其中的地方,被迫与他周围的人分离,他们构成了他的人性世界。而他只有一个心愿,那就是尽可能早地返回故乡,重新找到被战争颠覆的秩序中他的位置。然而,基于这几个原因,归途将是极端痛苦和艰难的,充满陷阱和几乎难以克服的考验——这解释了我们的英雄必须完成的行程之范围和持续时间。除此之外,这些事件展现于非自然的环境中,一个不是我们人类世界的神奇世界,一个充满了神圣或者魔鬼存在物的世界,仁慈或者邪恶,但他们无论如何都不存在于普通生活中,而他们也因此象征着一种威胁:对于奥德修斯来说就是永远不可能返回到其最初的状态,永远找不到一种真正的人类生活。

# I.背景:征程的含义以及奥德修斯的智慧,从特洛伊到伊萨卡,或从混沌至宇宙

重述征程的不同阶段是容易的,一个接一个,无需提及它们的蕴意。基于其本身的缘故,它们读起来非常吸引人且令人愉悦。不过,这里没有这样的机会了;我们会丢掉很多,但损失甚少。首先,因为已经有了很多奥德修斯之艰辛的重述,尤其是针对孩子们的。其次,也是至关重要的,因为伊萨卡王的冒险没有呈现其真正的轮廓和深度,直到被置于我们在这些篇章中一直在探讨的世界中为止:伴随着一个完整的神谱和宇宙起源,出现了可以被称之为宇宙智慧的东西,一个对于我们凡人之良善生

活新的、令人信服的定义,一种"俗世精神",在西方思想史中奥德修斯或许正是其第一位代表。对于那行将死亡之人,如果良善生活就是和宇宙秩序和谐共存,那么奥德修斯就是那诚信个体、那聪慧之人的原型,他知晓他需要什么以及他正在去往何处。这也是为什么哪怕暂时将这个故事打断了,我也想提出某些建议,这会让我们获得荷马这一诗篇的真正含义,并且领会其哲学深刻性。

## 第一个重大主题:通往良善生活和凡人之智慧
——就像从混沌到宇宙之神谱本身的历程

从一开始,我们应该注意到,所有一切都开始于一系列的断裂或者破裂:一连串的大变动需要面对和解决。正如在《神谱》中,故事开始于混沌,结束于宇宙。而这最初的混沌呈现为许多不同的形式。① 首先,也是最明显的,就有特洛伊战争本身,整

---

① 在特洛伊战争爆发之前,甚至在纷争女神厄里斯前去破坏忒提斯与珀琉斯的婚宴并且引发冲突的开始(即帕里斯与海伦的相爱)之前,凶险的命运对于希腊人来说就已经自我成型了:阿特柔斯家族的诅咒。这一诅咒本身是一段长远历史的主题,随着时间的进程代代延续……这一切都开始于坦塔罗斯,他藐视众神,由此遭受了在地狱中可怕的折磨:他不仅永远承受饥饿和口渴,而且一块巨大且不固定的石块会掉下来砸着他——提醒他,他只是一个有限的凡人,不可以想着能够和众神一比高低。但是,众神并不满足于这一惩罚,他的全部世系——自身几乎都不尊重神明,至少可以这样说——必须为他的罪行而受罚。他女儿尼俄柏(Niobée)的儿子,会被双胞胎的弓箭神阿尔忒弥斯和阿波罗屠杀,原因是她不尊重这两位神的母亲勒托。他的儿子珀罗普斯有两个儿子,阿特柔斯和提俄斯忒斯(Thyeste),他们互相憎恨——到了这样的程度,阿特柔斯杀了他弟弟的孩子们,把他们煮了,并且将其作为他的晚餐……阿特柔斯(转下页注)

个都呈现为厄里斯的特征(回到了"苹果纷争"的诱因事件,本书开篇中有描写)。战争是可怕的,成千上万的青年在难以想象的残酷战争中失去了生命:那不仅是嗜血、残酷的,而且对于那些士兵来说也代表了前所未有的大变故,他们被征召远离故乡、远离所有公民群体、所有幸福,陷入一个与良善生活、与他人和自然和谐共存完全没有关系的世界中。

多亏了奥德修斯的足智多谋和他著名的木马,希腊人赢得了胜利,但战争仍在延续,极端混乱的第二幕上演:洗劫特洛伊。这完全失去了节制——留下了最肆无忌惮的僭越标记。希腊士兵十年的生命耽于如此凶残的境况中,肯定永远无法从那经历中恢复,已经变得比野兽还凶恶。当他们踏入那遭劫的城邦时,以此为乐:屠杀、凌虐、强暴以及摧毁所有美好的,甚至所有被奉为神圣的东西。埃阿斯(Ajax),最勇敢的希腊战士之一,竟然在祭祀雅典娜的神庙中强暴了卡桑德拉,即普里阿摩斯王的女儿、帕里斯的姐姐。女神不会接受的——更何况卡桑德拉温婉高贵。的确,卡桑德拉遭受阿波罗施于其身的不详厄运的折磨。这位音乐神迷恋上了她,而且为了赢得她的欢心,赐予其非同一般的礼物:预言未来的能力。卡桑德拉接受了他的礼物,但最后

---

(接上页注)本人有两个孩子,墨涅拉奥斯和阿伽门农,他们在特洛伊战争期间号令希腊人。不过阿伽门农返回之时,他的妻子克吕泰墨斯特拉(Clytemnestre)——被其丈夫将他们的女儿伊菲革涅亚(Iphigénie)献祭所激怒——与埃癸斯托斯(Egisthe)已经有染,这两人谋杀了他。他的儿子俄瑞斯忒斯(Oreste)反过来为父亲报仇,杀了他的母亲和埃癸斯托斯。俄瑞斯忒斯被审判,最终宣判无罪,结束了阿特柔斯世系中的可怕诅咒,这为无数的希腊悲剧提供了主题……

时刻拒绝接受他的求爱……这反过来激怒了阿波罗。为了替自己报复,他迫使其陷入可怕的命运中:自那以后她还有能力预言未来——因为礼物永远不能被收回——随之而来的必然结果是没有人会相信她!因此,卡桑德拉请求其父不要允许特洛伊木马进城徒劳无功,因为没有人听她的……

然而,没有理由强暴她,更何况是在雅典娜神庙。希腊人的行为都是这副德行——如此,奥林波斯神,甚至是那些一直支持希腊人反对特洛伊的神,比如雅典娜,都震惊于人类事务中的新混沌,比战争之混沌毫无意义地更上一层:构成真正高贵的是不仅在灾难中,而且在胜利中展示自身的高尚和宽宏——以及在那种情况下希腊人行事之备受谴责的方式。直白地说,他们的行为就像是下流胚。面对巨大的僭越之势,宙斯必须施以铁腕:在对特洛伊的洗劫最终完成后,当希腊战船决定航向故土时,宙斯释放了风暴。另外,为了绊住他们的归程步伐,他在他们的统帅中播下了纷争的种子,尤其是在他们两位最强大的国王之间,阿伽门农(在整个战争期间,他号令希腊军队)和墨涅拉奥斯兄弟,后者是斯巴达国王,被夺了妻子的丈夫,美丽的海伦中意帕里斯,抛弃了他……因此,这里我们至少有五种不同类型的混沌,一层一层地聚集且堆积着:苹果纷争、战争、特洛伊之劫、风暴以及统帅的争吵——奥德修斯试图返回故乡时的最初困难与后二者有着直接的关系。

不过,还有更糟糕的降临在奥德修斯身上:如我们一会儿会看到的,他在其征程中招致波塞冬无休止的仇恨,原因是他弄瞎了后者的一个儿子,名为波吕斐摩斯的独眼巨人的眼睛。在那一情况下,奥德修斯几乎没有其他选择:那独眼巨人是可怕的怪物,在其前额的中间,长着一只眼睛,吞食了奥德修斯的随从。弄瞎他的眼睛是唯一逃脱的方式。另一方面,波塞冬必须维护他的孩子,尽管后者行为不端,而且他内心永远无法原谅奥德修斯:从此以后,不放过任何机会,他竭尽所能使得奥德修斯的生存变得艰难,还阻止他返回伊萨卡。而且,他的威力相当了得,奥德修斯的苦难会验证这一点……

最终,混沌之最终但绝不是最小的显现,是荷马在其故事的开端提起、奥德修斯不得不在最后面对的:他挚爱的故乡伊萨卡的年轻人趁着他远征之际在他的宫廷中建立最难以想象的无序。他们确信奥德修斯早就死了,决定替代他的位置,不仅执掌岛国本身,而且还要他的妻子陪伴——后者千方百计保持对其丈夫的忠诚。他们被称为求婚人,或者觊觎者,因为他们既觊觎伊萨卡的王位,又垂涎珀涅罗珀的美色。与围攻特洛伊期间的希腊人没什么两样,求婚人的行为同样卑劣如猪:每天晚上都在她的宫殿闹饮狂欢,令她和她的儿子忒勒玛科斯感到绝望,后者依然太年幼,还不能独立将他们驱逐,不过他从早到晚都怒气冲冲、火冒三丈。求婚人狂吃烂喝,来者不拒,来之即食,饕餮无度,完全像在自己家中一样。他们慢慢地耗光了奥德修斯为家人积累的财富。当他们酩酊大醉之际,就像疯子一样又唱又跳,然后与侍女们乱搞。他们甚至下流地向珀涅罗珀献殷勤——简言之,他们让人无法忍受,奥德修斯的家,希腊人所称的他的 *oikos*(栖所),他的自然位置,本身从秩序转变为混沌。

当奥德修斯在位之时,他的家类似于一个小宇宙——一个微观世界——一个微小的和谐世界,有着宙斯建立的宇宙秩序的影子。而现在,自他离开后,所有一切都被颠倒了。如果我们希望继续类比,我们可以说,求婚人的行为就像是在城邦中的"迷你版堤丰"。对于奥德修斯来说,他的归程的首要目的是回到伊萨卡,以便将他的世界恢复到其正确的位置,重新恢复他的 *oikos*,他的家,将其本身作为一个宇宙——在其中心,我们的英雄完全是"神圣的"。而且,他经常被称为"神圣的奥德修斯",在荷马诗篇的开端,宙斯亲自宣称奥德修斯是所有人类之中最聪明的,因为他的命运就是在尘世中像神君在世界的层面上那样行事。他尽管是凡人,却是宙斯的一个缩影,正如伊萨卡是一个微型世界,他全部的目的,如果不是其整个生存的而是其竭尽全力返乡的目的,就是见证正义。换句话说是和谐——战胜机运,无论是凭借计谋还是力量。宙斯无法对这一计划无动于衷,那使其想起自己的历程。无论何时有需要,他会在征程中帮助奥德修斯返回,最终直面那些可怕的混沌和不谐的化身、那些僭越的求婚人……

## 第二个重大主题:两个陷阱,放弃作为凡人(不朽之诱惑)或者放弃世界(忘记伊萨卡并且不再归乡)

我们已经知道奥德修斯从何处来以及向何处去:从混沌

走向秩序——用他自己的话来说,那当然是人世的,但也反映了更宏大的体系。这是智慧之旅,苦难之路,极其曲折,但是其目标至少是非常明确的:在接受作为每一个人之命运的凡俗境遇的同时,达成良善生活。我曾经说过,奥德修斯不仅希望再次找到他自己的子民,而且想要使其城邦恢复秩序,因为只有与他人同处,一个人才是真正的人。孤独并且漂泊不定,与他的世界隔绝,他什么都不是。这是奥德修斯亲口说的,非常清楚,他向费阿克斯人(Phéaciens)的好国王、英明的阿尔喀诺俄斯(Alcinoos)诉说,他非常钦佩后者融洽并且和平的岛国治理:

> 没什么比此情此景更悦人,整个国家沉浸在一片怡人的欢乐里,人们汇聚王宫同饮宴,挨次安座把歌咏聆听[该习俗是一位被称为 aède 的故事讲述者,伴随三角竖琴咏唱他的故事,有些像中世纪的行吟诗人],面前的餐桌摆满了各式食品肴馔,司酒把调好的蜜酒从调缸[**在与水调和之前盛酒的容器**]舀出给各人的酒杯一一填满。在我们看来,这是最最美好的事情……任何东西都不如故乡和父母更可亲,即使他浪迹在外,生活也富裕,却居住在他乡异域,离开自己的父母。①

---

① 《奥德赛》,第九卷,6—11,34—36。——译注

良善生活是在自己的故土与自己的人民生活在一起,不过这个定义不应该在表面化的"爱国"或者"民族国家"的现代意义上去理解。奥德修斯萦绕于怀的不是那著名的现代准则,即由马雷夏·贝当(Maréchal Pétain)提出的"工作,家庭,祖国"。他自宇宙起源论中得到了世界景象之根基性的内容,即对于凡人来说,成功生活是与外在秩序协调一致的生活,家庭和城邦仅仅是后者最具体的表达,这不是政治意识形态。这个世界的宏大交响曲内,某一特殊生命的调谐中,存在着无数的个别性考虑需要协商,奥德修斯几乎要探索全部:一个人需要时间理解别人,有时与他们对抗或者学会如何爱他们;需要时间使自己变得文明,发现其他生活方式,其他文化,其他风光;需要时间知晓人类心灵在其最模糊外表下的最大深度;需要时间考验一个人面对苦难的极限。简言之,人不经历多重经验无法学会和谐地生存,这在奥德修斯那里占据了其生活的大部分。不过,除了其在人性意义上近乎启蒙性角色之外,甚至除了其宇宙起源学特征之外,良善生活这一概念也有一个恰当的形而上学维度。它与死亡本身的确定概念深刻地联系在一起。

对于希腊人来说,死亡的特征就是失去身份。已故的人首先是"无名的",甚至是"没有脸面的"。所有丢失性命的人都成为"匿名的";他们失去了个性;他们不再是人。在奥德修斯的归程中,当他被迫下到地狱,在那里不再活着的人打发着他们的时间,他被一种噬人且可怕的痛苦所控制。他惊恐地看着那些在地狱中的人群,最让他痛苦的是这些大批模糊的人影,他一个都辨认不出。使他恐惧的是他们发出的噪音:混乱地嘟哝、嚷嚷,某种减弱了的隆隆声,他从中无法识别任何人的声音,哪怕是有意义的只言片语。在希腊人的眼中,正是这种去人格化才是死者的特征,而良善生活必然意味着——就可能范围以及可能长的时间而言——这种地狱般空白的对立面。

个体之身份是由三个关键条件界定的。第一,在一个和谐群体,一个世界中的成员资格。再一次,人只有与他人一起才为人;流放中,他就不再是任何人,这是为什么从城邦中被驱逐对于希腊人来说被视为死亡惩罚的原因,那是能够施于罪犯身上的最高惩罚。不过还有第二个条件:记忆,或者回忆,没有它我们就不知我们是谁。一个人为了知道他是谁,以及他要去哪里,必须知道他从何而来:遗忘在这点上是生命中经历的最糟糕的去人格化形式。它是生命核心中的 *petite mort* (极乐死亡),遗忘者是尘世中最不幸的造物。第三,个体必须(本质上)承认普遍的人类状况,无须多讲,这意味着有限性本身:不承认死亡就是活在僭越之中,一种不节制和临近疯狂的自大状态中。任何拒绝死亡之人都将其自身视为他所不是之物——一位神,一位不朽者——就像一位疯人认为自己是凯撒或拿破仑……

通过拒绝卡吕普索的提议,奥德修斯接受了其有死性条件。他在记忆中保存着所有一切,并且只有一个坚定的观念:重新恢复他在世界中的位置,重整家园,在这方面,他是古代智慧的模范和原型。

但是,就在这同样的视角中,我们必须理解奥德修斯在途中遭遇的陷阱。它不仅仅是一个挑战问题(就像在一部戏剧或者西部片中),设计用来考验并且凸显英雄的勇气、力量和才智。在这里,我们有着无穷刺激的考验,同时被赋予了危险和精确的含义。如果奥德修斯的命运如同在史诗开篇中宙斯明确说的那样,是返回家乡,重整城邦中的秩序,由此重新找到在其子民中的正确位置,那么波塞冬在途中设置的障碍绝不是随便选中的。它们完全是被设计用来引导他偏离其轨道和命运的,使他失去对其存在的全部理解,阻止他获得良善生活。遍布其路途中的陷阱与归程的目的一样是具有哲理性的。因为,为了改变奥德修斯的命运,如果一开始像波塞冬那样放弃杀掉他的话,就只有两种选择:或者使其遗忘,或者以不朽之甜言蜜语诱惑他。① 这二者都阻止一个人成其为人。如果奥德修斯忘了他是谁,他也会忘记他要去哪里,并且永远都无法达成良善生活。但是,如果他接受了卡吕普索的提议,如果他屈从于不朽之诱惑,他会同样地不再为人。不仅是因为他会变成事实上的一位神,而且因为这一"神化"的状态,这种神圣性之转变将会成为放逐:他将不得不永远放弃与他的挚爱在一起,放弃他的位置,从而丧失了自我。

这一悖论充斥于我们的英雄之全部的轨迹中,并赋予史诗之整体的意义:通过接受不朽,奥德修斯实际上变得与一个死人

---

① 让-皮埃尔·韦尔南对此进行过充分探讨。

无法区分！他不再是奥德修斯,珀涅罗珀的丈夫,伊萨卡王,莱耳忒斯的儿子……他会成为无名的放逐之人,无名群体中的一员,宣布永远都不再是自己了——这对于希腊人来说提供了一个极佳的地狱定义。综上所述,不朽是针对神的,不是针对人的,不是我们在此生中费尽心力应该追求的东西。

这就是为什么在整个征程中威胁奥德修斯的是失去成功生活的两个构成元素:属于这个世界以及属于人类,同时作为一个宇宙和一个微观宇宙的一部分。奥德修斯不停地遭受遗忘的危险:在忘忧岛,那里的事物能使人进入忘川;或者当他们抵近塞壬之际,其歌声的诱惑使他们失去理智;或者他们处于被喀耳刻女神变成猪的危险时刻;或者当奥德修斯屈从于卡吕普索的魅惑时,在史诗的开始部分,荷马描述说,"一直用不尽的甜言蜜语把他媚惑,要他忘记伊萨卡",然而他"一心渴望哪怕能遥见从故乡升起的袅袅炊烟……"①奥德修斯还会受到另一种致命但却完全是人类睡眠形式的遗忘之危险——而此等意识的丧失会使得他的随从犯下致命的错误(我们将会看到),涉及风神埃俄罗斯(Eole)、太阳神赫利俄斯(Hélios)。所有形式的遗忘都是被诱之以放弃返乡的努力,这反过来对于奥德修斯意味着放弃其在经纬巨制中的位置。另一个危险同样严重:屈服于不朽之渴望,这对奥德修斯来说意味着失去人性。

试图将其征程的场景定位在任何现存的地图上是荒谬的,

---

① 《奥德赛》第一卷,56—59。——译注

原因也是如此。这从来不是可实行的,而且理由充分(它可能对这样的人是解脱,他们浪费了很多时间确证这是一次实实在在的旅程)。奥德修斯穿越的世界不是我们的真实世界。当然,《奥德赛》的作者,不论他是谁(不知道是否荷马事实上成就了这部著作,或者甚至是否有几位作者,这对于我们来说无关紧要),混合了现实和想象,以至于一些名字与那真实的地方相对应。有时我们能够确定一个特别的岛屿或城邦或山脉等等。但是我们的英雄穿越的这个世界之更深层的目的与地理关联甚少。它是一个想象王国,如果不是一个哲学王国的话,住满了这样的造物,既不是完全的人,也不是完全的神——费阿克斯人、独眼巨人、卡吕普索、喀耳刻、食忘忧果之人——他们全都是怪诞的、只应天上有的(在德语中,人们会说 weltfremd[理想王国])、超自然的。试图确定奥德修斯的路线是荒谬的、无意义的。这完全错过了真义,即奥德修斯有一段时间——他的征程时期——**脱离**了世界。也就是说他涉足两个世界,而运用他的勇气、机智以及他可能的坚韧,再次成为一个真正的人,并且重新进入真实的世界,这是他的抉择。

降临在他身上的最终危险就是那连为一体的可能性,即不再成为真正的人以及不再适应世界、宇宙,这也解释了他的征程和所遇到的存在物之不同寻常的方面。这是真正重要的(不是航行困难或者纯粹地地图阅读……)。奥德修斯会绕开这两处暗礁,他在地狱中碰到的预言者特瑞西阿斯也告诉他这样做,尽管有些模棱两可:首先,他会回到故土,经历可怕的考验;其次,他会终老而逝,不像阿基里斯……简言之,奥德修斯会恢复其人之为人以及他的世界:一方面是必死性以及人类之现实,另一方面是伊萨卡以及世界的一个角落的现实性,他能够而且必须恢复这里的秩序。总之,就是恢复真正的生活,至少是凡人的良善生活……

我们现在来看这如何实现,又付出了什么代价。

## Ⅱ. 奥德修斯的征程:走向凡俗智慧的十一个步骤

在引导奥德修斯从特洛伊回到伊萨卡、从战争到和平的行程中,我们可以辨认出十一个阶段或者事件。不过在荷马的著作《奥德赛》中,这些事件的呈现并不是"按照正确的顺序",即依照奥德修斯遵循的实际纪年;毋宁是以我们今天所说的回放来呈现它们。在电影中这指的是"倒叙":大致是,打断了纪年进程,转移到一个较早的事件或场景,解释我们如何到达当下时刻。具体来说,《奥德赛》开始之处是奥德修斯被囚禁在卡吕普索那里——这也是这部作品的起点——在那里,宙斯派遣赫尔墨斯命令这位宁芙仙女释放英雄。这正值她向他允诺不朽和永葆青春之际,而他拒绝了这表面上具有诱惑力但实际上却致命的提议。就在这一事件的同一时刻,我们迅即瞥一眼与卡吕普索和奥德修斯远隔重洋的伊萨卡,求婚人正在掠夺奥德修斯的宫廷,试图夺走他的位置和他的妻子。不过,到这一点为止,纵然征程绝没有结束,许多事情已经发生了。

第一,我们知道奥德修斯最终离开了卡吕普索的岛屿,在那里滞留了很长时间——大概七年,可能更长,也可能更短。因为在这个岛上,时间没有任何意义:它坐落在世外,遵循的不是普通现实的规则。不过卡吕普索不能忤逆宙斯。他必须服从且允许奥德修斯离去。她这样做了,心如死灰,因为她的确爱他,也知道从此以后她将孤独一人。不过她最终却欣然地那样做了。她给了他制造木筏的工具,一把斧子、上好工具、粗绳和木头。接着她给了他水、酒以及路上的食物。奥德修斯相信现在他最终能够返回故土了。但是,他过早地忘记了波塞冬依然对他怀有的仇恨,因为他的儿子独眼巨人波吕斐摩斯被弄瞎了,那发生在奥德修斯来到卡吕普索的岛屿之前。波塞冬从神界俯瞰着奥德修斯在荷马经常所称的"鱼游的大海中"扬帆远航……他的心中充满了可怕的愤怒。他意识到他的同僚,奥林波斯神利用他的缺席——他去了世界的另一边参加他的朋友埃塞俄比亚人的宴会——协商决定允许奥德修斯最终返回故土,然而波塞冬自始至终全力以赴阻止这种情形发生。他不能公开无视其他神,或至少宙斯的意志——要不然他现在肯定已经除掉奥德修斯了。不过,他却能够横插一杠子(可以说),而且通过沿途设下一系列的陷阱,相当程度上延长了返家的路程,这也是他从一开始就在做的。

如今,奥德修斯离开卡吕普索的岛屿已经有十七天了,十七个白天和黑夜,他尽其所能地划着他的小木筏前行,就在此时,波塞冬释放了最可怕的风暴。巨浪滔天,风卷残云。奥德修斯耐心地用绳子绑在一起的树干开始松散了,因为一只木筏注定无法抵御这样的风暴。最后,我们的英雄发现自己骑跨在一截横木上,经历了两天的磨难,他确信自己不可避免地要被淹死了。就在这时,一位海洋女神伊诺(Ino)助他一臂之力:她给了他一件白色纱衣,告诉他脱去他的破衣服,穿上这件纱衣游泳——无需恐惧,他不会受到伤害。奥德修斯犹豫了,暗自思量——在他的位置上你也会的——这是不是另一个阴谋,波塞冬除掉他的另一个诡计。另一方面,由于他实在没有其他选择,只有冒险一试。他要么被淹死,要么就将自己交给海洋女神。

这件事情做对了。没有费太大的劲,他最终抵达了岸边:一座很大的岛屿,居住着一个族群费阿克斯人,他们的国王是阿尔喀诺俄斯,王后是阿瑞忒(Arété),他们非常善良和好客。需要补充的是,在这整个事件中,雅典娜都照看着奥德修斯,确保他安全脱险。阿尔喀诺俄斯和阿瑞忒有个迷人的女儿名叫瑙西卡(Nausicaa),芳龄十四或者十六。她发现了奥德修斯,后者衣衫不整、筋疲力尽,糟糕透顶。他头发蓬乱,脸部肿胀,满是海水和污秽物的印渍,他看上去更像一个邋遢的人,而不是一位英雄。不过,雅典娜依然关注着整个事件。她驱散了瑙西卡的恐惧,使得她看见奥德修斯如其"所是",而不是外表。瑙西卡带他沐浴,穿上体面的衣服,涂上橄榄油,这一切使其恢复了人的样子……接着她带他去父母的王宫,在那里他受到了朋友式的款待。阿尔喀诺俄斯立刻明白了他面对的不是普通的凡人。他甚至提议奥德修斯与他的女儿瑙西卡结为连理,奥德修斯优雅地拒绝了,只是告诉他们真相:他的妻子珀涅罗珀、他的城邦以及他的儿子等待着他。不过诱惑还是巨大的,而遗忘的陷阱几乎甫开即合……

奥德修斯收到了华贵的礼物:赛事如火如荼,奢华的晚宴,宏大的盛会,其间一位歌手吟诵了特洛伊战争晚近的故事,没有这种吟诵者或者行吟诗人,希腊的宴会就名不副实。奥德修斯再也不能自持。他流下了眼泪——起初没有被察觉,因为他隐藏得很好——但是阿尔喀诺俄斯看到了,禁不住询问理由。现在奥德修斯揭开了他真正的身份:他实际上就是奥德修斯,特洛伊战争的英雄,吟诵者刚才唱的就是他的伟业。全部集会之人自然地屏住了呼吸。那不幸的吟诵者沉默了,因为他必须面对这样的竞争。奥德修斯被请求用自己的口吻继续那故事:还有谁能比他更好地叙述他自己的冒险呢?

那著名的倒叙就从这里开始,回顾过去将会让我们填补特洛伊战争和抵达卡吕普索岛屿之间的间隙,并且理解真正发生了什么(我们知道卡吕普索之后发生了什么,但对之前一无所知)。奥德修斯开始讲述整个故事,对着国王、王后以及他们的客人——所有人都被强烈地吸引着想知道接下来发生了什么。

他开始回想那桩桩事件,那最初的场景,即特洛伊战争结束了;可怕的洗劫终止并得到了控制,因为奥林波斯诸神对希腊人感到愤怒;就像我之前曾经描述的那样,宙斯制造了一场风暴,在希腊的国王之间制造不和。因此,奥德修斯的返乡之旅开始时就征兆不祥。他启程不久之后就更是如此,他与同伴停泊在一个敌对的地方,基科涅斯人(Cicones)的岛屿,这是一个战争种族,跟他们休战似乎完全是不可能的。又是战争。奥德修斯和他的同伴洗劫了这座城,就像他们洗劫了特洛伊一样,并且报复性地屠杀了他们的新仇敌,明显地只饶恕了一个人和他的家人:一个阿波罗的祭司马隆(Maron)。作为感谢,马隆给了奥德修斯不少用皮囊装着的美酒,非同凡响,既醇和又有劲,后来证实这非常有用……不过,我们不要提前透露。那时,奥德修斯和他的士兵们开始在海滩上进食。这是掠夺者们难得的喘息之机,但在那种情形下却不明智。一些逃跑了的基科涅斯人去后方请求支援:夜深人静时他们回来了,就像秃鹫一样扑向希腊人,这一次他们大开杀戒。幸存者尽其所能地飞奔着逃离了。他们跳上船,迅速离开了这个地方,除了马隆的酒之外,这儿显然没给他们带来什么好处。我们回到了冲突和混沌的古老时代。

然而,截止到这时为止,可以说,所有一切都是平常且可信的:我们面对的是一个真实的城邦(特洛伊),一个真实的王国(基科涅斯王国),真实的船,所有同样真实的人——暴力但却是"食面包者",意指奥德修斯和他的伙伴……处处肯定都有混沌,但是到现在为止,尚没有什么介入神圣领域。在奥德修斯征程的下一阶段,他就会离开真实的世界,进入虚幻的世界,在那里,他将面对的障碍不再是人类的,甚至也不是自然的,正确地说应是"超自然的":它的意义不再能够以地理学的术语表达,也不能以政治或军事战略的术语表达,毋宁说只能在神话和哲学的层次上来处理……

奥德修斯和他的伙伴再一次地出航了,用荷马的话来说,"悲喜绕心头,喜自己逃脱死亡,亲爱的同伴却丧生……"①基于与以前相同的理由,宙斯对于所发生的不太满意:希腊人看来杀戮之上又犯杀戮,无序之上再添无序,而这必须停止。他又一次释放了可怕的风暴。船帆被撕成碎片,这是暴风的威力。他们必须求助于船桨划行(希腊船使用两种推进方式)。奥德修斯和他的伙伴日夜不停、竭尽全力地划着船桨……直到他们再次抵达一处小岛。在那里,他们筋疲力尽,两天两夜都呆在沙滩上,除了睡觉什么也不能做,尽可能地恢复他们的气力。接着,在第三天,他们又出发了,但是海浪、激流以及风暴再次来临,将他们驱离航道。他们不知道自己在哪里,完全迷失了,没有办法找到他们的航向,原因在于:宙斯引导他们进入了世界边缘之处的水域,这给了我们关于他们最终登陆岛屿之特征的提示,那是在十天之后,又一次精疲力竭。

这个岛的居民实在奇特。他们不像普通的凡人吃面包或者肉类;而是以一种食物为生,一种花:罗陀斯(loto)。基于这个原因他们被称为罗陀帕哥伊人(Lotophages),这在希腊语中只是意指"食罗陀斯者"。在任何词典中你都找不到这种花的词条。它是一种想象的或者虚构之物,一种棕榈植物,有一个突出

---

① 《奥德赛》,第九卷,62—63。——译注

的特征:无论谁吃了它立刻就会失去记忆。完完全全地,他会变得完全失忆,根本就什么都不记得。既不知道他从哪里来,也不知道他在做什么,也不(甚至更少)知道他要去哪里。他满足于他的状况,这就是所有可说的全部。他拥有所有他需要的。当然,在这种既娇嫩又美味的花与其代表的对于奥德修斯的可怕危险之间,存在着鲜明的对比。如果他曾经不幸地尝了哪怕一点点,一小枝,他的命运就被颠倒了;他不再会有任何返乡的意愿,甚至不再保留有家的想法,而且任何获得良善生活的可能性都会永久性地从指间溜走。除此之外,他的三个伙伴已经尝了这种花草,后果是灾难性的。他们几乎记不起什么了。他们踱来踱去,脸上带着永远空洞的笑容,像个傻子。他们非常高兴地完全生活在当下时刻,不想再听人谈论返乡之事。如奥德修斯细致描述的:

> 当船员们吃了这种甜美的罗陀斯花,就不想回来报告消息,也不想归乡;只希望留在那里同罗陀帕哥伊人一起,享用罗陀斯花,完全忘却返回故土……我不顾他们哭喊,强迫他们回船,给他们戴上铁链,驱至船座下面,迅速地将他们捆系在船的中轴处;然后命令其他忠实的伙伴们赶快登上船只,免得再有人吃了罗陀斯花,忘记了归返。①

---

① 《奥德赛》,第九卷,94—102。——译注

这些忘忧岛之人毫无疑问是有魅力且优雅的,就像他们的罗陀斯花一样,但是奥德修斯非常清楚他与死亡擦肩而过,最严重的危险并不必然是那些以危险形式出现的:它们同样能够具有一种迷惑人的表象,而且犹如蜜一样柔软。因此,他重新出航了,心中稍安,迅速地逃离了。不过,他征程下一个阶段包含着更少掩饰且更为明显的可怕考验。经过几天的划行之后,奥德修斯和他的伙伴到达了下一座岛,"独眼巨人"也即库克罗普斯的岛。

这里也和忘忧岛一样,他遇到的是绝无仅有的存在者,然而更加令人不快。既不是人也不是神,他们简直无法归类。这是奥德修斯在他给阿尔喀诺俄斯和阿瑞忒的叙述中所描绘的:

> 之后我们来到了库克罗普斯的岛屿,一个自负且无法无天的野蛮种族,他们受到不死众神的庇护,既不种植庄稼,也不耕耘土地;但是大地无需耕种就物产丰富:大麦、小麦以及累累结果的葡萄,宙斯降下雨水促其成熟。他们既没有议事的集会,也没有议定的法律,只是各自住在挺拔险峻的山峰之巅,或者空旷的洞穴中,每一个都是自我立法,管束着自己的妻儿,不关心他人事情。①

---

① 《奥德赛》,第九卷,106—115。——译注

这些人显然和忘忧岛的人一样,并不是真正的人类。证据呢?他们并不耕种土地,而且他们没有法律。他们并不因此就是神,而我们顺便得知他们受到神的保护,而且显然得到很好的保护,因为他们的生存不需要耕种……实际上,我们处于中间世界——位于凡人和不朽之间——这是奥德修斯一旦弃绝人类现实,即他与基科涅斯人的血腥遭遇之后整个征程的特征。"独眼巨人"的岛屿长满了大地的果实。奥德修斯的伙伴去猎食,满载而归,装满了他们的船。人人都准备好启航了,唯独奥德修斯除外,他对于其他人的生活有着无法抑制的好奇心。他不仅聪明而且有智慧——对任何事情都感兴趣,经常用知识和经验丰富自我,扩展他的智慧视野。他这样对他的同伴说:

> 我亲爱的同伴们,你们在这里留待,我要带着我的那条船和船上的同伴们,前去探查那岛上居住的是些什么人——他们是强横、野蛮、不讲正义的族类,还是些尊重来客、敬畏神明的人们。①

这清晰地表明,他现在踏上的探险是完全关涉知识的——这里我们看到了希腊智慧的另一面相。一位笨伯是不知道如何找到良善生活的,而且,如果最终目的确实是找到其在宇宙秩序中的位置,这一使命之完成如果没有这样的一个旅程是不会发

---

① 《奥德赛》,第九卷,172—176。——译注

生的,它为个体提供了方法,用来扩展且丰富他的世界景象,以及他对寓居世界之中的存在物的理解。然而,这种健康的好奇心不是没有危险的,如同奥德修斯遇到独眼的波吕斐摩斯将会不幸地证实的那样。奥德修斯连同仔细挑选出的十二个同伴,探访了相邻的岛屿。他在这里发现了一处巨大的洞穴,顶部长满了月桂树:这里既是一个独眼巨人的居室,也是他的羊群晚上和他一起的庇护所:

> 那里居住着一个身材高大的巨怪,独自一人在远处牧放无数的羊群,不近他人,独据一处,无拘无束。他全然是一个庞然怪物,看起来不像是食谷物的凡人,倒像是林木繁茂的高峰,在峻峭的群山间,独自挺拔于群峰之上。

波吕斐摩斯实际上是像一座山峰一样的魁梧之人。在前额正中间长着一只眼,有着提坦神一样的力量,他实在令人恐惧,奥德修斯开始思忖是否他的好奇心最终没有给他什么益处……虽然如此,他还是想满足好奇心。鉴于波吕斐摩斯不在洞穴中,他的洞穴是空的——独眼巨人出外在邻近的地方放牧他的羊群呢——奥德修斯和他的同伴进入了怪物的巢穴。有一点要说明:奥德修斯特意随身带着若干羊皮囊装的酒,那是阿波罗的祭司马隆赐给他的礼物,因为奥德修斯慷慨地饶恕了他和他的家人。独眼巨人的洞穴中吃喝一应俱全:架子上放满了可口的干酪;围栏中挤满了小绵羊和山羊,金属的奶桶中装满了乳液,陶罐中也是如此……奥德修斯的伙伴们脑海中只有一个念头:自己享用这些美食佳肴,然后迅速离开那里,就不再会有问题了。但是奥德修斯对于这些奇怪造物想知道更多。他不会离开那个洞穴,除非看到波吕斐摩斯。这是他自身最大的不幸,而且首先是他这些同伴的不幸:他们在那残酷的情势中都失去了性命,因为波吕斐摩斯的确是一个怪物。

奥德修斯和他的同伴安顿下来等待着。当夜晚降临,他们点燃了巨大的火堆,一边取暖,一边吃着干酪打发时间。当波吕斐摩斯终于返回洞穴,突然遇见此种情形,他就开始破坏所有的待客之道。对于希腊人,至少对于那些像真正的凡人一样"食面包且畏惧神"的人来说,习俗要求,在询问陌生人任何事情之前,要给他们一些吃的、喝的作为开始。但是波吕斐摩斯的见面礼是审讯他们:他想知道他们的名字,他们是谁,从哪里来。奥德修斯断定这种遭遇不会顺利。他没有回答问题,代之以要求待客之道,顺便以隐隐的威胁口吻提醒波吕斐摩斯要尊重神。独眼巨人放声大笑:他根本就不喜欢神,哪怕是最显赫的神宙斯。在他嘴里,独眼巨人和他的同类比神更强大。仿佛是为了明确自己的意思,他抓住奥德修斯两名船员的腿,把他们头朝下扔到地上。在他们的脑浆流到地面之前,他把他们撕成了碎片,肢体分离,把他们当成了晚餐……完事之后,他伸了个懒腰,若无其事地睡了。

奥德修斯感到沮丧,满怀悲痛和愧疚之情,因为正是他的好奇心导致了其伙伴的死亡。起初,奥德修斯想用他的剑杀死波吕斐摩斯。然后又打消了这个念头:独眼巨人有着无法想象的强力,已经用一块巨大的圆石堵住了入口,奥德修斯和他的伙伴即使合力也不能够移动哪怕是一寸的距离。就算他成功地杀死独眼巨人,他也会永远地困在巢穴中。因此,他必须找到替代性途径。战战兢兢地等待了一个晚上,迎来了同样可怕的白天。事实也证实了这一点,因为波吕斐摩斯吞了奥德修斯另外两个同伴作为早餐,还是那同样的血腥过程。接着他心满意足地出去放羊了,仔细地用一块巨石封住了洞穴入口。逃脱是不可能的,奥德修斯思忖着,想了个主意。他注意到一块巨大的木头搁在羊群的围栏边,是某种巨大的橄榄木,就像奥德修斯的船的一根桅杆那般巨大。他们用剑砍它,将一端削尖了,就像一根巨大的铅笔。这木柱被完全地磨光之后,他们将其放在火中,尽可能地在火中使其变得坚硬……

波吕斐摩斯终于返回,而且习惯性地,奥德修斯的另外两位船员成了献祭给他的晚餐。然后,奥德修斯遵照其计划,给他呈上一些酒,即马隆给他的甜美但非常有劲的琼浆玉液,如我所说,这在某一天终会证明是有益的。独眼巨人从来没有尝过比这更好的,满满地喝了三四碗,一碗接一碗,结果他现在完全醉了。他请奥德修斯报上自己的名字,承诺如果他回答了,独眼巨人就送给他一件贵重的礼物。奥德修斯立刻回答了一个编造的名字。这是他的谋略的第三也是最后一部分:他叫"无人"(*outis*,这个词在希腊语中不可避免地使人想起 *métis*,或者聪慧,这二者非常接近)。讽刺的是,独眼巨人回答说,既然奥德修斯非常谦和地告诉自己的名字,他给"无人"的大礼将是在所有的同伴中最后吃掉他。随着一阵巨大的笑声,他伸展了四肢,立刻进入宿醉状态,慢慢消化那酒和他刚才吃的人肉……

奥德修斯和他的伙伴重新将木柱插入火中加热。现在它已经坚硬如青铜,锋利如长矛。木柱已经开始发红;是时候行动了。得益于他的伙伴的帮助,奥德修斯紧紧抓住他的新武器,并且将其猛地插入那怪物的眼中,同时还使劲地旋转它。那情形变得令人惊恐:独眼巨人的血喷了出来,而且汩汩涌动;他的睫毛烧了起来,变成了灰;他的吼声震耳欲聋。他拔出木柱,绝望地寻找凶手,想置他们于死地……但是完全没用,因为他现在彻底瞎了,你可以想象其他人是怎样地退避三舍,静静地藏身于洞穴中最隐蔽的角落。无论波吕斐摩斯如何努力,他都不能抓住他们。因此他将那巨石推开,打开洞门大声求救。他用尽全力地呼喊。独眼巨人的同伴们火速赶去帮忙,问他发生了什么:他是因为诡计还是强力受的伤?是谁?波吕斐摩斯当然回答说,是因为诡计而受伤,是"无人"干的,他认为这是奥德修斯的名字。其他的独眼巨人听了他的话,他们不明白,"如果没有人伤害你,"他们告诉他,"那么,我们就没有什么可为你做的了,你必须尽你自己所能去做!"然后他们就离开了。

所有人都抛弃了他,波吕斐摩斯用身体堵住了洞穴的入口,下定决心不让任何人(的确如此)离开,用最残酷的方式报复他们。但是奥德修斯思虑周详。他把绳子连接起来,把公羊拴在一起,三只一组。他们紧紧地抓住公羊的腹部,从下面偷偷地溜出去,通过这种方式没有引起巨怪的注意离开了洞穴……所有人都逃出来了,他们尽全力冲向在山脚下等着他们的船。

然而,奥德修斯不希望事情到此为止。他忍不住冲着波吕斐摩斯发泄他的仇恨:如果他没有亮明自己的身份,惩罚不算彻底地完成。独眼巨人必须知道他是被谁战胜的。因此,奥德修斯跑回到安全之地时,转过身来对着波吕斐摩斯的方向喊道:"记住这一点,你这可怜的白痴:是我,奥德修斯,不是'无人'惩罚了你,你活该瞎了眼睛。"就奥德修斯而言,这是个错误。他不应该屈从于僭越的这种隐秘形式,以夸口的名义行事。他最好是保持沉默,悄无声息地离开,而且,他的同伴也请求他这样做。但是,我们不得不承认,奥德修斯珍视自我,而那在他返乡的每一时刻都危如累卵。波吕斐摩斯当即把一座高山的山顶折断,朝着他刚听到的声音传来的方向扔过去……几乎砸中了船。更糟的是,他向他的父亲波塞冬祈祷,祈求他反过来惩罚这无礼之徒,他竟敢袭击波塞冬的儿子。他是这样说的——我引用在这里,因为它们清晰地指出,现在等待着奥德修斯的那些曲折的障碍:

> 听我祈祷,波塞冬,绕地神[波塞冬是海神,但同样统治着大地,因为所有的河流属于他,还因为用他的三叉戟也能够制造地震]和黑发神,波塞冬,听我祈祷!要是我真是你的儿子,你承认是我的父亲:就请你不要让奥德修斯返回家园,就是那攻城掠地的莱耳忒斯的儿子,家住伊萨卡!但是

> 如果命运注定他重见他的亲人,回到他的宽敞家宅和故乡土地,也要让他遭灾殃,失去所有的同伴,独自一人乘着陌生人的船只,到家后也要遭遇不幸。①

实际上,这就是等待着奥德修斯的命运。他肯定会返回家园,但是只有在历经无数的磨难之后。他的所有同伴都将丧失性命,没有例外。他的船会毁坏,乘坐着从费阿克斯人借来的船,他返回伊萨卡,看到的只是完全的无序(波吕斐摩斯的祈祷得到了响应)……截止到现在这程式化的术语都是规范性的:奥德修斯和他的同伴又一次出航了,"悲喜绕心头,喜自己逃脱死亡,悲失去了同伴……"②

我会简要概述归程中接下来的四个阶段。

奥德修斯抵达了风神埃俄罗斯的岛屿,受到了他的欢迎。一位慷慨的主人,他甚至赐给他最珍贵的礼物:一只紧紧封住的皮袋,装着所有对于奥德修斯归程不利的风。他只是让自己被海面上刮着的风牵引着:它们温顺且刮向正确的方向,因此他十分确信会安全且准确抵达伊萨卡。没有比这更好的了。奥德修斯对他感激涕零,重新起航,时时刻刻都紧握着这份贵重的礼物。但是他的船员并不是非常机灵,相信袋子中装的是宝藏,奥德修斯想要独占。他们禁不住好奇心,利用那位英雄一瞬间的

---

① 《奥德赛》,第九卷,527—535。——译注
② 《奥德赛》,第九卷,565—566。——译注

疏忽——奥德修斯被睡意侵袭——就在伊萨卡的海岸已经在视野中出现之际,他们打开了皮袋。灾难啊!逆向的风被释放出来,船无法控制地被驱离了轨道,重新漂向广阔的海洋。奥德修斯悲中带怒,首要的是绝望又失落。他对自己感到愤怒;他不该让自己睡着了,丧失警惕,因为睡眠是一种遗忘形式,遗忘自我和世界——毫无疑问是短暂的,但足够让所有事物重新变成灰烬。当船被吹回埃俄罗斯的岛时,无论他如何央求,风神都不会再听一句话;如果奥德修斯有这么坏的运气,那最可能是因为比埃俄罗斯更强大的一位神对他感到愤怒,有人与神对抗,什么事情也做不成……

由此,奥德修斯和他的同伴又一次偏离了轨道,完全迷失了。经历了六个筋疲力尽的日子,机缘巧合,他们抵达了新的岛屿,是莱斯特吕恭人(Lestrygons)的。在其归程的这一阶段,奥德修斯依然是一个严格意义的舰队的首领,有几只船舶,它们相互并拢着停泊在一处隐蔽的小海湾,那构成了天然的港口,这里一切看起来非常安静。奥德修斯与以往一样小心谨慎,仍然决定让他的船只离得远一些,停泊在一处小港中,用牢固的绳子系在岩石上。他派了三个同伴勘察周围情况。在一个村庄附近,他们看到了一位年轻的女子,实际上是一位女巨人,她正要去水井取水。虽然非常年轻,她却有一棵长成了的梧桐树那么高。她是这个地方的国王、莱斯特吕恭人安提法忒斯(Antiphatès)的女儿,她答应带他们去她父亲的宫殿。在那里,这些不幸的人见到了她的父母亲,两位如山一般高的奇怪生物。安提法忒斯没有浪费时间在社交细节上。他抓住一个船员,使其遭受与波吕斐摩斯施加于奥德修斯其他同伴的相同命运:他在地上碾碎了他的头骨,并将其整个吞食了。如同荷马所说的那样,这些人不是"食面包者",简而言之,他们根本就不是人类而是怪物。所有的人必须迅速逃离他们。但是已然太迟了。村子里的其他怪物俯瞰港口,跑了过去,同样地,他们正在渴求着分享一份血肉呢。他们抓起巨石,朝着船扔过去,船员被压成肉饼,桅杆和船身遭到了破坏。这场屠杀实在骇人。片刻的功夫,所有的船都被毁了,而船员即刻就被吞食了。奥德修斯好不容易逃脱,乘着他的船,还有几个其他幸存者。看到如此可怕的场景,他挥剑一击砍断了绳索,以最快的速度驶向宽阔的大海,又一次地,"悲喜绕心头,喜自己逃脱死亡,悲失去了同伴……"

在大海上过了几天,另外一座岛屿出现在视野中。奥德修斯已然无法弄清自己的处境,但是他们需要补给,水和食物。他们决定靠岸,两天两夜的时间,筋疲力尽的奥德修斯及其船员慢慢地恢复了力气。他们驻留在海滩上,没有涉足岛屿腹地。第三天,奥德修斯的好奇心占了上风:他派遣两个船员去打探。可以看到远处的烟囱冒着烟,走近房屋,在路上他们看到了狮子和狼,正在大摇大摆地走来走去。起初他们感到惊恐,手按住剑,准备攻击,但是没发生这种情况。除此之外,这些普通的野生动物有种表情——可以说是眼神——非常奇怪:既意味深长又充满哀求,几乎就是人类的。它们像小狗一样温顺,径直走近,在船员的腿上蹭来蹭去,他们不敢相信自己的眼睛,只有沿着路继续走,耳边传来某种声音,超脱尘世之外,魅惑诱人,从那房屋中飘出。

这是女巫喀耳刻的声音,美狄亚(Médée)(另外一个女巫,我们在后面另外的背景中会遇到她)的姑母。喀耳刻独自一人在她的岛上有些无聊,有这些新客人的陪伴,她心存感激,首要的是在她空闲时留住他们。她邀请船员们坐下来,并给他们一些茶点。他们开始感觉到不适。这是一种魔力药水的效果,它会把所有喝了药水的人即刻变成动物。那魔杖轻轻一击,奥德修斯的伙伴变成了猪。喀耳刻轻柔地将他们引到猪圈,在那里她会给他们水和适合猪的橡树果。他们外表的所有方面都像是真正的猪,除了内在心灵还是人类的。他们的心智没有受影响,惊恐地看到自己变成了这种新的样子。现在,他们突然明白先前路上遇到的狮子和狼那般温顺的原因了:它们明显地也是人,喀耳刻把他们变成动物作伴。

幸运的是,有一个船员欧律洛克斯(Euryloque),察觉到了其中的陷阱,拒绝喝下喀耳刻给他的魔药。他溜走了,并且撒开腿,以最快的速度跑回到奥德修斯那里,把他看到的所有事情向他做了描述。奥德修斯抓起他的长矛和剑,前去解救他的同伴。当然,这是勇敢行为,但实际上他不知道怎样着手把他们解救出来。一如既往,当某一困难难以克服之际,奥林波斯神就会显现,施以援手。赫尔墨斯基于宙斯之命介入了。他赐给奥德修斯某种解药,一点香草,只要迅速服下,就能使他抵御喀耳刻的魔力。赫尔墨斯还给了他一些建议：当他看到喀耳刻时，必须喝下她的药水。他不会有什么事的，喀耳刻那时会知道他是谁。他必须站起身，用他的剑威胁她，就像要杀掉她一样。接着她就会释放他的同伴，恢复他们的人形。不过作为交换，她会请求奥德修斯与她行床榻之欢。他必须接受，但是有一个条件：她必须对着斯提克斯河发誓，不能再加害他和他的同伴。

所有事情都按照预想的那样进行，不过由于喀耳刻非常漂亮——是一位女神，就像卡吕普索一样——奥德修斯宁愿陷于温柔乡。基于此，他整整一年的时间都留在她的怀抱中，爱意荡漾，同吃同喝，共赴梦乡……每一个新的日子，同样的剧情都在上演。再一次等待他的当然是遗忘的诱惑。喀耳刻竭尽所能使他停止了思考，首要的是停止思念珀涅罗珀和伊萨卡，为的是他会一直留在温柔乡中陪她。又一次，奥德修斯差一点遭遇了灾难——一种不易察觉、具有欺骗性的肯定存在的灾难，但依然是灾难性的。这一次，是他的船员们救了他。他们开始变得不耐烦了，甚至反叛，都不愿意和喀耳刻呆上一个夜晚……因此，他们选派代表去奥德修斯那里，要求他回到船上来。

出乎所有预料之外，喀耳刻友好地接受了要求。毕竟，你不能强迫留住爱人，如果奥德修斯不惜一切代价要返归，那他就应该启程！这大致就是她亲口告诉他的。奥德修斯作好了出发的准备，但是他依旧不知道他在哪里，根本就不知如何着手确定返归路线。喀耳刻会帮助他,不过她提供的建议让他心惊胆战:他必须找到地狱即死者王国的入口,并且去见特瑞西阿斯,所有预言者中最著名的那位。唯有特瑞西阿斯才能告诉奥德修斯在其余下的征程中将要发生什么,以及如何判明他的方位……说奥德修斯对于由喀耳刻开启的凶险前景缺乏热情,这是轻描淡写的说法。不过,对此别无良策,他必须上路了。

正是在这里,那著名的奥德修斯之降临地狱发生了,经常被称为 Nekyia("地狱之旅")。我不会再去回溯奥德修斯看到这些影子人时所遭受到的恐惧,他们发出永久的嘈杂声,既混乱又不祥。再一次地,死者的特征——以及使英雄感到惊恐的——是他们缺乏个体性。让他们恢复一点生气,以便他们显现外貌,只有一种方式:献祭一只公羊,并且让他们吞咽一杯热血。正是凭借这种方式,奥德修斯成功地与特瑞西阿斯交谈,接着和他的母亲安提克勒亚(Anticlée)交谈,他徒劳无益地想要拥抱她:一旦拥她入怀,他就扑空了。死者只是阴影,不再有任何真实。也是在这里,在地狱中,阿基里斯说出了那可怕的坦率言辞。它将战士的英雄主义神话碾成齑粉:他宁愿选择无数次地成为最卑贱农民的活着的奴隶,也不愿成为死者国度中最荣耀的英雄。我已经说过,奥德修斯从特瑞西阿斯那里得知,他最终会返回故国,但只是在目睹他的所有同伴死亡且失去他的船舶之后。归程得到了保证,但是路上将会走得非常艰难,都是因为波塞冬,他依然决心要为他儿子的瞎眼报仇……

接下来的情节耳熟能详,而且经常重复讲述,因此,在这里简要叙述即可,没有必要说得更多了。奥德修斯和他的同伴首先遇到了塞壬,这些鸟状妇人(不是经常被认为的美人鱼),她们的歌声有着致命的诱惑性:它的魅惑力驱使船员无法阻挡地划向暗礁,他们会在那里失事。她们的外表具有强烈的吸引力,但她们是令人恐惧的,正如这一事实所表明的,她们的周围到处是岩石,其间遍布白骨和腐肉。一个细节尤其吸引了我们的注意:为了保护他的船员,奥德修斯用蜡封住他们的耳朵。通过这种方式,他们不用冒险屈从于这些鸟状妇人的凶恶吸引力。不过,另一方面(就像在他遇到波吕斐摩斯或者喀耳刻一样),奥德修斯想要亲自听那歌声,无论任何代价:他的求知和体验意愿依然没有减少。因此,他让别人用绳子把自己紧紧地绑在桅杆上,而且命令他的同伴,如果他有着让自己被松开的疯狂想法,就把他捆得更紧些。塞壬的歌声自然不能被认为让他无动于衷。仅仅听了一会儿的歌声,他就情愿放弃所有,加入她们,但是这一次,他的伙伴们知道该怎么做。他们如承诺的那样,把将他绑在木杆上的绳子勒得更紧了,他们的船没有意外地划行通过了。从此以后,奥德修斯成为唯一听了塞壬歌声活下来的人,而且在他有生之年一直如此,就像他是为数不多的几个人,生前到达地狱,并且在某一天又一次也是最后一次重返那里。

奥德修斯又一次回到喀耳刻那里,后者补充了特瑞西阿斯的预言,并且给了他一些其他建议,之后他们又一次出航了。接着发生了撞岩的一幕,①任何船只要涉险在其间穿过都会被毁坏,更加危险的是在他们的路程中还有两个可怕的造物:卡律布狄斯是一只母怪,嘴巴奇大且贪婪无比,会吞食任何在其附近之物,形成了一个永久性的巨大漩涡。远离海岸无疑就能避开她,但这种情形下,倒霉的船员们就会靠近另一只母怪斯库拉,在她极其丑陋的身体上方长着六颗骇人的狗脑袋。从这一双怪物我们衍生出了一句习语:才出龙渊,又入虎穴。奥德修斯六个船员的脑袋被抓住,而且就在斯库拉的口中令人无法接受地丧了命。特瑞西阿斯的预言开始实现了,而奥德修斯意识到他的确非常有可能独自一人返回他的家园。

他恢复了气力,在赫利俄斯的岛屿停泊。这里满是健壮的公牛,不过它们是神圣的动物,属于赫利俄斯,绝对禁止触碰。它们的数量甚至有着宇宙涵义,与一年的天数相等。而且,由于赫利俄斯是天眼,在这个地方行为不轨的确是愚蠢的。喀耳刻毕竟已经给了他们食物——他们还需要什么呢!但是,一阵南风阻止他们扬帆前行,耽搁了一个多月。食物短缺,船员不再克制自己。一个晚上,当奥德修斯睡着了,他的同伴们守夜时——睡眠再次象征着遗忘的诱惑——他们做了不可饶恕之事:将一头健壮的公牛给烤了,接着又烤了一头,好好地饱餐了一顿。奥

---

① 根据荷马的《奥德赛》,喀耳刻给奥德修斯的预言是,在从塞壬旁边驶过之后,有两条道路需要奥德修斯做出选择,一条道路通向撞岩,另一条通向斯库拉和卡律布狄斯。参见第十二卷,55—125。奥德修斯没有选择撞岩之路,而是另外一条。参见第十二卷,201—221。——译注

德修斯被烟的味道熏醒,火速赶来。太晚了,他赶来只看到大祸已经酿成。他命令所有人回到船上,不过宙斯理所当然地总是惩罚罪行。他又一次释放出了可怕的风暴。奥德修斯的所有伙伴都溺水而亡。他独自一人幸存下来,抓着一根圆木,一直漂浮到卡吕普索的岛屿,这位迷人的仙女将他囚禁了很多年。

因此,一个循环完成了:我们发现自己回到了整个叙事的起点。奥德修斯离开卡吕普索并且抵达费阿克斯人的岛屿,完成了征程,我们已经描述过那落难的情形,从那里他最终扬帆航向伊萨卡,雅典娜对他施以援手,直到最后:杀掉了求婚者,与他的儿子、妻子和父亲重新团聚,并且重新将秩序带回他的 *oikos*:他的家庭,他的王国……一旦奥德修斯抵达费阿克斯人那里,我们就要离开归程中与我们最有关联的这系列事件了。

作为结论,两项最终的评论强调这一原初归程的哲学影响:第一,涉及到荷马著作的"乡愁",无论是想象的还是真实的;第二,涉及到奥德修斯对他周围的人,尤其是对于女性的诱惑。

## 说"乡愁"正确吗?如果正确,是在什么意义上?

就像经常对《奥德赛》的评论那样,说"乡愁"标志着奥德修斯的动机,这正确吗?乍一看,我们可能会被诱导说是的。这个词本身听起来是希腊的,看起来是由 *notos*——这源自 *nesthai*,"返回家园",这个动词反过来借自 Nestor(涅斯托尔),"他得胜归来"——以及 *algos*,"苦难"构成。因此,乡愁就是返归的痛苦期望。难道不正是这驱动着奥德修斯吗?热切但经常被阻挠的意愿,回到他原初的离开之所,"返归"——或者采纳德国浪漫主义者的术语,成为 *bei sich selbst*(凭借自身的):接近自我本身?

然而,最好是小心行事,不要让我们被一种魔术公式所迷惑,首先,因为"乡愁"这个术语不属于古希腊语的词汇。在《奥德赛》中找不到这个术语,它也没有出现在任何古典文本中。事出有因。它只是到了很晚的 1678 年,由一位名叫哈德尔(Harder)的瑞士医生创造,为了翻译一个注定会在几个世纪中越来越重要尤其是在 20 世纪更是如此的术语:*Heimweh*,在当代法语中相对应的是"思乡"(这种表达只出现在 19 世纪,但是在 18 世纪的时候,可能会用法语说 *maladie du pays*:思乡病)。

如果我们离开语文学和历史的山丘,寻求更高层次的哲学,我们实际上能够辨认出三种不同形式的乡愁,对此,米兰·昆德拉(Milan Kundera)的著名小说《无知》——它的主题是乡愁——并不总是能够辨认出。首先,存在着一种纯粹情感的乡愁,它对所有过去的快乐感到痛惜,任何类型的:家庭的安乐窝、童年的假日、往日的情怀……我们所有人在某种程度上都感受到了这一点。其次,存在着历史-政治的乡愁,是"复古"这个术语的本来意义上的,那是所有复兴或者"复归秩序"背后的驱动力,它用一种昔日的语言最充分地表达自身,比如,拉丁文警句 *laudator temporis acti*(赞美往昔之人),它被哲学家卢西安·让菲尼昂(Lucien Jerphagnon)用来作为非常优秀的一部文选的标题,其含义非常简单:"我们昔日更好"——在亚特兰蒂斯(Atlantide)的时代,或者现代文明之前,工业化之前,城市变得太大之前,污染之前,资本主义之前,等等。在19世纪德国或者瑞士的这种精神中,浪漫主义运动已经在其花园的底层建造了现成的古代遗迹,而不是新潮的凡尔赛宫几何大道。通过这种方式,他们试图激发往昔时光的观念,在那个时代,人们活得更好,或者说,只是比今日好:更高贵、更高尚、更自由、更勇敢、更有教养,等等。最后,即使这个术语不确切,或者至少有些时代错乱,依然存在着希腊人的乡愁、奥德修斯的乡愁,这首先是一种宇宙性痛苦,在我暂时从亚里士多德那里借来的一个公式中得到了很好的概括:*phusis archè kinéséos*,或者"运动是自然原则"。这意味着我们在本性上是运动的,就像在《奥德赛》中,要复归我们背井离乡之地,即伊萨卡。对于这位英雄来说,归程的目的就是重新找到他与世界秩序遗失的和谐。

不是爱驱动着奥德修斯。他从未关注过忒勒玛科斯,也很大程度上忘记了珀涅罗珀,而且,只要机会出现,他不断地背叛她。更谈不上他被一种恢复先前政治现实的旨趣驱动了:如果他想恢复自己家园的秩序,不是通过革命或者世界的某种现代化梦想来扭转某种衰落或者萎靡不振的其他什么。不是,从根本上推动奥德修斯的是返家的愿望,是与世界和谐共存,对他来说,这一和谐甚至比卡吕普索允诺的不朽更有价值。换句话说,如果奥德修斯接受他的凡人状态,这并不会成为一个更糟的情形,相反却是为了更圆满地生活。如我之前所说,赐给他的不朽之选择会由于使其与他人分离,与世界分离,而且最终与自我分离,从而使他失去人格。因为他天生不是卡吕普索的一个情人——某个背叛自己家庭之人,忘记了故乡,满足于四海为家,偏居他乡,和一个他并不真正喜欢的女人在一起……不,这不是奥德修斯!为了成为真正的自我,他必须接受死亡,不是拒绝,而是相反将其作为驱动力:这驱使他不惜任何代价去再次寻找到他的原初起点。这是那位智慧之人如何必然与经统纬治协商达成的,直到目前为止,我们只是从神的视角对此作了思考。奥德修斯是死亡智慧以及俗世精神的体现,希腊神话将此间接地遗传给西方哲学。必须承认的是,奥德修斯所拥有的这种智慧——奥德修斯可能是文学作品中第一个完美表现这一点的英雄——依然散发着强大的吸引力。

## "扩展性思维",或者奥德修斯的诱惑

众所周知,奥德修斯是机智的。而且,我们也已经证实,他是强壮的、多谋的、勇敢的。所有这些让人印象足够深刻。但是还有:奥德修斯是一个"真正的"人,就像我们在感情小说中所说的:既不是不朽的,也没有忘记他在世界中的位置——智慧、阅历丰富,以及由此而极具诱惑力。如我曾说的,他同样有着自然的好奇心:"见识过不少种族的城邦和他们的思想……"[①]他喜欢理解、求知、探寻——国家、文化、与他自己不同的造物。正是在史诗的开篇几行中,我们得知,他不仅是"足智多谋之人",不只是"特洛伊的毁灭者"。他有着最高程度的康德所称的"扩

---

① 《奥德赛》第一卷,3—4。——译注

展性思维"：对他人感兴趣，这种扩展其视野的不变意愿，使他在卡吕普索和波吕斐摩斯那里陷入麻烦，但也使其最终成为一个真正的人，一个没有女人可以拒绝的人，因为他是多面性的，而且因为他有无数的故事要讲。

有一天，一位法国记者问了我一个奇怪的问题，立刻触动了我。我正在谈论所谓"扩展性思维"——关于奥德修斯，似乎还有维克多·雨果（Victor Hugo）——她直白地问我：究竟为什么"扩展"一个人的思维如此重要？她指着附近的科巴卡巴纳（Copacabana）海滩，那里有很多年轻人，无忧无虑且正派得体，晒成棕褐色，快乐地过着他们的生活，就像参加一场天真且永久的竞赛：为什么要将他们从这快乐的忘我中惊醒呢？而且，首要的是，即使我们能够想到一个充分的答案，我如何能够劝服他们离开他们的沙滩和他们的竞赛，投身于荷马，或者自己离乡背井扩大他们的视野，如果只是智识上的？我立刻想起了可能会是奥德修斯或者雨果给的回答：没有女人能够长时间地与一无所知且无话可说的被宠坏的人生活在一起。如果他非常年轻且英俊，她会喜欢与其同床共枕，就像围在奥德修斯同伴身边的宁芙仙女所做的那样。但是，面对诸如喀耳刻或者卡吕普索这样的女神，面对像珀涅罗珀这样有着强大心灵的妻子，这样的年轻型男不匹配。这就是为什么奥德修斯战胜了那些年轻富有，而且可能是强壮英俊的求婚者的原因。他不仅凭借的是机智和力量（这毕竟是诸神的天赋），而且是通过那经过磨炼且有所建树之人的迷人魅力：这种魅力是内在的，来自于他的征程和磨难，来自所有成就他的——不是来自神或者其他什么地方。奥德修斯曾经可以永葆年轻、英俊和强壮。我们不要忘了,是在历经所有事情,直面死亡之后,他选择作为一个凡人变老,因为,基于平衡,这样的命运尽管本质上是灾难性的,却是成就人性的条件,后者单独就能够使一个男人变得真正独一无二,且凭借这一特征就令人无法抗拒。

事实依旧是,奥德修斯的抉择尽管是最深思熟虑的,也是极为勇敢的。不是我们所有人都能如此,而且如同他在征程中每个转折点上所承受的考验中清楚表明的,智慧不会唾手可得。据此,毫无疑问,僭越之诱惑,不节制和自负的倾向使我们都相信,我们能够将自己提升到神的行列,尽管没有哪一方面配得上。而且,正如我们一会儿会看到的,在希腊的世界中,这一瑕疵从未被宽恕……

# 第四章
## 僭越：宇宙受到重归混沌的威胁
### 或者缺乏智慧如何损害了凡人的生存

我已经提到，在德尔菲神谕所——为阿波罗的荣耀而建立的最有名纪念建筑之一——刻在石碑上的格言如何铭写着希腊智慧的教义。其中至少有一句直到今天依然脍炙人口："认识你自己！"它昭然于世，还有其必然的结论，显然更加神秘难解，但实际上意指同样的事情，"凡事忌极端！"如我曾经顺便提及的，这些主旨的含义随着时间的流逝变得模糊了，今天它们的真正含义经常被误解。我们有着神话"心理分析"的现代倾向，按照心理分析模式，以一种现代倾向来解释古代智慧的教益。这实在是一个明显的错误。尤其是著名的"认识你自己"——被哲学的奠基者之一苏格拉底①所采用，作为他的思想的主导性箴

---

① 在苏格拉底那里，这一格言(无论如何都没有"心理学"的维度)已经呈现出与其最初在古希腊文化中具有的稍微不同的含义：它和一种特殊的真理概念联系在一起，这是柏拉图从事的一种理论，有着多重且深刻的后果。根据这一理论，我们先前知晓真理，但是忘记了，现在这样的知识在第三阶段（**转下页注**）

言——经常被解释为意指我们必须竭尽所能"发现"我们自己,或者用分析术语来说,"揭露我们的潜意识,如果我们想要在此生中取得任何进步,不要惧怕被压抑的东西重新出现"。在希腊世界,"了解你自己"的训诫与这一现代祷文毫无关系。恢复其真正的、原初的含义是重要的,并非出于迂腐之故,而是因为它提供了(如我们将会看到的)珍贵且重要的线索,甚至是不可或缺的,如果我们想要理解整个重要神话群的话,稍后我将对此描述。

在古希腊文化中,这一训诫在其起源之际有着清晰的含义,即使对于最谦虚的公民来说:我们必须留在我们被指定的位置,不要去"越过自己"——今时在乡村社会中,描述某人自大、傲慢,某人自视甚高依然会这么说。而且另外一个现代习俗与我们正在试图重现的内容非常相符,还同等地使用了空间比喻:"使某人安分守己"——指的是我们"给某人以教训",我们"煞煞某人的威风"。这一表述,就像"凡事忌极端",促使我们在世界秩序之中发现自己的界限,为的是反抗僭越,反抗这种自负或者

---

(接上页注)以"回忆"的形式出现,是某种"无法忘记的"或者"重新记起的"事物,它就内在于我们,而我们对此并不知晓。苏格拉底正是用"重新认识"的真理概念的术语来回答有名的智者悖论,即寻找真理的人永远都找不到:实际上,如果他正在寻找它,这意味着他不曾拥有它。为了能够将正确的意见与到处都可以发现的错误意见区别开来,他需要一个标准……这本身是一个真理标准!因此,在这稍稍专业化的意义上,他需要已经拥有正确的,以便将其与错误的区分开来。这主要是知识的柏拉图式理论,正如追忆所证实的:是的,我们的内心已经有正确的!我们只是忘记了它,因此,所有的知识就是重新认识,是追忆。这种柏拉图式的真理观贯穿西方哲学的整个历史。

不节制:对抗众神,并且通过这样做(因为那都是一样的)来藐视世界秩序。对于凡俗之人,僭越不可避免地导致灾祸,我们现在关注的正是这一意义的灾难,这是预言要发生的,是在神话中上演的。

僭越之原初模型,越过界限之行为的初例,我们已经碰到过:也就是由普罗米修斯提供的示例。这在某种程度上,是所有这些故事的原型,它们带给我们教益性的灾难,在希腊人的眼中,它们是由这一至高瑕疵造成的——但是这也允许我们瞥一眼它激发的诱惑。因为不言而喻,如果凡人犯下僭越之罪,那是因为存在着某种引诱他们的东西……普罗米修斯是第一个因为傲慢和自大被惩罚的,而人类与他是共犯。我们已经看到用什么方式——利用潘多拉,"总是不知足"的妻子——以及为什么:因为,有了普罗米修斯给他们的武器(从赫淮斯托斯和雅典娜处偷来的),即火、技艺和制作,人类就处于不再知晓其正确位置的危险中,某一天会自视与众神平等。对于希腊人来说,这里已经存在着人和动物之间的区别。你会记得,当厄庇米修斯将所有活着的造物安排好秩序时,当他分配让它们存活的本领和属性时,我们看到,在事物的秩序中,每一造物都有一个被正确指定的位置。对于动物来说,不存在僭越之可能,也不存在它们跨越界限的危险。无法想象一只兔子或牡蛎会反叛其命运,着手从众神那里盗取火或者工艺!相反,人类被赋予某种自由,一种超越能力,那毫无疑问会使得他们比动物更有趣——有许多迂回之道和谋算的能力,但同样也能有最疯狂的僭越行为。

许多世纪之后,我们在今人中发现了同样的信念——不像动物,每一种都有着预先确定的存在模式,不可能从中偏离——人类绝不是从一开始就预先注定的,他潜在地能够做任何事,并且想成为什么就能成为什么。他是可能的造物中最卓越的——就像这一事实所象征的,在厄庇米修斯的神话中,的确,与动物不同,可以说,他从一开始就是"完全赤裸着"来临的。他既不像熊或者狗一样有皮毛来御寒,也不像乌龟或者犰狳一样有硬壳来抵挡阳光的照射;他不像兔子一样迅速或者敏捷地奔跑,也不像狮子一样长着利爪和尖牙。简而言之,他从一开始就毫无保护的事实意味着,如果他想在如同继黄金时代之后的那样一个完全敌对的世界中存活的话,他必须为自己谋划所有事。这一神话必须以——即使它没有明确地提到发明的能力——一种确定的*自由*为前提,如果这意味着人不是囚禁在一种被厄庇米修斯预先规定的角色中,就像在动物的情形中一样。现在,正是这一自由成为所有僭越之根基,因为没有它,人就不能离开他的位置,也不能背离分配给它的角色。他不能犯错,而正是这些错误的历史——以及就神而言,使人们"回归其位"的责任——与关于僭越的伟大神话有关。

首要的是,人类个体就这样注定了好像他能够走得极远。他能够成为智者或是傻瓜。他有选择。无数种类的生活等待着他:没有什么从一开始就断定,他应该成为一个医生或者一个木匠,一个瓦匠或者一个哲学家,一个英雄或一个奴仆。由他决定,至少部分地,决定事物,而且,正是这种选择的范围,经常将青春变成了关键时刻。关键但却艰难。而且也是这自由把人暴露在对抗众神的危险中,甚至到了威胁整个经统纬治的地步。在哲学家和诗人首先指责僭越之后果很长时间以后,这也是生物学家依然在责备他的:人类是唯一能够损毁大地的物种,因为他也是唯一具有发明能力、能够真正地扰乱宇宙的物种。再一次地,难以想象兔子或者牡蛎损毁星球,或者发明这样做的方法。但是人类,另一方面,至少由于普罗米修斯赐予了科学和工艺,的确处于一个这样做的状况中。由此,他永远会对众神维护的宇宙秩序构成威胁。

这是基督教意义的骄傲之罪吗?毫无疑问,但并不全是。在某些方面,僭越走得更远:它不限于一种主观错误,一种个人失败,使某一个体有污点,并且使其成为罪恶的。它远远超越了基督教警告我们的纯粹骄傲之罪或者世俗欲念,有着完全不同的宇宙维度。这种维度我刚刚提到过:僭越总是有这样的危险,颠覆美丽且正当的事物秩序,这是宙斯在与混沌力量的战斗中非常艰辛地确立的。尤其是因为这一原因,众神才惩罚僭越:非常简单,他们一直在努力保持世界的和谐,反对人类的疯狂。或者,至少肯定就神而言是这样。这是为什么希腊神话有着大量的记述可怕惩罚的故事的原因,其中的受难者都是这样的人,胆大妄为,挑战众神传授的智慧训诫。它不仅是服从之事,就像在通常的基督教布道中那样,而且是对于这个世界的敬意和关怀。①

在进入事物之核心,进入故事本身之前,还有最后一点评论。毫无疑问,由于最初的听众能够即时抓住它们的真正含义,这些僭越之叙事相互之间传播得有些干巴巴的,没有文学的润色。就像所发生的是不言而喻的,而且任何读者或听众都会立刻明白其含义,无需去强调它。在每一神话中,场景是相同的:一个凡人,有时是一个怪物或者甚至一位小神,认为他(或者她,或者它)足够强大,越过了指定给他的角色,与奥林波斯神一比短长;越界者每一次都被推回原位,坚决不留情面,对于所有那些愚蠢到想要冒险犯同样错误的人施以最大限度的威慑力量。坚定不移,因为宇宙通过神圣惩罚之工具重申其权利。作为结果的叙事,至少以书面形式传递给我们的,因此经常完全是纲要。它们将自身限定于一个相当基本的框架:描述的是一场针对宇宙秩序的简约式反叛,紧接着遭受到了压倒性的惩戒——全部以其纯粹化学般的状态来呈现,毫无修饰。这就是伊克西翁(Ixion)、萨尔摩纽斯(Salmonéus)、法厄同(Phaéton)、俄托斯(Otos)与俄菲阿尔特斯(Elphate)、尼俄柏(Niobée)、柏勒洛丰(Bellérophon)、卡西俄珀亚(Cassiopée)神话的情形。作为说明——因为这些神话某几个是知名的,对我们来说熟悉它们是有好处的——我会在脚注中提供这些故事的基本概要,以及恰

---

① 在重大宗教中,当然存在着对于世界及其福祉的关怀,但是罪基本上始终表现为"个人"错误的事情。

当的、其中可以找到这些神话的来源文本,①不过，我们也必须

---

① **伊克西翁** 在与戴奥纽斯(Déionée)之女狄亚(Dia)的婚礼上,伊克西翁答应岳丈,会送华贵的礼物给他的女儿。以此为借口,伊克西翁将他引至一座花园,那儿已挖好一道深沟,满是燃烧的炭火——他将其岳丈推入其中。一件如此骇人的罪行,以至于没有人同意宽恕……除了宙斯,他同情伊克西翁,并且决定再给他一次机会。伊克西翁被邀请到奥林波斯山,不思感谢他的救命恩人,竟然试图引诱赫拉,后者便向她的夫君抱怨。宙斯为了亲自查明,幻化为赫拉模样的一片云。伊克西翁掉入陷阱,而且试图与云交欢,认为那就是女神本人。这是宙斯最终无法忍受的,他用霹雳将其打入地狱,伊克西翁永远地被蛇缠绕在一处火轮上,在塔尔塔罗斯中不停地转动着……

**萨尔摩纽斯** 这是阿波罗多洛斯的记述,也是干巴巴和简练的很好例子：

> 萨尔摩纽斯起初住在色萨利,但是后来去了埃利斯(Elide),并在那里建立了一座城邦。他是个极其僭越的人,想与宙斯同列,因其不敬神而遭受惩罚。因为他宣称自己就是宙斯,夺去了给神的祭品,并命令献给他。他在其战车之后拖着干巴的动物皮和铜壶,断言他在打雷;把点着的火把扔向空中,声称他在闪电。宙斯一个霹雳把他击倒在地,还摧毁了他建造的城邦以及所有的居民。

剧终!

**法厄同** 法厄同的故事尤其是在奥维德的《变形记》中有着丰富的细节。不过,尽管诗人着墨甚多,但是这个故事依然保持着使人释然的简洁。法厄同是太阳神赫利俄斯的儿子。他为此而吹嘘自己,但他的朋友们不愿相信他。因此,他请自己的母亲帮助他,以便他可以见到父亲,他请求(出于虚荣)赫利俄斯证明的确是他的父亲。赫利俄斯答应满足他任何愿望。因此,法厄同请求被允许驾驶一整天的太阳车,从东方到西方,从日出到日落。赫利俄斯有些担忧,因为他知道控制这辆车是多么地困难,这一情景如何代表着对于整个宇宙秩序的潜在危险。那无可避免地发生了:神马拉着刚愎自用的法厄同奔跑着,并且跑得离大地太近,庄稼都烤焦了,河流也干枯了,而且当他鲁莽地掠过地面时,动物都被烧死了。面对这样可怕的情形,宙斯一如既往带着极端的先入之见介入了,用闪电击倒了这个恶棍,并且把他变成了御夫星座(战车的御者)。

**俄托斯与俄菲阿尔特斯** 这里是荷马在《奥德赛》中对于这两个巨人基本来历的记述:

(转下页注)

记住,业余或者专业的故事讲述者(夜晚火炉边),通过添油加醋

---

(接上页注)

　　神样的俄托斯和遐迩闻名的俄菲阿尔特斯,他们在谷物丰饶的大地抚育的人中间,最高大也最为俊美,除了著名的俄里翁(Orion)。他们年方九岁,身围即达九肘尺,身高达九倍常人双臂伸开的距离。他们威胁要对居住在奥林波斯山的不死神明展开激烈的战争。他们要把奥萨山(Ossa)叠在奥林波斯山顶,在奥萨山再叠放葱郁的佩利昂峰(Mount Pélion),从而到达天庭。他们若长大成人,或许真会这样做,但宙斯与美发的勒托生的儿子[即阿波罗]杀了他们,在双鬓长出绒毛和浓密的胡须之前。(参考王焕生《奥德赛》译本,第十一卷,308—320。——译注)

**尼俄柏**　尼俄柏是坦塔罗斯的女儿,珀罗普斯的姐姐。和她的父亲一样,她生性极易于僭越,在纪念母亲神勒托的一个仪式上,她夸口说她比勒托(双胞胎阿波罗和阿尔忒弥斯的母亲)更值得成为献给这些奥林波斯神的祭品的接受者。她要求从此以后为了她的荣耀而确立祭礼,声称她远比母亲神能生育,有六个儿子和六个女儿(有人说她有十个儿子和十个女儿,这无关紧要)。勒托对于这一冒犯不会不闻不问,要求她的一双子女解决此事。阿波罗和阿尔忒弥斯非常乐于效劳:他们的箭刺穿了尼俄柏的全部十二个孩子。她极度痛苦地目睹了他们的死亡。宙斯把尼俄柏变成了一块岩石,据说她的眼泪依然还从这岩石中流出……

**柏勒洛丰**　西西弗斯的孙子,柏勒洛丰起初是一个有善心且勇敢的年轻人。不过,和他的祖父一样,他死于僭越之控制下,同样将会为此付出极大代价。在杀了科林斯(Corinthe)的僭主之后,柏勒洛丰在梯林斯(Tirynthe)王普洛托斯(Proétos)那里找到庇护,并且成了他的朋友。不幸的是,王后爱上了他。他拒绝了她的求爱,因此她在其丈夫面前诬陷他试图引诱她。愚蠢的是,普洛托斯相信他的妻子,但拒绝亲自杀了柏勒洛丰。他将其送到了他的岳父吕西亚(Lycia)国王那里,请求他代为处决柏勒洛丰。但是这位吕西亚王看到了后者的诚实面貌,同样不情愿杀掉他。他决定给这年轻的英雄分配一件不可能完成的任务,在这过程中,他肯定会丧命:他要求柏勒洛丰杀掉喀迈拉(Chimère)。为了完成这一任务,他首先必须驯服珀伽索斯(Pégase),这是一匹在珀尔修斯砍了墨杜莎的脑袋之后从她的血液中诞下的长翅膀的马。然而,雅典娜对柏勒洛丰施以援手,他成功地杀了喀迈拉……不过,成功冲昏了他的头脑,他开始"崇拜自己",而实际上所有事情他都要感谢众神。他在觉得,因为他战胜了喀迈拉,他值得位列奥林波斯山,众神之国,而且成为不朽的。他的自负惹怒了宙斯,他派了一只牛虻蛰了飞马,使得柏勒洛丰一直跌回大地而摔死……

**卡西俄珀亚**　她因为夸口她和自己的女儿甚至比海神涅柔斯的女儿们涅瑞伊德斯(Néréides)还要漂亮而受到惩罚。

216

或者重新掀起高潮,让故事变得有滋有味,充满着新的生活和情感气息——就像希腊悲剧作家,以其明显的恢弘方式,努力赋予某些这类神话华贵的文彩。

对于我们来说,非常幸运的是,围绕此类僭越之相同主题的其他叙事留存下来的版本,都有了充足的发展,而且从文学以及哲学的视角探索得更加深刻。它们构成了完整的戏剧,既有喜剧又有悲剧,伴之以丰富且深刻的智慧教益;随着时间的流逝,新素材的累积经常对此加以丰富。我们在弥达斯神话中,已经看到过一个恰当的例子。我会描述其他几个,它们既值得密切地注意,也经常被理解得很蹩脚,经常被掩埋(我们现代的神话讲述者甚至没有意识到这一事实)在基督教伦理或者资本主义情操或者甚至是当代心理学的外壳之下,所有这些都冲淡了它们最初的韵味和意义。将它们重新置于宇宙起源学和哲学的背景中是重要的,这才是真正的它们,我们在这些篇章中会逐渐正确地熟知它们。由于这些神话中最丰富的内容直接关联于凡人和不可避免地等待着他们的——当然就是死亡本身之间的联系,那就更是如此了。

# Ⅰ. 僭越故事:这些"欺骗死亡"之人的示例,阿斯克勒庇俄斯和西西弗斯

在此类故事之中,即讲述凡人因为不知节制而陷入其中的那些苦难,述及逃避或者"欺骗"死亡之努力的神话——包括像

西西弗斯或阿斯克勒庇俄斯这样的人物——占据了一个特殊的位置,而且需要密切注意。不仅这些神话的文学价值普遍很高,而且它们的宇宙维度以及随后的历史也是非同寻常。再一次,就像弥达斯的情形,我们面对的一组个体,他们并非仅仅局限在本身的傲慢中,就像他们的个人失败单独就能成戏,而是他们的行为实际上威胁着世界秩序。让我们从医术的奠基者阿斯克勒庇俄斯(埃斯库拉比乌斯[Esculape]是罗马名字)开始。这一神话的某些版本出入很大,它表明我们应该注意那些相互之间有着一致性的版本。在这种情况下,我会追随品达和阿波罗多洛斯的记述;除了没有根本性意义的个别细节,它们相互充分地补充,以至于我们认为它们来自一个共同的渊源或者传统。

## 阿斯克勒庇俄斯作为弗兰肯斯坦神话的最初原型:能够起死回生的医生

小阿斯克勒庇俄斯的生活开始于独特的暴力方式。他是阿波罗的儿子,其父当然不仅仅是音乐之神,也是医术之神。阿波罗恋爱了,这和众神没什么不同,是和一个名叫科洛尼斯(Coronis)的迷人凡间女子。你顺带会注意到,众神尤其钟意凡间女子。并不是凡间女子比女神更漂亮,相反,后者的魅力是无限地胜过人类的,无论她们是谁,但是众神正是钟意凡人的不完美,钟意凡人的美丽是如此短暂、如此易逝。吊诡的是,这正赋予凡间女子无法抵御的魅力,某种珍贵且无限动人的东西,脆弱却在女神中不可求的东西……这使得众神爱上了她们。这也是阿波罗被科洛尼斯迷住的原因。

他是否引诱或者强迫她,我们不知道,事实依然是,没有什么人能够拒绝一位神,而他也成功地与其挚爱共赴巫山。小阿斯克勒庇俄斯就诞自他们的激情。目前为止无甚稀奇。但是事情不久就开始变化了。看起来科洛尼斯并不爱阿波罗。她竟然胆大到——她的父亲甚至都对此不敢负责——宁愿选择一个纯粹的凡人伊斯库斯(Ischys),而且成了他的妻子。你可以想象到,阿波罗被这一联姻激怒了,简直是彻头彻尾的羞辱:他的情人竟敢无礼至宁愿选择一个普通的凡人而不是一位神?由于阿波罗被认为是奥林波斯神中最俊美的,那就更是如此了。

阿波罗是如何发现他被欺骗了,甚至可以说被戴了绿帽子?这里的记述有分歧。根据某些记载,感谢他著名的预言技艺,阿波罗发现了正在进行之事。但是根据阿波罗多洛斯的说法,阿波罗派了一只乌鸦(希腊语是coroné,这个名字与他的爱人极其类似)去监视美丽的科洛尼斯。不幸的是,乌鸦汇报了它所看到的,伊斯库斯和科洛尼斯不知羞耻地激情交欢。阿波罗被妒忌冲昏了头脑,先惩罚了信使,把乌鸦完全变成黑色的了(根据这一神话,乌鸦和渡鸦在这一令人遗憾的事件之前,起初和鸽子一样是白色的)。这种情况甚至适用于今天:我们经常对带来坏消息的人心怀怨恨,尽管这不公平,甚至有时后者被卷入是完全无辜的。首先,因为我们会以降临于我们身上的恶意,禁不住怀疑他们秘密串通。毕竟如果没有这带来坏消息的鸟,阿波罗会继续快乐着,或者至少不受干扰——就爱情而言,因为没有人对于他们不知道的事情会说一个字的,而且我们不知道的不会伤害我们……第一个散布坏消息的人会遭殃的!他们永不会被原谅。

尽管如此,阿波罗明显不会满足于惩罚这不幸的乌鸦。他拿起他的弓和箭——你或许记得,在众神中,他和他的胞妹阿尔忒弥斯是最娴熟的射手——射穿了伊斯库斯和科洛尼斯,他们很快就在最可怕的痛苦中咽了气。但是,阿波罗现在记起,他的爱人身怀六甲,怀着他的孩子呢。根据古希腊的葬礼仪式,守灵祈祷后,将铜钱放在死者的眼睛或者舌头上,那是付给摆渡人卡戎(Charon)的,他载着他们度过冥河来到地狱,之后尸体必须被烧掉。正是在那一刻,科洛尼斯被放在了葬礼火堆上,而且火苗都要烧着她的身体了,阿波罗醒悟过来。他飞快地将婴儿从科洛尼斯的母体中拿了出来——根据有些版本,这一吃力不讨好的任务是委托给赫尔墨斯的——并且将孩子交给了有史以来最伟大的教师:马人喀戎(Chiron),克洛诺斯的一个儿子,宙斯的第一个堂弟,贤人中的贤人,已经培养过诸如特洛伊的英雄阿基里斯,还有率领阿尔戈号远征去寻找金羊毛的伊阿宋。简言之,喀戎是教育事务中最有声望的。据说他甚至曾经教过阿波罗医术。无论如何,喀戎即将培养阿斯克勒庇俄斯,后者注定会成为这一技艺之父,而且根据传说,是有史以来最伟大的杏林妙手。

你已经注意到了——这对于理解接下来要发生的事情是重要的——阿斯克勒庇俄斯的诞生与狄奥尼索斯的诞生之间存在着相似性:各自都是在其母亲死了之后,被火烧着(两种情形下)

之际从母体中取出来的。可以说,阿斯克勒庇俄斯即使不是再生,就像狄奥尼索斯的情形(他还是胎儿时被缝在了宙斯的大腿中,直到日子足了他才生下来),也是在紧要关头被救活的。从一开始,他的生存就有着重生或者新生的征兆:近乎奇迹的生命战胜死亡。

正是这标志着阿斯克勒庇俄斯作为医师的技艺。他不但成为一位无与伦比的大夫,而且,以神的形象(而不是人的),他在最深刻的意义上成为人类的救星。据说他收到了雅典娜的礼物,能够使他实现所有医生的隐秘梦想:使死者复活。正是女神雅典娜与赫尔墨斯一起,帮助珀尔修斯勇斗墨杜莎,那可怕且骇人的戈尔工,所有人只要对视她的眼睛,就会即刻石化(即变成石头)。珀尔修斯砍下了墨杜莎的脑袋,从她的脖子——当她最后一次呼吸的时候——跳出了飞马珀伽索斯,与此同时,两类液体从他被切开的血管中流出。从第一道血管中流出的是致命的毒液,能够瞬间杀死任何凡人;相反,从另一道血管中流出的是一种奇迹般的解药,非常简单,拥有起死回生的能力。有了这珍贵的神物,阿斯克勒庇俄斯着手医治活人——还有死去不久的人——非常之多。对此,统治着死者王国的哈德斯,看到他吸收的受保护者以惊人的比率下降,就向宙斯抱怨。如同那从雅典娜处偷取火和技艺的普罗米修斯的情形一样,宙斯开始对于凡人可能获得与众神同等之位变得不安了:实际上,如果凡人现在能够自己找到方法,获得对于宙斯而言弥足珍贵的不朽,那么这二者之间有什么区别呢?而且,如果他们被允许这样做,整个宇宙秩序的第一原则会动摇——以凡人和不朽者之间的最重要区别作为开始。

我们正面对某个神话的最初版本,即我已经提到的弗兰肯斯坦神话。就像弗兰肯斯坦大夫一样,阿斯克勒庇俄斯成功地——在雅典娜的帮助下,这是真的,她在这里扮演的是一个中间人的角色,类似于在普罗米修斯的情形中——使自己成为生与死的主人。可以说,他与神同列:在一个基督徒眼中,这当然是最大的傲慢,对他来说,超越生命之能力是最高存在物的独享特权——不过对于希腊人而言,同样是一种绝对僭越的情形,在这一范围内,不仅仅应该得到尊奉和服从的众神遭到了威胁,而且事物的普遍秩序也完全如此。让我们试着想象,如果人类不会死亡,地球上的生命将会变成什么。不久就不会再有居住的屋舍和众人需要的食物。更糟糕的是,家庭的功能会被完全颠倒:孩子会获得和父母亲同样的资历,不同辈分会被搞混,而所有一切在混乱中终结……

宙斯担心这类似的前景,(一如既往)采取了非常措施:他轻而易举地用雷霆除去了阿斯克勒庇俄斯。没有人知道是否应该相信品达所说,即阿斯克勒庇俄斯实际是贪婪的,被获取之诱惑所驱动,通过让死人复活大肆揽财。但这不是关键。关键的是,宙斯决定适可而止,而且发出回归秩序的呼声。他一如既往地介入以确保宇宙的延续,在阿斯克勒庇俄斯欺骗死亡的故事中,这显然才是最最重要的。阿波罗疼爱自己的儿子,这从其对儿子教育上的费心(把他托付给喀戎)显而易见,当他得知宙斯的行为之后悲愤交加。阿波罗多洛斯告诉我们,为了报复,他杀了所有的独眼巨人,它们——如我们所想起的——为宙斯锻造了雷霆,帮助他战胜了提坦神,并且建立秩序。其他一些记述声称,阿波罗杀死的不是独眼巨人,因为他们是不朽的,而是他们的后代……无论实情是什么,宙斯对于阿波罗的再次反叛不是很高兴,决定将他囚禁在塔尔塔罗斯,就像他对待提坦神一样。不过,勒托,即神圣的双胞胎阿波罗和阿尔忒弥斯的母亲介入了。她请求宙斯展示仁慈之意,宙斯将判罚降为一年的监禁:阿波罗也犯下了僭越、自大和傲慢之罪。因此他必须重新学会给予众神之君以谦逊和尊重。为此目的,没有什么比花上一整年的时间服从一位名叫阿德墨托斯(Admète)的凡人国君更好了,事实上,阿波罗不久就为他提供满意的服务……

不过,宙斯——他认为自己有必要在任何情况下都要公正行事——想对阿斯克勒庇俄斯的技艺致敬:毕竟,后者寻求的只是减轻凡俗之人的负担;他并没有犯下大错,至少不是有意为之。因此,宙斯决定使其不朽,将他变成了蛇夫星座,这意指"蛇的持有者"。在这一意义上,阿斯克勒庇俄斯成功地为自己实现了他不再能为其他人达成的东西。他经历了希腊人所称的"神化"——这个术语字面上意味着神圣化,或者转变为神($apo$ = "朝着",$théos$ = "神")。这是为什么他不仅被认为是医术的奠基者,而且的确是医师之神。即使今天,阿斯克勒庇俄斯通常的形象是手拿一条蛇——还有他的权杖,是由一条蛇缠绕着手杖或者"节杖"构成的,依然作为这些从事医术之艰难技艺的人的象征。

你可能会问,为什么是一条蛇,这一著名的节杖的故事是什么?今天我们在医疗车的挡风玻璃上依然能看见它,医药房也有其小的变体。这值得我们稍微离题去澄清围绕这一象征的某些混乱之处。

"节杖"这个词源自希腊语 *kérukeion*,意思是"使者的魔杖或手杖",不是战功卓著、彪炳千秋的英雄所固有的,而是用作委任通报消息的信使的,比如信使之神赫尔墨斯。第一支节杖的确是赫尔墨斯神的标记,是由两条蛇缠绕一支手杖构成的,顶端有一对小翅膀。在这一点上,神话之间有分歧。其中一些说,阿波罗用他的金杖交换赫尔墨斯的笛子,后者是在里拉琴之后发明的。其他一些则说,赫尔墨斯有一天看到两条蛇在打架(或是在交媾?),把一支手杖(阿波罗的魔杖?)扔在这两条爬虫之间,将它们分开,接着两条蛇缠绕住了手杖,赫尔墨斯又把他的标记,即能让他迅速环游世界的翅膀加了上去。奇怪的是,这相似的赫尔墨斯节杖在今天的美国普遍作为医术的象征。然而,实际上,它与在讨论的这一技艺没有关系。这一节杖与另一根即阿斯克勒庇俄斯的节杖混淆了。可能因为古代医术(现代医术类似)是一门"神秘的"技艺,使用学术的词语和费解的行话,而且,首要的是,由于最早的医疗机构类似于秘密团体。因此,这是一个可以理解的错误,但错误照旧。

真正象征这医术的另一节杖不属于赫尔墨斯,而是阿斯克勒庇俄斯。这里,记述也是模糊且前后矛盾的。存在两种基本的且相互竞争的传播轨迹。根据第一个,阿斯克勒庇俄斯在做喀戎的学徒学习治疗(是按照阿波罗的意思这样做的)时,有着奇怪的经历:在路上偶然遇到一条蛇,他杀了它……接着惊奇地看到另一条蛇来帮助第一条,它的嘴中含着一根小草,让另外一条蛇吞咽下去,使得那死了的蛇起死回生。据说正是从这时起,阿斯克勒庇俄斯找到了他的天职:让死者复活。根据这个故事的第二个版本,阿斯克勒庇俄斯将蛇作为他的技艺之象征,有一个简单得多的理由:因为这一造物蜕下旧的皮肤时看起来开始了一次新的生命。在希腊的岩石地带散步就足够了,几乎随处可见这些蜕下的蛇皮。从这得出结论说死物复活了只是一小步,也被认为是阿斯克勒庇俄斯采取的一步。你可以看到,蛇象征着重生,第二次生命的希望。这是为什么宙斯在击倒阿斯克勒庇俄斯后,将他变成了蛇夫星座,蛇的持有者,这是使得阿斯克勒庇俄斯不朽的方式。欧洲的医生采纳了阿斯克勒庇俄斯的节杖作为他们技艺的标记,还加上了一面镜子,象征着他们职业之正确践行所需要的审慎。

第三支节杖是后来设计的,为药剂师所使用。实际上,这不过是阿斯克勒庇俄斯节杖的一个变形。它也是由一条蛇缠绕着手杖构成的,不同之处是,在这一情形中,那动物的头上顶着一只杯子,它将其毒液吐进杯子里。这是许癸厄亚(Hygie)之杯,她是阿斯克勒庇俄斯的一个女儿(我们从这得到了"卫生"这个词),帕那刻亚(Panacée)(灵丹妙药)的妹妹;盛在杯子中的毒液象征着医药的成分,它的秘密只有药剂师知道——"制药"这个词同时包含着毒药和解药。

作为结论:伟大的希腊医生希波克拉底(Hippocrate)宣称继承了阿斯克勒庇俄斯的衣钵,而且是他的直系后裔。即使今天,所有的医生在入行之前,必须发誓行为端正,被称为希波克拉底誓言……不幸的是,他们并不总是能够恢复这些我们希望再次看到之人的生命。不过至少现在他们知道,当一个凡人自比为神,而且声称操纵着生死,一种高级的力量会介入,使其回归其位。这在另外一个死亡欺骗者,即狡猾的西西弗斯的故事中得到了证实。

## 西西弗斯的两重诡计

西西弗斯的情形初看上去与阿斯克勒庇俄斯的完全不同。首先,西西弗斯的行为是基于自己的理由,他没有试图挽救别人,只是拯救自己;其次,在这两种情形中,我们处理的都是僭越的极端形式,其中西西弗斯和阿斯克勒庇俄斯都潜在地威胁建立的秩序。这里我会再次遵循阿波罗多洛斯的记述,有一两个地方需要补充,采用的是公元前5世纪的一位神话讲述者、雅典的菲勒塞德斯(Phérécyde)的记述。

施与西西弗斯在地狱中的惩罚人人熟知,也吸引了相当多的评论:他死之后,被宙斯惩罚将一块巨石推上一座山的山顶,每一次,石头立刻又滚下山——为此他必须不停地重新开始,永无止境,他这无法忍受的任务就没个结束的时候。还有,我们并不确切地知道这可怕惩罚的动机是什么。伟大的法国作家阿尔贝·加缪(Albert Camus),用整整一本书来讲述这一神话,那在他的眼中浓缩了人类存在的荒谬。但是在古希腊神话中,如我们将要看到的,这个故事有着完全不同的含义,与人类生活的真实或者想象的荒谬没有丝毫联系。

整个故事开始于西西弗斯对宙斯使了非常低级的花招。我们需要知道的是,这位英雄,就像奥德修斯一样,也是个智多星。有人甚至说,西西弗斯实际上是奥德修斯真正的父亲:莱耳忒斯和迷人的安提克勒亚(奥德修斯的母亲——这是我们确信的)结婚的那天,西西弗斯有意使用诡计,替代了新郎在婚床上的位置,并且在莱耳忒斯之前享受了与安提克勒亚的鱼水之欢——这非法结合的后果就是奥德修斯。名头造就响应:无论真假,这件轶闻相当好地表明了他的特征——声名狼藉,时时都会欺骗邻人。

哪怕那邻人是宙斯。实际上,后者习惯性地引诱了一位迷人的年轻美人:埃吉娜(Egine),一位河神也是第二层级的神埃索普斯(Asopos)的女儿。后者又急又怒,急切地寻找宠爱的女儿:他看见她消失了,但是并不知道宙斯要对此负责。为了使这一图景完整,需要补充的是,西西弗斯是希腊最著名城邦之一科林斯的缔造者。为了他的城邦,他需要水,就像从古至今所有的市长一样。因此,他向埃索普斯提出一项交易:"如果你能为我的城邦提供一眼喷泉,我就告诉你谁掳走了你的女儿。"交易达成了,而西西弗斯现在做了十足的蠢事,揭发宙斯——后者一点都不高兴。

一开始,宙斯用他喜欢的武器雷霆,迫使河神埃索普斯缩回到其源头。据说,从此以后,那河流的两岸被烤焦了,河里还有大块的煤炭……可以确定的是,宙斯对于那位女孩父亲的愤怒无动于衷,把她掳到了一座废弃的岛上。他们的交合甚至诞下一个小孩埃阿克斯(Eaque),因为这座岛荒无人烟,他厌烦了独自一人,因此,宙斯将蚂蚁变成了居民来陪伴他。现在,宙斯把注意力转移到惩罚西西弗斯的事上,他活该。关于这件事有两个版本,一个短的,一个长的。根据第一个,宙斯只是用他的雷霆击倒了西西弗斯,死后把他送到了地狱,在那里他受到了那永恒的著名惩罚。

长一点的版本要有趣多了,是菲勒塞德斯所记述的。西西弗斯泰然自若,居住在科林斯城邦的宏伟宫廷,注视着埃索普斯开辟的一条河流。因此,宙斯现在派遣死神——这位神的名字叫塔纳托斯(Thanatos)——去将他带入地狱。但是,西西弗斯的诡计不止一样。他看着塔纳托斯远道而来,静卧等待,设计好了圈套,这是他的拿手好戏。塔纳托斯径直走进了圈套:西西弗斯亲自将他掀翻在地,用结实的绳子捆住他,把他藏在其宏伟宫廷中的一处密室中。就像阿斯克勒庇俄斯神话一样,世界现在开始脱离了轨道。由于塔纳托斯被囚禁了,没有人能够死亡。哈德斯,所有众神之中最富有的,无法积攒财富了:他不再享有分配给他死者的那一份额了,而且如果宙斯不有所行动恢复秩序,大地就会变得非常拥挤,以至于生活不再可能。战神阿瑞斯决定采取行动。你可以猜到为什么:如果不再有人死去,战争的意义是什么？阿瑞斯发现了塔纳托斯，释放了他，并将不幸的西西弗斯交到他手中，现在西西弗斯真要被强迫下至地狱了……这时，你可能认为游戏对于西西弗斯来说结束了。不过并非如此，他的锦囊中还有一计。

死亡并且离开他的宫廷去地狱王国之前，西西弗斯对他妻子提了一个非常奇怪的要求："首要的是，请满足这个要求，不要给我任何葬礼或者丧礼荣耀什么的，那是每位好妻子在她丈夫去世之际都不得不践行的……不要问为什么，我稍后会解释。"他迷人的妻子美罗珀(Méropé)照着丈夫所说的那样去做了：她没有守护他的尸体；她也没有举行任何通常都会举办的仪式。这样，刚一到达地狱深处，西西弗斯就径直走到哈德斯那里，痛苦地抱怨娶了这么一个没良心的妻子。哈德斯被这种不合礼仪深深地震惊了，允许西西弗斯回到阳界的家里，如他所认为合适的那样，严惩他那不称职的伴侣，当然条件是他承诺完事之后直接返回。你可以想象，西西弗斯回到家里，即刻就忘了他返回地狱的诺言。相反，他给了妻子感恩般的谢意，年复一年持续地让她生了许多孩子，一直到了高龄安静地死去，结束了自己的日子。只是那时他才不得不回到地狱，在那里，他被强迫永无休止地推他那巨大的石头：哈德斯施加的惩罚，为的是不会第二次被欺骗。至于这一惩罚本身的含义，它与罪行直接（一如既往）相关。对于凡人来说，生命是不断地开始，而非没有终点的大道。无论谁试图推翻这些限制——这是宇宙秩序所分配的——就会在付出代价之后得知，一旦到达期限，过程必须从零再次开始：

生命处于不断重生的状态中。换言之,重述奥德修斯的教益,没有哪个人能够逃离其人类状况的本质有限性。

## Ⅱ. 挫败的复活,成功的复活:俄耳甫斯、得墨忒耳以及厄琉息斯秘仪

关于俄耳甫斯和得墨忒耳,正确地说,我们讨论的不再是僭越的故事。不过,我在这里提到他们,因为他们非凡的冒险在一个本质性的方面与西西弗斯和阿斯克勒庇俄斯神话中触及的一个主题相关:实际上即逃避死亡的问题——或者至少是从地狱返回阳界的问题。正如我们将要看到的,这一征程对于凡人来说是不可能的(就我所知,在整个希腊神话中只有一个例外[①]),甚至对于这些神来说也不容易,他们尽管是不朽的,却也被囚禁在死者王国中。而且复活的这一主题与宇宙秩序的本性有关,神和人共同生活在这一宇宙中,因为事物之本性决定了人会死亡,没有人能逃避死亡而又不会引发一种无序,那最终会颠覆世界的进程。因此,我们必须接受死亡,不过我们也必须在它的阴

---

[①] 即阿尔刻提斯(Alceste)的故事,一位年轻的妇女自愿替代她的丈夫阿德墨托斯(Admète)赴死——她的牺牲感动了哈德斯的妻子珀耳塞福涅,以至于她选择允许阿尔刻提斯返回尘世生活。当然,赫拉克勒斯、俄耳甫斯以及奥德修斯也曾从地狱中返回,但是他们在那里毋宁是活人而非死者。还有塞墨勒的情形,即狄奥尼索斯之母,她在分娩之际死亡,但随后被她的儿子从地狱中救了回来,后来她本人变成了神。不过,塞墨勒已是一位女神哈尔摩尼娅的女儿,而且作为一位奥林波斯神的母亲,她本身注定要成为神:因此她的情形从一开始就没有阿尔刻提斯的严重。

影中寻求良善生活。

## 俄耳甫斯在地狱中,或者为什么死亡比爱强大

让我们从俄耳甫斯开始,他的故事是少有的几个对于基督教有影响的之一,或许因为它是围绕着与福音有核心关联的一个问题构成的:爱与死亡之间不可避免且无法解决的矛盾①,这个矛盾在凡人中激发了复活的观念,继而强烈地渴望复活。我们之中谁不是全身心地希望那些我们热烈地或者忘我地爱恋之人复活呢? 正是因为这一点,在福音书中,耶稣在得知他的朋友拉撒路(Lazare)死亡之后开始落泪:他尽管是神圣的,但像你或我一样,经受了所爱之人死亡引起的无限痛苦。当然,基督清楚地知道——这是基督教信仰的基石之一——用他的话说,"爱比死亡强大"。他通过恢复其朋友的生命继续证实了这一点,后者已经死了很久(就像福音所解释的),因为他的肉体已经开始腐烂了。不过,重要的是既然爱战胜了一切,复活的奇迹必然实现……

但是就俄耳甫斯神话而言,我们是在希腊世界,不是基督教

---

① 在深入讨论之前还有一点需要指出:尽管非常古老,但俄耳甫斯去地狱的神话在荷马和赫西俄德那里都找不到。显然它的出现是在公元前 6 世纪,不过,首要的是 1 世纪,古罗马人维吉尔和奥维德留给我们最详细且最完整的这个故事的版本。我这里遵循的根本上是这些,尽管在若干处为了完整性,有必要向更古老的希腊来源请教——欧里庇得斯的《阿尔刻提斯》以及罗德斯的阿波罗尼奥斯(Apollonios)、迪奥多洛斯的著作,甚至还有柏拉图的。一如既往,阿波罗多洛斯的《书藏》一直都是珍贵的来源。

的,而这里的复活看起来完全超越了凡人的界限。当不幸的俄耳甫斯失去了他的妻子,她就死在他的眼前,被一条毒蛇咬中,他真正是痛不欲生。不过,让我们不要预想,直到我们搞清楚我们这里正在面对的是谁。

俄耳甫斯是第一位也是最著名的一位音乐家。根据希腊人的说法,他是有史以来最伟大的音乐家,甚至比阿波罗都高超,而且,后者发现他的演奏如此非凡,以至于据说他把弟弟赫尔墨斯发明的著名里拉琴作为礼物送给了他。里拉琴是一件七弦乐器,而俄耳甫斯断定这还不足以缔造完美的和声,加了两根补充性琴弦……这相应地将其乐器"调谐"至缪斯的数目:九位女神,宙斯的女儿,她们被认为发明了主要的艺术,并且赋予所有艺术家以灵感。对此应该补充的是,卡丽奥佩(Calliope),缪斯之女王,正是俄耳甫斯的母亲。因此,可以说音乐就徜徉于这个家族中。据说,当他随着其乐器伴奏吟唱时,那些野兽,如狮子和老虎安静下来,变得犹如羔羊般温顺;鱼儿伴随他神圣里拉琴的节奏在水中跳跃;而岩石众所周知有着石头的心灵,感动至涕泣……简言之,俄耳甫斯的音乐有魔性,由于九根弦完善了其歌声的和音,没有什么能够抵抗他。他加入了阿尔戈英雄的征程,那是由伊阿宋领导的,乘坐由阿尔戈斯(Argos)(这是他们的名字来历)建造的船出海去寻找金羊毛,正是俄耳甫斯把他们从塞壬那里救了出来,这些鸟状妇人的歌声诱惑不幸的船员使之遇难……俄耳甫斯是这世上唯一能够胜过她们邪恶歌声的人。

不过让我们回到那迫使俄耳甫斯来到地狱的故事。

俄耳甫斯爱上了欧律狄刻(Eurydice),一位无与伦比的美丽仙女,根据有些来源,她甚至有可能是阿波罗的女儿。她的美丽暂且不谈,这是一个真爱的故事,俄耳甫斯没有她就活不下去。剥夺了她的存在,生命对他而言没有任何意义。维吉尔在《农事诗》中详细重述了这一故事。有一天当欧律狄刻正沿着河边散步时,有个叫阿里斯泰俄斯(Aristée)的人猛烈追求她。她开始奔跑,为了躲避他,不时地回头望着身后,看看是否他要追上她了,没有注意到一条毒蛇在她身前,她的纤足踩到了蛇。死亡几乎瞬间降临,俄耳甫斯痛不欲生——他无法止住眼泪——到了这样的程度,他决定尝试那不可能的任务:亲自去地狱寻找她,他会努力说服哈德斯和他的王后珀耳塞福涅允许他和他的爱人返回地面的世界。

维吉尔和奥维德对于俄耳甫斯通往地狱的描写栩栩如生,甚至在今天这个故事依然激发着画家、音乐家以及作家。俄耳甫斯首先必须发现地狱的入口,那绝不可能是笔直的。他成功确定了方位,找到了一处从地下喷涌而出的泉眼,正是从那里,四条地狱之河中的一条流向深渊之处。他必须渡过或跟随所有四条河流。首先是苦难河(Archéron),所有死亡之人在进入地狱之前都必须渡过这条河。在这里可怕的卡戎,一位可憎且粗俗的老船夫,索要一个银币后,才会把死者的灵魂从岸的一边摆渡至另一边——如我们曾经看到的,这是为什么古代人在死者的眼睑或者嘴中放硬币的原因,为的是他们能够付钱给船夫,没有钱,他们必须花上一百年的时间在岸边徘徊,等着轮到他们……在那之后,俄耳甫斯必须渡过悲叹河(Cocyte),这条冰河席卷着巨大的冰块;接着是可怕的熔岩河(Pyriphlégeton),一条巨大的火和熔岩之河,最后是盟誓河(Styx),众神都是对着这条河水发誓的。

不过这一可怕的场景还充斥着甚至更骇人的存在物。首先,存在着成群的死者,这些可悲的幻影,没有任何可以辨认的特征,无法识别,他们不停地骚扰来访者。可能还有更糟的,俄耳甫斯遇到了地狱中的怪物:刻耳柏洛斯(Cerbère),可怕的三头犬;半人马(Centaures)以及百臂巨人;可憎的九头蛇许德拉(hydres),它发出的嘶嘶声足以使人六神无主;妇人鸟哈比,它会折磨任何所遇之人;喀迈拉以及独眼巨人……简言之,来到地狱的恐惧超越了任何人类心灵能够想象的。为了欧律狄刻的缘故,俄耳甫斯准备好承受这一切。什么也不能阻止他。除此之外,他在整个可怕的路途中,伴着里拉琴吟唱着——而在这深渊,如其他地方一样,他的音乐制造了同样的效果。在他温柔的歌声下,甚至那些正在受折磨的也稍稍恢复了,而且享受着(如果不是快乐的话,在这样的地方)些许缓解:坦塔罗斯暂时不再感觉到饥渴;伊克西翁的旋轮停止了转动;西西弗斯的石头不再滚下山去。三头犬刻耳柏洛斯就像宠物狗一样温顺地躺下,甚至允许别人的抚摸……复仇女神暂时停下了她们邪恶的工作,时刻回荡在这深渊之地的嗡嗡声减弱了。地狱的统治者,哈德斯和珀尔塞福涅自己都沉浸在这魔力中。他们入神地聆听着,甚至有些喜欢。他的勇气让他们印象深刻,还有他对欧律狄刻的爱——非常真实,如此地无可置疑——吸引了这两位神,他们对于卑微的人类情感常常无动于衷,这一点众所周知。

看起来,珀尔塞福涅是第一个被说服的。俄耳甫斯可以和他的欧律狄刻重回生命与阳光中……但是有一个条件:她静静地跟着他,而且首要的——最重要的——是他在他们完全离开地狱之前都不能回头看她。俄耳甫斯欣喜若狂地答应了。他指引欧律狄刻,后者顺从地跟着他,就像允诺的那样,落后几步。但是,没有任何解释关于他随后为什么会这么做——维吉尔认为,俄耳甫斯被某种精神失常所击败,突然的爱欲不再能够等待;奥维德倾向于表明折磨人的痛苦使得他怀疑神的允诺——无论什么原因,俄耳甫斯犯下了无可饶恕的错误:无法抑制自己,他回头望了一眼欧律狄刻——这一次,神不再让步了。欧律狄刻必须永远留在死者王国。不再有什么要做了,也不再有什么要讨论,这不幸的女子又死了一次,的的确确只能接受。

你可以想象,俄耳甫斯又一次痛不欲生,绝望之中,他返回了家,把自己关在房间里,他拒绝看到别的女子:有什么用呢?他的一生只爱一个女人,而她的名字叫欧律狄刻。他永不会再爱。不过根据拉丁诗人叙述,俄耳甫斯由此反感他城邦中的所有女人。她们不明白如此有魅力、歌声如此诱人的一个人如何可能完全无视她们。此后尤其这样,如果我们相信某些来源,由于俄耳甫斯不但厌恶女性,而且从此以后完全将自己的兴趣放在了青年男子身上。他甚至诱惑这个地方的有妇之夫去他的家,和他们一起分享他对年轻男孩的新激情。这是最后一根稻草,超越了这些妇女所能忍受的。根据这个版本的神话,俄耳甫斯确实被嫉妒的妻子们撕成了碎片:手持棍棒、石块以及农人们留在田里的各种农作工具,女人们扑向他,然后把肢解了的四肢以及割下的脑袋扔进了最近的一条河流,全都流入大海。因此,俄耳甫斯的头颅和被丢弃的里拉琴随着河流漂浮着,一直漂到莱斯波斯(Lesbos)岛,岛上的居民为他建造了坟墓。根据有些神话讲述者,俄耳甫斯的里拉琴被(宙斯)变为一个星座,他的灵魂被带到了极乐世界,这大致就是天堂的希腊对应物,或者更准确地说,勉强称得上回归黄金时代。

这一细节不是没有意义,因为它允许我们更好地理解,俄耳甫斯神话如何以及为什么形成了一种崇拜,或者甚至一种宗教,被恰当地称为俄耳甫斯主义。俄耳甫斯教宣称从俄耳甫斯在其归程发现的秘密中得到灵感,而且尽管他在大地上命运悲惨,但那秘密却允许他最终在众神的赐福王国找到了救赎……如我们将要看到的,这里的一处特征将俄耳甫斯的故事和得墨忒耳的联系起来,如我将要说及的,而且同样和被称为厄琉息斯秘仪的东西联系起来,后者得名于得墨忒耳建立其神殿和崇拜的城邦。

不过,我们首先要再一次自问,关于俄耳甫斯与死亡的这种抗争的真正含义。尤其是,我们如何理解珀尔塞福涅的俄耳甫斯不应该回头看的奇怪规定?更奇怪的是,俄耳甫斯如何可能愚蠢到当他几乎要达成目标而且是在经历如此多的苦难之后要转身呢?奇怪的是,没有哪个关注这一神话的文本提供了任何合理的解释。维吉尔将一切归于爱:盲目且热切的爱。不过,即使这解释了错误本身,它也没有关注众神施与的限制性秩序:为什么俄耳甫斯的回望事实上必然对于这两位爱人是致命的?

关于这一问题有许多不同的答案,在这里把所有的都重复一遍既冗长又无趣,尤其是因为没有一个使我感到非常有说服力。评论者经常将一种基督教视角移植到这个神话中,解释说,俄耳甫斯转身是因为他怀疑神的言语,而失去信仰的人是迷失之人,因为只有信仰能拯救我们,诸如此类。我想,最终我们应该更多地留意这个故事的细节:爱与死亡之间的矛盾是凡人无法逾越的,尽管所有的希望被寄予俄耳甫斯的努力中。如果俄耳甫斯因为转身又一次失去了欧律狄刻,如果她按照严格的命令在他身后,而且绝不来到身前,如果众神施加这些条件又清楚地知道它们不会得到服从(否则为什么要强加它们呢?),这只是因为,通过回望,俄耳甫斯最终会理解到,身后的的确在后面,过去的已经过去了,时间不可逆转,而每一个凡人必须接受(就像奥德修斯面对卡吕普索时所做的)属于他的人类状况:就像西西弗斯的石头,人类看着它的生命在这离开之地与那抵达之处之间展开,对此无人能够改变,哪怕是一点都不能。

我们的出生和死亡不是我们的,时间对于我们凡人来说,恰是不可逆转的。我们通常的命运是无法补救的。悲惨的命运并不讨论条件:最好的情形是,它保持完全的沉默,而且无动于衷地允许我们遵循生命的自然历程,而不是使其改变,因此,我们必须将我们身后的某处作为重新开始的起点。像平常一样,尽管构造悖论的方式类似于基督教,即爱无论任何代价想要证明自身比死亡更加强大,希腊的态度表现得却与此相反:死亡总是胜过了爱,如果我们想要获得那独一无二地允许我们进入良善生活的智慧,从一开始就认识这一点对我们有好处。没有什么能够改变这一首要事实,这是宇宙秩序的最坚固支柱——凡人与不朽者之间、人与神之间的区别都围绕着它转。关于这些神秘事物,俄耳甫斯教的祭司们宣称向其教徒们已经揭示了,我担心这些必定永远留在(在如此情形下一如既往)它们的开始之处……依然是神秘事物,不多不少。

这直接将我们引向厄琉息斯秘仪,也就是丰收和季节女神得墨忒耳的神话。我们会看到,成为不朽者的事实如何改变了一切:对于幸运的神来说,与不幸的凡人不同,离开哈德斯总是可能的,哪怕后者决心要留你在他身边……

## 得墨忒耳,或者如果你是不朽的,从地狱返回是如何可能的……

尽管它再一次将我们带回到地狱,得墨忒耳及其女儿珀尔塞福涅的故事却与俄耳甫斯的完全不同。[①] 这里的主角是不朽的神,而不是绝望地试图逃离死亡魔爪的纯粹凡人,这意味着她们与地狱的关系是不同的。然而,这一神话也建立了——尽管以一种不同的模式——地狱王国和人间秩序之间的因果关系。

---

① 这一神话是在《荷马颂诗》中描述的,这是一部很长时间被归于荷马本人的诗集,不过其真正的作者不为人所知。我这里遵循的主要是这一文本,因为它不仅是最古老的而且是最有趣味的。

进而,借助于这一神话,希腊人为自己解释了宇宙构造的一个根本方面,即季节的事实:当万物枯竭的秋冬结束,春夏紧随而来,万物再一次恢复生机,花朵盛开。这个过程与得墨忒耳之女珀尔塞福涅降至地狱有直接联系,我现在就来重述它。

得墨忒耳本人是克洛诺斯和瑞亚的女儿;因此她是宙斯的姐姐,同样也是哈德斯的姐姐。作为季节和丰收女神,是她使得麦粒成长,这也是为什么罗马人称她为刻瑞斯的缘故,来自于"谷物"这个词——当然,人们使用它做面包以及除此之外的其他许多食物。而且,同样是得墨忒耳,首先教人们在地上耕作的技艺,即农业。她是一位有着巨大力量的女神,因为她赋予生命——至少给植物,还有蔬菜和水果,花朵和树木——同样,如果愿意,她能够收回生机:万物生机尽绝,以至于田地和果园中寸草不生。就迥异于众神的人类生活依赖于食物本身而言,得墨忒耳从一开始拥有与凡人和生存尤其重大的关联。

得墨忒耳有一个女儿,是和她的兄弟宙斯生的,她给她起名珀尔塞福涅——她有时也被称为科拉(Coré),这在希腊语中意味着"年轻女孩",罗马人给她起了另外的名字,普罗塞尔皮娜(Proserpine)。在远古时代,众神之间,兄妹或姐弟之间生孩子习以为常——毕竟,起源之际,没有多少选择:就像提坦神,奥林波斯神不得不彼此婚配,因为没有其他神与他们生育。因此,得墨忒耳有个作为女神的女儿,她非常疼爱她。她甚至于痴迷她的孩子。对此我们应该补充,人人都说珀尔塞福涅的可爱无与伦比。和所有女神一样,她当然是美貌天成,还应该加上她所表现出来的一个花季少女应有的一切：清新、天真、温柔，而且惹人爱怜。当她的母亲巡走世界，查看收成且监督谷物之际，珀尔塞福涅就在草地上和一众宁芙仙女嬉戏，采集鲜花，扎成花束。但是宙斯对她另有打算，对此他决定不告诉他的姐姐得墨忒耳：他想把他们的女儿珀尔塞福涅嫁给所有不朽神明中最富裕的、地狱的统治者哈德斯——也称为普路同（Plouton），意指"富人"，这相应地提供了罗马名字普鲁托（Pluton）。他统治着死者，这意味着统治了最大数目的人群，因为死者远远超过了活人。如果我们估算国王财富的方式是其臣民的数目，那么地狱的主人必然成为世界上最富有的君主。

为了达到目的，宙斯请求其祖母盖亚创造一种有魔力的花朵，与其他的不同，远比其他的更让人称道，从其单一的茎部长出了上百光彩夺目的花瓣，花香如此诱人，以至于整个天界微笑着称赞。无论凡人或者神明，看到它立刻沉醉于它的魅力。珀尔塞福涅正在草地上嬉戏着，自然地径直走向这神奇的花朵，它自行长成了最漂亮的花束。不过，就在她准备采摘时，大地裂开了（这证实盖亚的确深深地卷入阴谋之中），地狱之王驾着他那四匹神马牵引着的黄金战车飞奔而出——因为他太富有了！他那全能的手臂抓住了珀尔塞福涅，掳走了她。她发出可怕的尖叫声，如此尖锐以至于在世界中回响，那种再也看不到母亲的绝望让她的尖叫声更加显得令人心碎。她爱她的母亲，反过来她自己同样被宠爱着。在整个世界中，只有三位听到了这尖叫声：赫卡忒（Hécate），这位神的特征有些神秘，但是他经常对于痛苦之人显示出仁慈的样子；赫利俄斯，太阳神，他无所不见，没有什么能逃过他的眼睛。还有当然是得墨忒耳自己，她听见女儿的可怕叫声惊恐莫名。

九天九夜，得墨忒耳走遍了大地，从东到西，从日出到日落，寻找她挚爱的女儿。在黑夜，她举着巨大的火把照路。她九天九夜滴米未食、滴水未饮，没有换洗过衣服；她悲恸欲绝。没有谁，无论是凡人还是神，愿意告诉她真相。没有谁来帮助她——除了仁慈的赫卡忒，她带她去见太阳神赫利俄斯，他看到了所有事情。而且后者同情她的悲恸，决定告诉她真相：珀尔塞福涅正是被她的叔父地狱王者哈德斯拐走了。当然，得墨忒耳立刻明白了，这一行动没有他们的弟弟宙斯的同意或者甚至是同谋不可能发生。作为报复，得墨忒耳立刻离开了奥林波斯山。她拒绝再与众神同列，来到地上与凡人住在一起。她舍弃了其神明的美貌，而且，就像在一个童话故事中，她装扮成一位老妇人，丑陋且贫穷。接着她去了厄琉息斯城邦，在那里，一处水井边，是这里的人取清水的地方，她碰到了城邦的国王克琉斯（Célée）的四个女儿。她们开始交谈起来，得墨忒耳继续掩藏着她的身份，告诉她们她正在寻找差事，希望做一位保姆。这是有趣的巧合，因为这四个女子的确有个婴儿弟弟：他们跑回去询问母亲墨塔涅拉（Métanire），是否愿意雇佣这位老妇人做保姆。协定很快就达成了，得墨忒耳发现自己身处国王克琉斯的宫廷。她在这里与王后墨塔涅拉变得很亲密，还有她们的一位随从妇女伊阿姆柏（Iambé），后者注意到得墨忒耳的面容流露出悲伤的表情，就开始开导她。她给她讲笑话和有趣的故事,通过这样的方式,她成功地让得墨忒耳高兴了点,使她面露笑容,甚至笑出声来!——她已经很久都没有这样笑了。她重新获得了些许对生活的热情,对她来说至少对那个小孩童有兴趣,此后就由她来照料。

当时发生了一件插曲,并不是漠不相关,因为它与贯穿整个神话的死亡主题相关。得墨忒耳发现自己又扮演了一个母亲的角色,她决定使托付给她的这个孩子成为不朽者——换句话说赋予他一位神能够提供给凡人的最伟大礼物。她用琼浆玉液搽拭他全身。结果是这个孩童以惊人的速度长大,相当出乎他父母的预料,因为他什么都不吃。神明满足于玉液和仙肴,从不沾染凡人喂食自己的面包或者肉类,而这小孩童几乎已经是一位神明了。得墨忒耳每天晚上将他放入她在烟囱中小心点燃的神火中。火焰有助于使凡人成为不朽者,除去他们的凡俗之躯。不过,操心这个孩童的母亲墨塔涅拉藏在门后窥探得墨忒耳,发现了她每天晚上所做的事。当她看见女神把她的孩子放入火中时,她发出了尖叫声。

她会对此后悔的,因为得墨忒耳把孩子扔到了地上,而且他立刻又变成凡人了。以象征性的方式,得墨忒耳又被剥夺了其母亲的角色。可以说,她之再次成为母亲失败了。她重新恢复了神的面容,即刻重现所有的美貌与光彩。她向墨塔涅拉及其女儿揭示了她的真正身份,并且让他们明白墨塔涅拉已铸下大错:没有她不明智的闯入,她的儿子将会加入不朽神明的行列。

现在太迟了,对他和她们来说这太糟了。接着,得墨忒耳命令厄琉息斯人建造了一座配得上她的神殿,并且创立一种崇拜,以便当她认为合适之际,可以向他们解释奥秘(生与死的),她掌握着密钥。从这里诞生了围绕着称为厄琉息斯秘仪的著名崇拜。擅长这与纪念得墨忒耳有关的新宗教之人,通过洞穿生与死的奥秘,期望获得拯救,并且达成不朽。如你所见,在这方面,得墨忒耳神话与俄耳甫斯神话接近,后者也激发了一种崇拜(俄耳甫斯主义),与洞穿永生秘密的希望有关,而这要感谢那些下到地狱之人的教导……

不过,让我们回到得墨忒耳。又一次被剥夺了孩子,她变得铁石心肠,甚至到了危险的地步。她认定,玩笑持续的时间已经够长了,她的女儿是时候重回她身边了。为了达成这一点,她会去做任何需要做的。而且由于她也握有生与死的秘密,或者至少是那些支配着植物世界的——这直接且完全是她的特权——她决定只要宙斯拒绝偿还属于她的,大地就不会再生长开花。说到做到:大地上的所有植物都枯萎死去,不久作为一个整体的宇宙受到了威胁,包括天国领域。

这里是荷马的"得墨忒耳颂歌"——我们关于这一神话的古代来源——如何描述接着发生之事:

> 因此,得墨忒耳为生活在滋养万物的大地之上的人类,制造了最严峻和残酷的一年。大地不再发芽,因为丰饶女王将其藏了起来。多少次在田野中公牛徒劳地拉着曲犁,

多少次苍白的大麦倒在地上,颗粒无收。由此她会严重摧毁人类这个凡俗种族,将他们饿死,而且夺去奥林波斯山众神那荣耀的礼物和牺牲,如果宙斯还不在意且在心中衡量它的话……

一如既往,当宇宙秩序真正处于危险中时——自从宙斯用以划分和组织世界的原初统治确立以来——注定了他会提出公平的解决之道,这是公正的,而且针对所有当事方。我们顺便可以注意到,在这首颂歌中,凡人的存在得到了辩护:如果人类因为一场灾难而灭绝,对于诸神来说,这将会是一种挫败。换言之,人类存在首先是为了众神的缘故,要愉悦他们,赞颂他们。没有有机生命,以及人类引入宇宙秩序的历史维度,后者就会永久地固化,万世不迁,结果就是死气沉沉……

正因为如此,宙斯派遣了奥林波斯神干预得墨忒耳,一个接一个,试图说服她阻止将要来临的灾难。但是都不成功。得墨忒耳已然如石头一般冷漠:除非她的女儿回到她身边,大地上会寸草不生——如果必要的话,一直到所有的生机都消失——这自然会使众神惊愕。再一次地,没有人类愉悦他们、尊重他们,并且为他们献上精美的祭祀品,不朽者本身也会死于……无聊。没有生命——这意指没有历史,没有事件本身,如同凡人的出生和死亡、代际延续所象征的——宇宙将会完全缺乏生趣。因此,宙斯派出了赫尔墨斯作为他的终极武器,就像在他需要劝服卡吕普索释放奥德修斯之际所做的。大家都听从赫尔墨斯,因为都知道他是宙斯的个人信使,以他的名义说话。赫尔墨斯告知哈德斯,他必须放珀尔塞福涅回到阳光的世界,回到她母亲处。让我们顺便提及,除了哈德斯必须使用武力劫持这一插曲之外,他自身是极为迷恋珀尔塞福涅的。他正倾尽全力无所不做地对她表达爱意和温柔。

哈德斯必须服从宙斯的命令。试图以任何方式逃避这一命令,或者甚至想用武力这样做都是徒劳的。另一方面,小聪明不会伤害任何人:偷偷地,看起来完全没有觉察,当她和赫尔墨斯正要离开之际,哈德斯给了珀尔塞福涅几粒石榴籽,她毫无戒心地尝了这可口的水果。她没有意识到的是,这几粒不吉利的石榴籽会在后来永久地将她束缚在哈德斯身边,因为这意味着她已经吃了来自地下世界的东西,而且尽管这食物很温和,她却无可挽回地而且从此永远地与地狱联系在一起。

宙斯现在必须寻求一个公正的解决之道:既尊重他将女儿赐给哈德斯的决定,又保留母亲将女儿留在身边的权利。可以说,如果他要重建公正的秩序,那他必须折中地满足两方要求。根据荷马颂歌,以下是宙斯的做法:

> 接着雷声震耳、全视的宙斯派了一位使者去他们那里——美发的瑞亚——把穿着黑蓝斗篷的得墨忒耳带回到神的部族中;而且他答应赐予她荣耀,以及她在不朽之神明中选择的任何事物,点头确认了她的女儿会在循环不停的一年中三分之一的时间生活在幽暗和漆黑国度中,但是其

他三分之二的时间,她会和她的母亲以及其他不朽神明生活在一起。他这样说了,而女神不得不服从宙斯的旨意。

实际上,不存在不服从宙斯旨意的情形。不过最重要的是,这一解决之道就正义而言,拥有深刻的意义。如我们能够看到的,它将两项"宇宙性"主题编织在一起,每一项都极其重要:一方面是生与死,另一方面是季节划分。当珀尔塞福涅与哈德斯一起留在死者国度,一年三分之一的时间,大地上万物尽绝:既没有花儿,也没有叶子,没有水果和蔬菜。这就是冬季,其极寒同样将人和动物裹挟其中。死亡统治了植物世界,这是当珀尔塞福涅被囚禁于黑暗王国之际所发生之事的写照。当她重回光明,与她的母亲重聚,这是春天,然后是夏天,直到美丽的秋季:再一次地,万物盛开、生长,生命再次成为主导。

世界以及整个宇宙秩序的划分由此得到保证:生与死转换的节奏与地上地下的现实相对应。没有死就没有生,没有生就没有死。换言之,正如稳固的宇宙需要由凡人生命决定的代际节奏——没有它,紧接着而来的静止,没有生命或者运动,尽管稳固,将会与死亡本身无法区分——因此,同样,没有季节的更替,冬季与春季、死亡和重生的转化,就没有完美的宇宙。对于阿波罗和狄奥尼索斯同样如此:一个需要另一个。一个丰饶且有生气的世界同时需要稳定和活力,秩序和超越,理性和疯狂。**需要人类以便神与人的生命世界能够介入历史的运动;需要季节以便自然的死寂世界也能够经历变化和多样的生命原则。这**

是得墨忒耳的更深层含义,这并不严格地属于先前探究的其他僭越故事。然而,我希望将这些故事联系起来,因为得墨忒耳神话同样表明,当众神之间的不正义占据核心舞台(哈德斯行为不端)之际,宇宙无序必然随之而来。而且,和以前一样,宙斯必须介入以终结这异常情形,通过一项宇宙性裁定,相应地建立一种新秩序:在珀尔塞福涅不在的季节,无物生长;当她返回之时,一切重生。因此,凡人的生命在这大地上延续,如果他们缺席,众神本身也会逐渐消逝……

# 第五章
# *Dikè*(正义)与宇宙
## 英雄的第一使命:确保宇宙秩序,反对混沌回归

我已经表明英雄主义——追求伟业,那可能会为这些践行之人赢得永恒荣耀——如何在希腊的精神世界中占据一个核心位置。它意味着通过荣耀行动战胜界定了人类生活的限度,由此赢得某种特别的永恒。正是通过对英雄的书写,保证了英雄的永久性:如果他成功地成为某一神话、某一传说的主题,神话讲述者和历史学家从此以后将其白纸黑字地记录下来,可以说,英雄将会超越普通凡人的命运而存活下来,而对后者的记忆会被死亡完全冲走。英雄会被铭记很长时间,或许永远。他会保留其独特性,死亡会将普通凡人的独特性涤除干净,使他们完全寂寂无名。在地狱王国中游荡的影子是没有名字或脸面的。他们失去了所有的个体性,想要青史留名,即使只是在其他人的记忆中永存,那也需要功绩:荣耀并不容易得到。它能够在战争行为中获得,如阿基里斯,最勇敢的希腊人。或者通过勇敢、聪明和智慧行为,如奥德修斯,他成功地历经无数陷阱活了下来,那

是波塞冬在他的归程中为他设下的。不过,更伟大的依然是属于这类英雄身上的荣耀,他们以正义(*dikè*)的名义为神圣使命而战,为了保护宇宙秩序,反抗混沌之古老力量,后者的重现是时常存在的危险。我现在要说的正是这类英雄主义,借助于思考神话中最伟大的英雄:赫拉克勒斯、忒修斯、珀尔修斯以及伊阿宋。如我们将要看到的,他们的世界性探险非常值得巡游。

## Ⅰ.赫拉克勒斯:一位半神如何执行宙斯分配给他的任务,除去威胁世界和谐的怪物

赫拉克勒斯——对于罗马人来说他会成为赫丘利——的传说是古希腊神话中最早的之一。荷马和赫西俄德已经提到过他,表明这个故事在公元前7或8世纪肯定已经完全成型了。赫拉克勒斯也是希腊英雄中迄今最著名的——因为其传奇般的力量,不屈不挠的勇气,难以置信的伟业,以及他对正义(*dikè*)的感知。无尽的篇章献给他,无数的绘画、雕像、诗歌、故事和电影也是如此。自古至今,所有的神话讲述者、诗人、悲剧作家,甚至哲学家,以其各自的方式,已经表现或重现了他生命的辉煌伟业……以至于记录其故事进程的事件全都经历了最大可能范围的改编和变形,没有例外。这位英雄没有哪一件伟业,他生存中没有哪一个时刻,甚至包括他名字的起源,不经过无数的解释,似乎希腊人的想象力总是被对于这个故事的沉思无穷尽地激发和扩展。

这是为什么我们决不能信任这样的记述,把赫拉克勒斯的一生作为固定且线性序列的事件来讲:单一的叙述,其中所有的要素都得到了普遍的接受。这样做几近欺骗。这个故事只有三个方面看起来是许多不同版本所同意的,而且只是大致如此:赫拉克勒斯的诞生,他有名的"十二件劳作",以及他的死亡和随之"神化"或者被奉为神明,他从凡人过渡为不朽神明。我将重述的是这三个篇章,尽可能地清晰,但不会消除不同版本之间的变化,在每一种情形下都表明我选择遵循的文本来源。我会选择在我看来这个故事的最具启发意义且深刻的版本,换言之,是那些看起来在希腊世界中对于一种共同文化有贡献的。因为这才是至关重要的,如果我们希望理解赫拉克勒斯的传说如何在几个方面提供了一种智慧模型,哲学尤其是斯多亚主义接下来会为其自己的目的而采纳它,赋予其一种理性的维度。

## 赫拉克勒斯的诞生及其名字的起源

在大约写于公元前 6 世纪、长期以来被认为是赫西俄德所作的一部诗中,包含着最早对于赫拉克勒斯出生的神奇故事的详细描述。这部诗被冠名为"盾牌",因为它主要是致力于描述英雄战斗装备这一条的。从开篇的诗行中,我们得知通过什么方式——不得不说,有些不太光明正大——宙斯成功地引诱了迷人的仙女阿尔克墨涅,迫使其有了赫拉克勒斯,她是一位凡人,已经嫁给了安菲特律翁。这个孩子在希腊人使用的特殊意义上将会成为一位"半神":一位神明父亲和一位凡人母亲的儿子。首要的是,这部诗给了我们对于宙斯意图的重要洞察。只有一次,这不是纯粹地通过与漂亮女孩交欢而取悦自己的事例,如赫西俄德用心阐明的:

> 人类和众神之父正在心中运思另一套方案:诞下嗣子,他将会保卫神和人,对抗毁灭。

"保卫以免毁灭"——这是我们的英雄的主要职责。但是对抗的是什么类型的危险?为什么宙斯需要一个代理人,就像在西部片中的郡长?实际上,关于赫拉克勒斯,这更多的是宙斯创造的一个副手,能够在地上"替代"神君位置的某个人,并且住在这里协助他与混沌力量的持续重现作斗争,那是原初提坦神的遗产。当然,赫拉克勒斯传说关涉的核心就是这斗争。毫无疑问,你会对这些力量的现实性感到惊奇。像那些政治家所说,一方面是"邪恶力量",另一方面是向善的力量(实际上,这意味着某人自己的党派),这不是有点简单化了吗? 实际上,我们与这种漫画形象相距甚远。我们必须理解,在这古代时期,显然无疑的传说时代,神与凡人还没有完全地分开——这一点的证据是,他们与人交欢,而且还与她们有了孩子——我们依然非常接近事物的起源:接近原始的混沌以及那伟大的、导致宇宙之建立的"提坦神"战争。宙斯只是最近才战胜了堤丰,那威胁世界秩序的最后的怪物,而地上不断地重现微型堤丰,处处都有,威胁着要攫取权力,需要不断地提醒他们注意自己的位置。考虑到他们的力量和激起普通凡人的恐惧,这绝非易事……

因此,的确如此,宙斯对赫拉克勒斯委以重要的任务,他的职责是在这地上的世界继续宙斯在别处完成的工作,而且以另外一种级别涉及作为整体的宇宙。赫拉克勒斯的整个存在将会注定以 *dikè*——公正秩序——之名与不正义抗争,与魔性和凶恶的存在物抗争,后者经常地直接源自堤丰本身,他以各种面目一直体现着复活的无序之可能性。不过这里有非常重要的一点需要澄清。将"无序"这个词在其现代的意义上来理解会是范畴性错误,后者通常从法律实施推论而来,就像我们说"秩序的力量"暗示着警察,或者说"违反公共秩序"暗示街头游行示威。在当下的背景中,我们正在说的"秩序"是在宇宙起源意义上来理解的。它是其他方面依然悬而未决的所有事物的和谐,无序的力量不是街头示威者,而是魔性的存在物,经常诞自畸形的神,他们的行为威胁着世界的构造和世界的正义,这是宙斯在其著名的划分疆域时代开启的。此外,我们必须清楚地看到,秩序的维护涉及凡人生活的合目的性,因此更不能将其简单地理解为警察的事业。因为,如果良善生活在于寻找我们在世界中的位置,并且以奥德修斯为模范,无论任何代价寻找回到正确位置的路途,那么这还有赖于秩序本身是存在且持久性的。缺少了它,人类生活本身的意义就会倒塌,与之共存,就有了寻求智慧的所有可能性。

这是为什么代表了希腊思想巅峰的斯多亚派哲学在赫拉克勒斯这个人物身上看到了一种守护精神,某种类型的教父。决定斯多亚主义的根本理念是,世界、宇宙在和谐、美丽、公正、良善的意义上是神圣的。① 据此,没有什么比自然秩序指定的更好了,而我们凡人在世间的使命就是维护它,发现我们在其中的位置,并且调整我们以适应它。正是在这一视角内,斯多亚主义的奠基者认为赫拉克勒斯是他们的先行者。克莱安西斯(Cléanthe),斯多亚学派的最初领袖或者引路人之一,更乐意被称为"赫拉克勒斯第二"。爱比克泰德(Epictète),在他著作的几处都主张,赫拉克勒斯是生活在地上的神,是负责苦心经营且维护世界神圣秩序的此类存在者之一。赫拉克勒斯之冒险的哲学后果因此是不可忽视的,在这一情形下,对于他的伟业激发了如此丰富想象力的阐释以及产生了如此之多的记述就没有什么可奇怪的。这是我为什么会试图对于它们非同寻常的歧异给出一些阐释,哪怕这有时会使得我的叙述本身不是那么顺畅和连贯。

不过,让我们暂时回到故事的开端,回到宙斯为了诞下赫拉克勒斯而使用的人尽皆知的诡计。因为这一幕远非纯粹的奇闻异事,荷马描述过好几次。对于这位英雄的未来生涯来说,它带来了无数重要的后果。

阿尔克墨涅,这位即将成为赫拉克勒斯母亲的凡人女子,已经嫁给了安菲特律翁,他们是嫡亲堂兄妹。他们的父亲是兄弟,是另外一位著名的希腊英雄珀尔修斯的儿子。因此,珀尔修斯是赫拉克勒斯的曾祖父,本身就是著名的除魔人,在一系列的冒

---

① 关于这种智慧的一个更为完整的呈现,参见《思想简史》。

险中曾经战胜了可怕的戈尔工墨杜莎,不久之后我们还会返回这里。那时,碰巧阿尔克墨涅的兄弟在一次与那时被称为塔皮安人(Taphiens)和特莱博埃人(Téléboéens)的部族战争中被杀了。让我们将细节放在一边:阿尔克墨涅喜欢安菲特律翁,她的丈夫和堂兄,但是不愿与他同床,直到他为她的兄弟报仇为止,这是为什么安菲特律翁出征与这些有名的塔皮安人和特莱博埃人战斗的原因。宙斯从奥林波斯山顶一直注视事件的进程。他看到安菲特律翁作为一个战士在战争中行为令人钦佩,赢得了胜利,正要准备返家,告诉妻子他的功绩。由此,安菲特律翁满怀期望,终于可以与妻同床。就在这个时刻,宙斯灵光一现,正是关于赫拉克勒斯的。他自己假扮成安菲特律翁,非常容易地变成了完全无法辨认的与后者极为相似的人,并且来到了阿尔克墨涅的家,就像他是其归家的丈夫。他甚至有胆量向她吹嘘自己的功绩,就像是他(而不是安菲特律翁)完成的。根据有些版本,他竟然给阿尔克墨涅珠宝和其他从敌人那里为她抢来的战利品。心怀感激为她所做的——替她的兄弟复仇——并且受到了这般勇猛夫君的引诱,阿尔克墨涅同意与他或者毋宁是宙斯共享鱼水之欢,他即刻让她怀孕了,这子嗣将是小赫拉克勒斯。

神话的这一幕导致了文学中令人印象深刻的为数众多的不同版本。不过,就像我所描述的,它们保持了大致相同的基本构架。我们也应该补充的是,当真正的安菲特律翁回到家时,他也和妻子同床,并且赐予她一个孩子伊菲克勒斯(Iphiclès),他和赫拉克勒斯成为双胞胎兄弟,尽管有着不同的父亲。

有些版本宣称,宙斯延缓或者延长了时间本身,为的是他与阿尔克墨涅的春宵持续地比一个正常的晚上要长三倍——毫无疑问是为了充分利用他的机会,因为如我曾经说的,阿尔克墨涅有着令人销魂的美貌,也是为了拖延安菲特律翁返家的时间。其他版本经常讲述返家丈夫的惊讶,他意识到她已经知晓他所有的功绩,而他还没有讲过它们,甚至(这让他彻底迷惑了)已经有了他给她带回来的战利品……而他还没有机会送给她这些呢!这些故事的细节实在无关紧要。重要的是赫拉克勒斯要出生了,毋宁是婚外的,而非是宙斯的合法妻子赫拉生的——还有赫拉在发现阿尔克墨涅是因为她丈夫怀孕之后要气疯了。

你可能注意到,这两个名字——赫拉与赫拉克勒斯——彼此非常地类似,或者更像一个是另一个的缩略形式,它们之间的确有着联系。赫拉克勒斯在词源上意指"赫拉的荣耀",神话的这一环节,就其作为这位英雄主要历险之间的重要联系也需要解释。

首先,所有的文本来源对于这一点都同意,赫拉克勒斯被称为阿尔西德斯(Alcide),意思是"阿尔开俄斯(Alcée)的后裔",为了纪念他的祖父,他的名字意指"壮士"。然而,正如赫拉克勒斯一生的各个方面一样,不同的版本对于名字的变化理由有不同的解释。基本上,一般提出了两个可替代的解释——就像这些事件涉及的是一位真实的历史人物,然而,我们当然是在谈论一个完全是神话和传说中的人物,一个从未存在的人。这反过来表明希腊人非常仔细地对待这些故事,而且非常严肃地看待它们——如果不是字面上,至少在它们作为智慧文学的意义上。对于这名字的最早解释可归于诗人品达,① 他声称赫拉亲自为我们的英雄起了名字,不过是因为一个完全相反的理由:由于她被嫉妒吞噬了,对于宙斯再一次地欺骗她无比怨恨,她对于这新的嗣子怀着持久的憎恶。正是赫拉设计了著名的十二项劳作,希望通过将他派去与怪物搏斗尽可能迅速地除去赫拉克勒斯,这些怪物是人类不曾战胜过的。现在碰巧赫拉克勒斯成功了,不仅大获全胜,而且赢得了前所未有的荣耀。此外,半神和女神以和解告终,那是在赫拉克勒斯死后,他变成了真正的神,而且受到了奥林波斯神的欢迎。因此可以说,感谢赫拉,赫拉克勒斯才能名满世界——不仅是因为他的荣耀是完全献给赫拉的,而且是因为,尽管有些悖谬,他将其全部归功于她。他的名字自此而来:*Héra-kleios*,"赫拉的荣耀"。

我们发现,在阿波罗多洛斯那里,对于名字的起源显然有着稍微不同的解释,不过依然与品达的一致。甚至在开始其著名的劳作之前,赫拉克勒斯有机会为克瑞翁(Créon)完成令人满意的服务,后者是忒拜国王,他继承了神话中另一个同样著名人物俄狄浦斯的王位。作为回报,或者至少作为酬劳的象征,克瑞翁同意赫拉克勒斯与他的女儿墨伽拉(Mégara)缔结婚姻关系。赫拉克勒斯娶了她,并有三个孩子。看起来他们一起幸福地生活

---

① 或者至少品达看起来是第一个讲述它的。

着,直到赫拉出于嫉妒对赫拉克勒斯施以魔咒,使他发疯且极其狂暴。魔咒发生作用,赫拉克勒斯被可怕的狂乱所支配,暂时性地疯癫发作,他对此绝无责任。赫拉克勒斯将他的三个孩子投到火中,另外还杀死了他的两个侄子,是他"双胞胎哥哥"伊菲克勒斯的孩子。恢复理智之后,他看到了所做之事的可怕,对自己施以流放责罚。他来到了一座邻邦,为的是在那里"被净化",这是习俗:当犯下一项严重的罪行时,通过一种仪式,祭司或者神有效地"洗涤"这个罪人的错误,就像弥达斯在帕克托洛斯河源头洗清自己。在仪式刚一完成之后,赫拉克勒斯去了德尔菲寻求神谕,(根据阿波罗多洛斯)是神谕或皮提亚女祭司赐予他那预兆性的名字:赫拉克勒斯——"赫拉的荣耀"——命令他委身为女神服务,以便完成十二项劳作,这代表了那不可能的任务,是赫拉通过赫拉克勒斯的堂兄,即残暴的任务主人欧律斯透斯(Eurystée)(关于他稍后再说)作为中间人而施加于他的。神谕补充说,赫拉克勒斯在完成这些任务之后会变为神——不仅会得到荣耀,而且实际上成为神。

无论如何,这两个版本并不像它们看起来的那样彼此相距甚远。实际上,在两种情形下,赫拉克勒斯为赫拉的荣耀而劳作,而她的荣耀要求他完成那不可能的任务,这是她出于嫉妒施加的,报复他的存在,那是宙斯之不忠的永恒见证。

赫拉克勒斯最早的业绩在十二项劳作之前,他完成了类似奇迹的伟业时还是个婴儿,在谈及这之前有两点最后的评论。

第一,也算奇闻异事了,不过依然对于所有这些故事的关联有启发性,你会注意到,尽管看起来奇怪,赫拉克勒斯既是珀尔修斯的曾孙,也是他的曾祖父珀尔修斯的小弟!实际上,尽管隔了几代,他们有着同一个父亲,即宙斯:不朽使得对于人不可想象的对神成为可能的。它同样象征性地把两个独立神话联系起来,就像在欢乐家庭的游戏中,相似的特征将个体联系起来,在这种情形下,珀尔修斯和赫拉克勒斯都是怪物的毁灭者,都践行——当然以其不同的方式——他们父亲的伟业。

我的第二项评论涉及银河系的"赫拉克勒斯"起源。① 一如往常,有几种方式的重述涉及我们的英雄生命最早几个月的这一著名传说。其中一个看起来与众不同、最引人注目,为的是提醒我们,要成为一位不朽者——这是赫拉克勒斯的命运,就像德尔菲的神谕向他证实的——一个人必须吃了神的食物,尤其是仙肴。而且,在希腊语中,"仙肴"这个词只是意指"不是有限的":$a\text{-}(m)\text{-}brotoi$。正是为此目的,赫尔墨斯受宙斯之托把小赫拉克勒斯放在睡着了的赫拉怀中。然而,赫拉在这一过程中醒了,惊奇地发现她自己正在哺乳这婴儿,他永远都提醒着宙斯对她的不忠。她狠狠地将其推开,乳汁喷洒至天空形成了银河系。迪奥多洛斯讲述了一个稍有不同的版本:赫拉克勒斯被雅典娜带给赫拉哺乳,但是他已然很强壮了,吮吸得有些太用力,以至于她将其从怀中推开,因此产生了银河系。这些变

---

① 这一传说最早是以片断的形式出现的,不过其更完善的版本会在帕萨尼亚斯(Pausanias)、迪奥多洛斯以及希吉努斯处找到。

化有着相同的结果：著名的星空天路诞生了。我这里提到它们仅仅是表明，自古时以来，同样的神话故事根据时代、作者、地区而有不同的陈述。不过，至少在宽泛的条件下，从这多样化中产生了一种普遍且清晰的文化，神话讲述者将其传递给了哲学家，有些像在我们的传统中童话故事从一个共同的根基发展出了变体。毕竟在格林讲述的灰姑娘故事和佩罗（Perrault）讲述的同一故事之间，存在着不只是偶然的不同，但基本框架从根本上是保持未变的。

现在让我们来思考那标示我们英雄的最早时期的伟业，是在他为了赫拉的荣耀而完成的十二项劳作之前，后者会使他名扬千古。

## 一位半神的最初伟业

一般都同意有五件。这里择其概略。①

首先是两条蛇的著名故事，它适于即刻表明赫拉克勒斯的神圣出身。这解释了他非同一般的天赋异禀，并且确立了他在世间使命的意义：扫除邪恶的力量，尤其是那些在希腊人的想象中被暗示为堤丰遗产的。下面是阿波罗多洛斯如何描述这一事件的，而且在这样做时，提供了两个最为人熟知的版本——这顺带证实，古代的神话讲述者已经认识到了这些传说之间的变体的重要性，像是将不同的视角带给相同的故事，使得观众更好地

---

① 我遵循的是阿波罗多洛斯的叙事，这看起来反映了最广泛的"共识"。

理解它们的内涵和意义:

> 当赫拉克勒斯八个月大的时候,赫拉想要除去这个婴孩,派了两条巨蟒爬上了他的床。阿尔克墨涅大声呼叫安菲特律翁来帮忙,但是赫拉克勒斯突然跳起身,各用一只手扼住巨蟒,杀死了它们。不过,菲勒塞德斯说,是安菲特律翁把蛇放在床上的,因为他想知道哪个孩子是他的;看到伊菲克勒斯避开了,而赫拉克勒斯站着不动,他意识到伊菲克勒斯是他的孩子……

再一次地,从这两个版本中明显看到的是,这婴孩在其生涯中已经作为一个英雄上路了。古代的绘画进一步依据史诗描绘了这一图景:我们看到,赫拉克勒斯还是个婴孩,两只手各抓着一条蛇,把它们给扼死了……人们不得不承认,对于一个八个月的孩子来说,这展示了超人的力量。

接下来的两件伟业聚焦的事件与一头狮子有关。

从前,在忒拜附近,即赫拉克勒斯的诞生地,一头可怕的狮子捕杀了赫拉克勒斯的凡人父亲安菲特律翁的畜群,还有那个忒斯皮俄斯(Thespios)的,后者是他们家的一个邻居和朋友。我曾略去没有提到,安菲特律翁也是一个在各种意义上都极为正直的人:既勇敢又仁慈。他这次如同以往一样,接受了这个坏消息,她妻子怀着那神君的孩子:毕竟,阿尔克墨涅没有蓄意背叛他,而且全能宙斯的决定,无论包含着什么,都是最终的、神圣的。这是为什么安菲特律翁将小赫拉克勒斯当做自己的儿子一样在抚养。后者也回报了他的恩情。看到他的凡人父亲和忒斯皮俄斯的畜群正被这头狮子所捕杀(现在的赫拉克勒斯已经十八岁了,有着异常的体格和力量,毫不犹豫),他带着他的兵器,出发寻找这头狮子。为了更靠近他的猎物出没之地,他来到忒斯皮俄斯的家中,后者很高兴地对他尽到好客之道。五十天的时间,赫拉克勒斯不知疲倦地在追踪那狮子。每天晚上他回到忒斯皮俄斯的住处——后者设法每个晚上都将其众多女儿中的一个送到赫拉克勒斯的床上。赫拉克勒斯每日在山中行走,有些劳累,不曾太留意:他觉得每天晚上他都是与同一个女孩同床共枕。他的错误犯了五十次——这数字对于忒斯皮俄斯是便利的,因为这正是赫拉克勒斯在他的住处过夜的数目,是他发现并且最终在一场可怕的战斗中杀死那狮子所花费的时间。这五十个夜晚的交合诞下了五十个儿子!

这加起来已经三项伟业了:八个月大扼死蛇,十八岁的时候杀死狮子,以及在同样的年龄,五十个晚上就成为五十个孩子的父亲。

在严格的意义上,另外两项伟业不是真正的伟业。毋宁说它们见证了赫拉克勒斯的黑暗面,他提坦的一面:不仅强大而且无节制地暴力。这是重要的一点,它适用于所有神以及所有英雄,而且可以说,以其纯粹化学的状态体现在狄奥尼索斯身上:没有残酷就没有为秩序的斗争,没有残酷的暴力就没有为了宇宙的战斗,赫拉克勒斯的突然疯狂只是此类例子之一,这是他的嗜血：他不断杀戮的能力，没有恐惧，也没有羞耻或克制。

在追捕狮子后返家的路上，赫拉克勒斯遇到了彼奥提亚（Béotie）国王埃尔吉诺斯（Erginos）的信使，在赢得了对忒拜城邦的战争胜利之后，国王要求在接下来的二十年，作为战争补偿，那里的居民每年供奉一百头牛。对他来说不幸的是，赫拉克勒斯生在忒拜，自然认为这供奉不公正。这是他的习惯，没有浪费口舌：他抓住那些信使的颈背，言谈间，割下了他们的鼻子、耳朵和手。接着将这些身体的残肢串成项链，挂在信使的脖子上，将他们血淋淋地打发回去见埃尔吉诺斯，带口信说，这是忒拜人想要交给他的唯一供奉物。如你所想象，埃尔吉诺斯不会很高兴。他集结他的军队，又一次对忒拜人发动了战争。只可惜这一次，后者有赫拉克勒斯在他们一边，他很快就剪除了埃尔吉诺斯的全部军队。不幸的是，安菲特律翁在战争中被杀死了。不过，这也是克瑞翁作为感谢将女儿墨伽拉嫁给赫拉克勒斯的日子，我们已经提到过了……

这第四件伟业让我们有些犹疑。当然，毫无疑问，赫拉克勒斯是以正义之名行保卫他的城邦和国王之事。但是，我们也看到可怕的暴力正在上演，如果说不是完全嗜血的话：他一生中的标记就是这些接二连三地杀戮和屠杀行为。

至于早期"伟业"的最后一项，甚至更加骇人，如其所是证实了他本性中的黑暗面。在赫拉克勒斯的童年时代，他接受了完整的教育。安菲特律翁给他展示如何驾驶战车，卡斯托耳（Castor），即帕洛克斯（pollux）的哥哥，教会了他锻造武器，一群杰出的士兵教他箭术、徒手格斗以及其他的战争技巧……不过,就可称为"人文"而言,赫拉克勒斯并不真正地具有艺术以及文学的天赋。他有一位音乐教师利诺斯(Linos),此人正是有史以来最伟大音乐家俄耳甫斯的弟弟。不过,有一天,当利诺斯稍微严厉地责怪了他时,小赫拉克勒斯发怒了,立刻操起他的齐特拉琴不偏不倚地给了他一下,杀死了这不幸的老师!赫拉克勒斯归案受审,但是以自卫辩诉——利诺斯对他的弹奏非常失望,打了他——他最终被无罪释放。赫拉克勒斯非常强壮,或许是太强壮了。在某种意义上,力量就是正确,他有着足够应付任何审判的勇气。不过,他不是善荏,也不是诗人……更确切的是,他是宙斯的战士,正如当赫拉施与他十二项劳作之时他以辉煌的方式所证明的。

## 十二项劳作

首先,对于这著名劳作的真实起源、意义和数目略作说明,毫无疑问,它构成了在整个希腊神话中最有名的故事。

第一,我们得知,为了确保赫拉本人对于赫拉克勒斯的支配,并且给他强加这些任务,一心盼望着在那过程中能够杀死他,赫拉本人诉诸于某种计谋,堪与宙斯的相比。后者看到他的儿子即将出生,有些匆忙地在众神集会之际宣布,珀尔修斯的第一个看到日光的后裔会成为迈锡尼国王,这是伯罗奔尼撒地区最重要的城邦之一,根据传说它正是珀尔修斯建立的。说这些的时候,宙斯明显想到的是赫拉克勒斯,他预见到他的王室命运。赫拉请求他遵循诺言。出于嫉妒,她延迟了阿尔克墨涅的分娩,与此同时加速了欧律斯透斯的出生——赫拉克勒斯的嫡亲堂兄——他也是珀尔修斯的后裔。欧律斯透斯七个月就出生了,而赫拉克勒斯在他母亲的肚子中呆了十个月,因此他的堂兄比他更早来到世上,并且会成为迈锡尼国王。根据习俗,赫拉克勒斯现在应该向欧律斯透斯表示服从,而赫拉使得后者成为她的斗争武器:是欧律斯透斯给赫拉克勒斯分派了劳作,是他每一次把他派到世界的四极面对最严重的危险,希望他死于它们之中的这一个或那一个。欧律斯透斯在传说中经常被描绘为一个衰弱之人,一个无足轻重的可怜懦弱之人,完全是其堂弟的反面。他完美地充当了一个可怜懦夫的角色。

第二,赫拉克勒斯劳作的"宇宙"意义将通过其战斗时使用的武器与可鄙的欧律斯透斯每次分配给他的任务而得到验证。如大多数神话讲述者所强调的,是神亲自——不是随便什么神而是奥林波斯神——为赫拉克勒斯提供了他的武器。根据阿波罗多洛斯,雅典娜是他的第一位捐助者;赫尔墨斯教了他箭术并且给他提供必要的、不只是他的弓还有他的箭囊和箭;说到赫淮斯托斯,则是斥资打造了一件奢华礼物:黄金胸甲,那是他施展其大名鼎鼎的所有技艺亲自锻造的。另外,雅典娜还增添了一件华贵的斗篷,我们的英雄发现自己已经为其未来的冒险装备得非常完善了。这并非无足轻重的事情:它意味着赫拉克勒斯显然是众神在世间的代理人。非常地显而易见,他的使命是神赐的,或者——就希腊心灵而言是同一件事——有着宇宙的重要性:不仅他的父亲宙斯在他身边支持他,而且所有奥林波斯神也是如此。①

就分配给他的任务而言,我们会看到它们毫无例外地属于在普通世界之外的王国,正确地说是一个超自然的世界——这再一次表明,赫拉克勒斯从事的战斗首先针对的是本身绝不普通的毁灭力量,而是在各方面代表了混沌、提坦,甚至堤丰本身的重现。简言之,是宙斯本人不得不挫败的远古力量……

至于有十二项劳作,最终只是在公元前1世纪,十二这个数才成为确定的数目,为所有的神话讲述者所赞同。在远古的希腊,劳作的数目变化不定。在阿波罗多洛斯那儿,一开始只有十项劳作,欧律斯透斯——此人作为一个竞赛者也像作为一个失败者那般糟糕——减掉了其中的两项,即斩杀九头蛇许德拉以及清扫奥吉斯的牛圈,理由是赫拉克勒斯在这两项业绩中得到了帮助或者同样的回报。结果是,欧律斯透斯增加了另外两项劳作,这给我们的总数依然是十二,从此之后这个数目再没有过争议。

现在让我们直抵事情的核心。②

---

① 说到这一点,最后一处涉及其装备的小细节:赫拉克勒斯自己制作了他最喜欢的兵器,就是经常绘制在希腊花瓶上的他手持的那根橄榄木制作的著名大棒,他用它斩杀了很多怪物。

② 除了少数细节之外,也为了避免在各种版本中变得迷惑,我遵循迪奥多洛斯的记述——他是最早提供所有十二项劳作之全部叙述的历史学家(公元前1世纪),连贯一致而且完完整整——还有阿波罗多洛斯的,它大部分是一致的(纵然劳作的顺序在两位作者那里并不总是相同)。

首先——这与清扫奥吉斯的牛圈一起,毫无疑问是那劳作中最为人熟知的——是赫拉克勒斯和涅墨亚狮子之间的战斗,地点在阿尔戈斯附近的一个小村庄。欧律斯透斯,赫拉的傀儡以及这个时候的迈锡尼国王,要求他杰出的堂弟将那狮子的皮带回给他。在这个故事中首先值得关注的是赫拉克勒斯与之搏斗的野兽的来历。当然这一造物极其可怕。它一直在蹂躏名为阿尔戈利斯(Argolide)的地区,扑杀这里的畜群,同时吞食在路上遇到的任何人。然而不止于此。其本质性的特征是这一动物实际上根本不是动物。赫拉克勒斯必须面对的不是普通的狮子,事实上是一只怪物,它们的父母绝不是狮子。它的父亲正是堤丰本人,而它的母亲,根据有些记载,是厄客德娜(Echidna),那可怕的半人半蛇,堤丰的妻子。这一点是关键的,生动地证实了赫拉克勒斯的战斗之真实的性质,与普通的围捕一只野兽无关,尽管它凶猛且危险。赫拉克勒斯是宙斯的缩影:如果后者曾经面对堤丰,现在轮到了前者面对堤丰的后代。证实涅墨亚狮子是怪物和其超自然方面的是它的毛皮——欧律斯透斯对此无比垂涎。那兽皮有着凡间狮子不曾有的奇异特征:没有什么东西能够刺穿它,弓箭、刀剑和匕首都不能,不论那刀刃可能是多么地锋利和尖锐。而这也使得那怪物更加难以对付,因为它刀枪不入,难以捕获……

因此,尽管赫拉克勒斯箭术高明,也必须放弃他平常的武器:箭会从这野兽皮上弹回,剑看上去会沿其身体滑开,就像水划过一只鸭子的背部。所以,赫拉克勒斯必须利用自己最非凡最深层的本领：他的力量和勇气，这是超自然的，也是类似于神的。这只狮子栖居在一处洞穴中，有两个入口，一条长长的通道将其连接起来。我们的英雄用一块巨大的石头封住了一个入口，迅速地从另一入口进入。当那狮子扑向他时，赫拉克勒斯抓住了它的颈部，紧紧地扼住它，过了很长时间，那狮子最终窒息而死，随即赫拉克勒斯抓住它的尾巴将其拖出了洞穴。在这里，他成功剥了它的皮，并用其做了一件外衣作为甲胄，同时用它的头颅为自己制成了一顶头盔。

当欧律斯透斯看到赫拉克勒斯这身装扮得胜归来，几乎昏厥过去。他一动不动地站在原地，充满恐惧，因为如果赫拉克勒斯能够轻松打发涅墨亚狮子，很明显，欧律斯透斯必须比以前更加小心谨慎。这惺惺作态的国王吓破了胆，禁止此后赫拉克勒斯再次进入城邦。从此以后，归来的赫拉克勒斯——假定他成功地再次返回（让我们不要忘了有一天永远除掉他的愿望）——必须把他的战利品存在城墙跟，远离城门。阿波罗多洛斯甚至强调，欧律斯透斯被恐惧折磨，命令建造了某种巨大的铜罐，接着将其放在地下，如果事情变得更糟的话，他计划藏在里面。①

眼下，如果欧律斯透斯想除掉赫拉克勒斯，他必须谋划另一场考验，甚至比第一次的更可怕。因此，他现在要求赫拉克勒斯去斩杀许德拉，后者居住在勒尔纳地区。这里又一次地，许德拉

---

① 欧律斯透斯最后在与雅典人的战争过程中被杀死了。据说在他死后，他的首级被带回给赫拉克勒斯的母亲阿尔克墨涅，后者将其眼睛挖去。

根本就不是自然生物。实际上,我们今天用"许德拉"这个名字指的是一种小小的、没有害处的淡水珊瑚虫,有一厘米半长,更像是海葵,长着许多刺一样的触角,割掉之后还能长回来,一点都不用担心。但是,勒尔纳的许德拉与在"自然的"秩序中碰到的任何东西都没有一点共同之处。它实际上是一只巨大的怪物,长着九颗脑袋,它们被砍掉之后还能迅速长出来——只是每一颗脑袋被割掉之后,就会再长出两颗来!这造物同样骇人,而且祸害村庄,杀死所到之处的任何活物,不论是人还是动物。赫西俄德在《神谱》中给了我们关于这一造物的一些珍贵信息。首先,就像涅墨亚的狮子一样,我们面对的是诞自于堤丰和厄客德娜之结合的怪物:这里再一次地,与宙斯之任务的联系是明显的。其次,那怪物之所以被饲养,盛怒中的赫拉难辞其咎,为的是有一天将其释放出来对抗赫拉克勒斯。

这里是阿波罗多洛斯如何描写赫拉克勒斯战胜许德拉的:

> 作为第二项劳作,欧律斯透斯命令赫拉克勒斯去杀死勒尔纳的许德拉;这一怪物在勒尔纳的沼泽中长大,经常侵入平原之地,杀死牛群和乡下居民。许德拉有着巨大的身躯,九颗脑袋,其中八颗是有死的,中间的那一颗是长生不死的。赫拉克勒斯乘坐由伊奥拉奥斯(Iolaos)[他的侄子]驾着的马车,踏上了去勒尔纳的路。他在那里勒住马缰,在阿米摩涅河边的一座山上发现了许德拉,那里有它的巢穴。他将燃烧着的木头扔向它,迫使它现身,当它出来的时候,

他抓住它并且迅速地扼紧。但是它缠住了他的一条腿,并且紧紧地勒他。他用大棒击打许德拉的脑袋也无济于事,因为刚打碎一颗,原地儿又长出两颗来;还有一只巨蟹来帮它,咬住了赫拉克勒斯的脚。于是,他杀死了那巨蟹,接着也呼喊伊奥拉奥斯来帮忙,后者引火点燃了附近的半边森林,用其中着火的木头,灼烧许德拉脑袋的根部,阻止它们重新长出来。他以这种方式战胜了那不断生长的脑袋,砍掉了长生不死的那一颗,用火烧它,并且将一块沉重的石头压在上面,就在从勒尔纳通向埃莱欧斯(Eléonte)的路边。至于许德拉的尸体,他将其切开,把他的箭浸上毒液。然而,欧律斯透斯宣称,这一项劳作不应该被计入那十项中,因为赫拉克勒斯不是自己战胜许德拉的,而是得到了伊奥拉奥斯的帮助。[①]

尽管欧律斯透斯耍诈,这两项伟业还是为赫拉克勒斯在希腊赢得了相当了不起的名誉,此后他还杀死或者至少战胜了化身为动物的一系列怪物。我不会重述所有这些故事,它们的样式是同样的。此外,这在其他地方也容易遇着。有刻律涅(Cérynie)牝鹿,埃利曼托斯山(Erymanthe)野猪,斯廷法利斯湖(Stymphale)怪鸟,克里特公牛,狄俄墨得斯(Diomède)牝马,三

---

① 《希腊神话》(周作人译),原本第二卷,第五章第二节,第101页。——译注

头犬刻耳柏洛斯(正是哈德斯的那条狗,守着通向地狱的入口,有三颗脑袋和一条蛇的尾巴),等等。在所有这些记述中值得注意的不是如此这般的那些事件,这在每一种情形中都是相同的(一个怪物野兽使一整个地区人心惶惶,赫拉克勒斯总会战胜它),而是他面对的这些造物之凶恶的一面。除了埃利曼托斯山野猪之外,它只是拥有非凡的力量和在自然中从未遇到的攻击性(此外,这在5世纪之前编纂的较早来源中几乎不曾提到)——这些怪物既邪恶又有魔力:那牝鹿身形巨大,长有金角;那怪鸟的羽毛是青铜的,锋利如刀刃;至于那公牛,不同的古典神话讲述者有时将其等同于波塞冬从海中派来使得米诺斯(Minos)成为克里特王的那一头,有时等同于驮着欧罗巴(宙斯追求的那可爱仙女)的那一头,有时又等同于米诺斯之妻帕西法厄(Pasiphaé)爱上的那一头,或者有时甚至等同于马拉松(Marathon)的野牛。在所有这些情形中,超自然的造物都被卷入,其父母既不是母牛也不是公牛,如同现实中发生的那样,而是神,他们喜欢与凡人交合。狄俄墨得斯牝马更恶劣:它们被施以魔咒,吃人肉——在事物的自然秩序中没有马能对此感兴趣,因为它们都是食草动物。刻耳柏洛斯也不能说属于地上世界。革律翁(Géryon)的牛群没有什么大惊小怪的,但是它们的主人——这是赫拉克勒斯为了偷那牛群必须要面对的——是波塞冬和可怕的墨杜莎的后代。关于革律翁的狗,即看管牛群的俄耳托斯(Orthros),这自然是赫拉克勒斯也必须要斩杀的,同样也是与现实的狗没有任何相同之处的另一个怪物,由于它长着两颗脑袋,而且同样——将赫拉克勒斯与宙斯之任务联系起来的主题充斥于这些故事中——是堤丰和厄客德娜的后代。

换言之,赫拉克勒斯与之战斗的力量完全不是这个世间的,甚至可以说是超自然的,是宙斯本身不得不面对的那些存在物的必然结果,那是在世界划分和宇宙最终创立之前的。神圣的并不必然意指善的力量:存在着邪恶的神,比如混沌,比如提坦,比如堤丰。此外,勒尔纳的许德拉,其中一颗脑袋是长生不死的,被击倒的方式,与宙斯战胜堤丰的方式完全相同:正如宙斯成功地压制堤丰不是凭借杀掉他——这是不可能的——而是将其压在埃特纳火山下面,正是非常相似地凭借将一块永久不移的巨石压在那长生不死的脑袋上,赫拉克勒斯成功地扫荡了许德拉的世界。我们要补充的是,赫拉有时被明确地认为,如果不是真正创造了这个或那个"动物",至少也是操盘手,为的是它将会拦阻英雄。后者是她无论任何代价想要置于死地的。

涅墨亚的狮子,勒尔纳的许德拉,埃利曼托斯山的野猪,刻律涅的牝鹿,斯廷法利斯湖的怪鸟,三头犬刻耳柏洛斯,克里特公牛,狄俄墨得斯的牝马,可怕的俄耳托斯看管的革律翁牛群……我们已经记述了九项劳作。

余下的三项,我尚未提及——亚马逊女王希波吕忒(Hippolytè)系着的腰带,赫斯帕里得斯(Hespérides)的金苹果,奥吉斯(Augias)的牛圈——总体上有着不同的一面。这里不再是战胜化身为凶恶动物的怪物的问题,而是更加直接,完成号称是不可能的任务。比起在其他伟业中,在这里,"劳作"找到了其更深层的含义:待解决的首先肯定是一件危险且不可能的任务,但在其中,怪物既不是首要的也不是唯一的因素。我们离开了这熟悉的场景:战胜多多少少都是堤丰之后代的邪恶存在物。

然而,混沌的混乱力量依然在背景中浮现出来。这无疑就在亚马逊人的情形中,这些毫不屈服的战士,在少年时代,她们右侧的乳房就被切去,为的是不妨碍她们随后精通弓箭和标枪。关于赫拉克勒斯涉及亚马逊人的劳作,不是欧律斯透斯施加的一项新任务,而是他的女儿阿德墨忒(Admété)耍性子:她一定要得到亚马逊女王希波吕忒著名的华贵腰带。现在碰巧的是,这腰带是战神阿瑞斯亲自交给希波吕忒的,因此,人们可能猜想对于赫拉克勒斯来说,将其从物主那里夺来会很困难。然而,出乎所有人意料的是,当他抵达驻地看到女王时(经历了很多冒险,这里我不再重述),她非常愿意将这装饰物作为礼物送给他。但是,赫拉不允许。她现在化身为亚马逊女王的样子——因为众神能够随心所欲地变换自己——而且在其他亚马逊人那里散布流言,说赫拉克勒斯的到来不怀好意,想诱骗她们的女王,这当然完全是无中生有。很快,一场惨烈的战斗在赫拉克勒斯的伙伴与亚马逊人之间爆发了,在这过程中希波吕忒被赫拉克勒斯杀死了。

至于著名的赫斯帕里得斯的金苹果,你会记得,其中一个被厄里斯放在忒提斯和珀琉斯婚宴的桌子上。这里我们再一次面对的是一种神奇的水果,这在自然秩序中是遇不到的。这些尤其特别的苹果是金子的,如此这般地长在树上是有原因的:这棵树是赫拉与宙斯结婚的那一天,盖亚送给赫拉的礼物。众神之后认为它们如此地漂亮,因此将这棵树种在坐落于现实世界地域的一座花园中,在阿特拉斯山,这座山本身同时也是一位神:被称为阿特拉斯的著名提坦,是厄庇米修斯和普罗米修斯的兄弟,肩上担着整个世界。赫拉一直担心有人会来偷她的苹果。因此,她在花园的入口设置了两类看守者。首先是被称为赫斯帕里得斯(Les Hespérides)的三位宁芙仙女,她们是"赫斯珀里斯"(Hespéris)的女儿,而赫斯珀里斯是金星赫斯珀洛斯(Hespéros)的女儿。此外,这些神明有着让人想到日落之颜色的名字:埃格勒(Aegle)(光辉),厄律提亚(Erytheia)(深红),阿瑞图萨(Aréthuse)(黄昏)……不过,由于赫拉不太相信她的宁芙仙女,她又加了第二道看守:长生不死的龙,它当然也是堤丰和厄客德娜的另一个后代,仍旧挡在赫拉克勒斯的路途上。正是在寻找这金苹果的探险中,赫拉克勒斯将普罗米修斯从铁链中解救出来,用他的弓箭射死了著名的秃鹫——同样是堤丰和厄客德娜的后代——它吞噬着普罗米修斯的内脏。

有趣的是,赫拉克勒斯不是凭借武力而是通过计谋成功地窃取了赫拉的苹果——证明他完全是宙斯之子。在被赫拉克勒斯解救之后,普罗米修斯非常高兴,给他指明一年多来他寻找的东西:那著名的赫斯帕里得斯花园的确切坐落之地。这轻而易举,因为那是普罗米修斯的兄弟阿特拉斯居住之地。普罗米修斯建议赫拉克勒斯不要亲自偷那苹果——这将是一件不可饶恕的偷窃行为——而是让阿特拉斯替他去。因此,当赫拉克勒斯遇见阿特拉斯时,他提出了一项交易:他愿意替代阿特拉斯将世界扛在肩上,而后者要去取回那苹果。阿特拉斯答应了,而在他返回的时候,他开始有些想解除他的重担,也开始认识到,没有它将会是多么惬意的日子,而且他用尽全力使得天和地永久分离是多么劳累,这可以理解。因此,经过再三思考,他告诉赫拉克勒斯,他会出发亲自将那苹果送给欧律斯透斯。我们必须记住的是,在这段时间,赫拉克勒斯一直在肩膀上扛着天穹的担子,无论如何必须找到将其交还给阿特拉斯的方法。非常地漫不经心,而且没有引起怀疑,他同意阿特拉斯所提出的要求。赫拉克勒斯只是补充说,是否阿特拉斯会好心地暂时收回他的重担,他取一小块垫子放在脑袋下面,以便他能更舒服些。阿特拉斯四肢发达头脑简单:他落入了陷阱,重新将世界收回放在他的肩膀上,然后,赫拉克勒斯带着苹果离开了,回到了欧律斯透斯那里,留下可怜的阿特拉斯继续那艰难的重负。

故事的结局相当发人深省:当他手里拿着苹果时,欧律斯透斯几乎就不正眼看它们,而是直接递回赫拉克勒斯,这证实了——如果依然需要证据的话——这些伟业的目的是直接地杀死英雄,赫拉克勒斯从其劳作中没有收获任何好处。而且,任何人偷窃这些苹果都是被绝对禁止的,它们必须留在宇宙花园中。赫拉克勒斯随即将它们交给雅典娜,后者尽可能迅速地将其放回原处,为的是事物秩序不被扰乱……

我将奥吉斯牛圈的故事放在最后(尽管阿波罗多洛斯将其

放在第五项劳作上),因为这一伟业与其他的不太相同。没有怪物涉入其中,没有堤丰和厄客德娜的后代,没有超自然的存在物……可是秩序与无序之间的战斗依旧无处不在。

首先,从奥吉斯这个人物本身说起,他是名为埃利斯(在伯罗奔尼撒西部)的一个地区的国王,也被证实是一位不正义的国王,一位搅乱秩序的国王。他拥有庞大的牛群,是他的父亲太阳神赫利俄斯留给她的。但是自接管以后,奥吉斯从未费心去清扫他的牛圈。现在那里已泥泞不堪,几乎是无法想象地肮脏,还有污染这整个地区的危险。粪便从未被运走,高高地堆积在邻近的土地上,导致土地都荒芜了。我们在这里面对的是巨大的无序,相当大规模的自然灾难。赫拉克勒斯没有告诉奥吉斯,他被派来清理这污秽。实际上,他想有偿劳作,他现在明白,施加于他的劳作不是——在这一事例中——要了结他(英雄的生存根本就没有受到威胁),而是羞辱他,将他贬低至奴隶的层级,必须在这污秽中脏了他的手。因此,赫拉克勒斯想要得到报酬——根据阿波罗多洛斯,他要求奥吉斯十分之一的牛群,如果他能够在一天之内清扫完所有牛圈的话,奥吉斯同意了,不是因为他是个爱清洁的人,想要将这片地区收拾干净,而是因为他认为赫拉克勒斯是个傻瓜,不相信他的任何承诺。他只是好奇要看看会发生什么。这里我们要补充的是,除了想要报酬,赫拉克勒斯不想脏了他的手。他不是奴隶而是半神,宙斯之子,这里再一次地,智谋会襄助力量。赫拉克勒斯着手工作之前,在牛圈之外的院子主墙上挖开了一个巨大的缺口,然后又在正对的墙上挖了第二个缺口。接着,他在附近流过的两条河,即阿尔甫斯(Alphée)河与珀涅乌斯(Pénée)河之间挖了一道宽阔的壕沟,将湍急的水流引入牛圈的前面院墙,从后墙出来,冲走了所有的污秽之物。因此,在几个小时之内,牛圈就清洁如新!

然而,如我曾说的,奥吉斯不仅是一个无耻之徒,也是个骗子:当他发现赫拉克勒斯是被欧律斯透斯派遣来的,便拒绝支付报酬,尽管前者已经完成了交易中他的那部分。为了辩护,他想出了这样复杂的说辞:他声称,首先,由于赫拉克勒斯是被迫完成这一劳作,他就不需要为此付出报酬。实际上,即使赫拉克勒斯坦承那劳作之源起和意义,奥吉斯也不会付酬劳的。这一说辞似是而非,以至于奥吉斯不得不在为解决这一争议即刻召集的法庭面前撒谎:他作伪证,发誓说他根本就没有答应回报赫拉克勒斯。不过,他运气不佳,他的亲生儿子,见证了那一交易,愿意作证反对他的父亲,为赫拉克勒斯辩护。一个可怜的失败者,奥吉斯没有等待判决出来,就将他的儿子和赫拉克勒斯驱逐出了他的地盘。在适当的时机他会因此受到十倍的恶报。赫拉克勒斯从未忘怀,第二次碰见奥吉斯的时候,他杀死了他。眼下,赫拉克勒斯能够胜利返回到他的堂兄那里,后者现在必须取消任何进一步的考验,因为它们全部证明是没用的,至少在实现它们邪恶目的的意义上是如此……

在十二项劳作之后的探险不计其数。留传给我们的记述不尽相同,而且相互抵触严重,因此试图重述它们,就像它们能够形成连贯的故事和条理清楚的赫拉克勒斯传记是愚蠢的。看起来可取的是,直接过渡到大多数神话讲述者达成一致的内容:赫拉克勒斯的第三次也是最后一次婚姻(与得伊阿涅拉[Déjanire]),他的最后时刻,还有他的脱凡成神。

## 死亡和复活:赫拉克勒斯的"脱凡成神"

关于赫拉克勒斯生命的末期,最早且最详实的来源是由索福克勒斯的悲剧《特拉基斯少女》提供的。特拉基斯这座城邦,将赫拉克勒斯最后的妻子得伊阿涅拉以及他最后的情人伊俄勒(Iolè)联系起来,结局是悲剧性的。导致赫拉克勒斯可怕死亡的一连串事件尽管错综复杂,大致是连贯一致的——后来的神话讲述者,比如迪奥多洛斯、阿波罗多洛斯或者希吉努斯的记述大体上是一致的。如果我们忠于核心框架,它能够被归为六项主要事实。

第一项事实:我们将所处情境搁在一边,赫拉克勒斯在卡吕冬(Calydon)村庄遇到了得伊阿涅拉。他爱上了她,自然想要娶她。但是,她有一个追求者,名为阿科洛厄斯(Achéloos)。后者既是一位神也是一条河,就像阿特拉斯同时是山和提坦神。而且,阿科洛厄斯还拥有一项奇特的禀赋,毫无疑问源自其流动性:他能够变化成不同的存在物,每一种都和其他的一样难以战胜。有时他保持着其基本的形式,即一条河流,但有时他自己变换为一头牛或者一条龙。赫拉克勒斯如果想要赢得得伊阿涅拉的话,必须与所有这些变形物战斗。正是在阿科洛厄斯呈现为公牛的样子时,赫拉克勒斯获得了胜利,方式是掰断了他的一只角。阿科洛厄斯无论任何代价都要找回它,因此,他宣称自己被击败了,请求赫拉克勒斯归还他的角。这则神话的许多变体之一说到,作为交换,阿科洛厄斯送给赫拉克勒斯著名的母山羊阿玛尔忒亚的角,后者在宙斯年幼之际喂养过他(被他的祖母盖亚藏在山洞,为了阻止他的父亲克洛诺斯吞掉他)。阿玛尔忒亚的角被称为"丰裕之角",因为它有着神奇的属性,为其拥有者提供所需的全部食物给养……同样需要顺便记起的是,这山羊坚不可穿的皮革也被用来制造埃癸斯(该词意思是"用山羊皮"),雅典娜著名的盾牌……

不过,让我们回到我们的故事。在其战胜阿科洛厄斯之后,赫拉克勒斯与他的新战利品得伊阿涅拉在卡吕冬小住几日,他计划着与她成婚。不幸的是,在这个城邦的国王俄纽斯(Œnée)提供的一次晚餐过程中,赫拉克勒斯因疏忽而杀死了——"非有心而为",就像孩子们说的——一个仆人,后者碰巧与国王是亲戚。显然,赫拉克勒斯太强大,不能留在凡人的世界中,在这里他开始作恶多过为善。从这些事件中,我们已经能够感觉到,或许对他而言是时候返归另外一个世界了,一个神圣的世界,更匹配他的成就。由于仆人之死是个意外,赫拉克勒斯得到了俄纽斯的宽恕。然而,他实在对自己不满意:他觉得应受惩罚,而且以其严厉的正义感,决定施与自身严酷的流放惩罚。因此,他和得伊阿涅拉离开了卡吕冬,奔赴一个不同的城邦特拉基斯,现在他计划在那里居住。

在路途中——第三项事实——他来到一条河流边,即欧厄诺斯河(Evénos),他必须渡过这条河。这里有一位摆渡人,一位名为涅索斯(Nessos)的半人半马肯陶洛斯人(Centaure),他要渡者付酬乘坐他的临时船筏过河。赫拉克勒斯自己渡河,将得伊阿涅拉托付给那摆渡人。后者心中打定主意,试图在渡河过程中强暴她。得伊阿涅拉大声尖叫起来;赫拉克勒斯听到她的呼喊,拿起弓箭。只用一支箭——你会记得,它的箭镞有毒,赫拉克勒斯曾经将其浸在勒尔纳的许德拉的有毒血液中——他射穿了涅索斯的心脏。在临死之际,涅索斯希望死后能够为自己复仇,就给得伊阿涅拉讲了一个荒诞的故事,试图劝说她,留存他的一些血液,以便制成一种爱情魔药,如果赫拉克勒斯不再爱她,魔药会让他重拾旧情。得伊阿涅拉听信了涅索斯:毫无疑问,她认为没有人在死亡的剧痛中还有心撒谎。在这一点上,事实会证明她大错特错……

第四项事实:赫拉克勒斯和得伊阿涅拉最终抵达特拉基斯,英雄将妻子安置在这城邦国王西宇克斯(Céyx)的宫廷中,后者既是朋友,也是亲戚(赫拉克勒斯的凡人父亲安菲特律翁的一个侄子)。赫拉克勒斯还是不能赋闲,立刻出发追求新的冒险,在各种各样的格斗或者战争过程中,他杀死了更多的恶棍,并且劫掠了非常多的城邦。我会省略细节。我们仅仅补充的是,在这些习惯性劫掠之一的过程中——在这一时期,所有的战争(尤其是特洛伊战争)通常都是以战败城邦的仪式性洗劫告终的——他劫持了迷人的伊俄勒,他看来是决定要她做他的情人。他将其带至特拉基斯,连同其他的俘虏,这里她会住在西宇克斯的宫廷里——与得伊阿涅拉一起。赫拉克勒斯计划晚些返回。在返家的路上,他想花些时间在苏纽海角的高处,为宙斯献祭。当他出发的时候,通过正在带领伊俄勒和其他俘虏的信使,他给得伊阿涅拉捎了个信:给他送来一件新的斗篷,以便他以洁净的装扮举行献祭仪式,配得上他试图完成的净化行为。

得伊阿涅拉一看到伊俄勒,就意识到了威胁:这年轻女子确实太漂亮。在《特拉基斯少女》中,索福克勒斯描述了这一时刻,因此,我们看到得伊阿涅拉立刻就明白了,她的丈夫离他越来越远。那时她记起涅索斯和他的爱情魔药,她找到了它,并且仔细地将其涂抹在信使要带给赫拉克勒斯的衣衫上。她希望魔药使他回心转意,使他重新爱上她,就像涅索斯允诺会发生的那样。不过,这当然是一个陷阱:那药的确有魔力,但只是在杀人的意义上——以最残忍的方式——无论谁穿着它。赫拉克勒斯穿上了那衣衫,刚一接触他的体温,衣衫就开始烧了起来。他当然想脱掉它,但是那衣衫恐怖地紧紧粘在他的皮肤上。当它被脱下时,一条条被烧焦了的血肉连同那织物一起脱落下来。这痛苦太骇人,无论是谁陷入其中都没有解救的方法。另外,有一则神谕曾警告赫拉克勒斯说,他会死于死人的手中,现在他明白了,这个人正是涅索斯,那个他用毒箭射杀的肯陶洛斯人。

如此,赫拉克勒斯现在请求他的一个儿子为他架起一座巨大的火葬柴堆,以便他可以借助那净化之火而死。他那被吓坏了的儿子拒绝了,但是有个仆人接受了命令,作为交换,赫拉克勒斯把自己的弓箭赐予他。他登上了柴堆。那仆人点燃了火盆……就这样,赫拉克勒斯结束了他在世间的一生。和所有的凡人一样,他必然会死,但是他的故事并没有在这里终结。根据阿波罗多洛斯,他表达了各个不同的神话讲述者最广泛持有的看法,一片云从天而降,轻轻地围裹住了赫拉克勒斯燃烧着的身体,慢慢地将其托至天堂。这里,在奥林波斯山,他变成神。同样也是在这里,赫拉将宽恕他,最终,他们会达成和解。这就是他的"脱凡成神"——*apo-théos*:变换为神是对他的赏赐,因为他受到了神明的激励,为反对混沌力量而战斗不息。

## Ⅱ.忒修斯,或者如何继承赫拉克勒斯与混沌之存续力量战斗的事业

忒修斯是赫拉克勒斯的远亲,一个崇拜者,也是继承者。他也是一位非凡的怪物屠杀者。而且,他的早期伟业被多数神话讲述者明确地表现为赫拉克勒斯劳作的直接延续,那时,赫拉克勒斯因为被罚为翁法勒(Omphale)女王服役,短时期内无所作为……我们可以说,同赫拉克勒斯在伯罗奔尼撒和被称为阿尔戈利斯的阿尔戈斯地区一样,在被称为阿提卡的地方,即环绕雅典的地区,忒修斯是有史以来最伟大的英雄。忒修斯和赫拉克勒斯一样,是一位独特的传说人物:他从未存在过。然而,我们通过"传记"知晓他的冒险,它描绘、讲述了他的生活,

就像他是位现实的历史人物①,生活在特洛伊战争一个世代之前——这被认为由此一事实可以证明,即他的两个儿子据说参加了这场战争。因此,忒修斯是赫拉克勒斯的同时代人,尽管年轻一些,而且根据几则传说,他们甚至有机会彼此相见。不幸的是——或许是可能的不幸:相互抵触是这些神话之魅力和旨趣的一部分——这些传说性的传记随意地相互抵触,而分歧就从忒修斯的诞生开始。根据某些记述,尤其是普鲁塔克的——他尽管晚些,是关于我们的英雄仅有的最重要来源——忒修斯的母亲是埃特拉(Aethra),她是一位公主,是特罗曾(Trézène)国王皮特修斯(Pitthée)的女儿。他的父亲是埃勾斯(Egée),雅典国王和整个阿提卡的统治者。因此,忒修斯出身高贵。根据这个版本,埃勾斯与他的几个妻子都没有孩子,由此,他决定远赴德尔菲,询问皮提亚女祭司,阿波罗的著名神谕宣誓人。她的预言一如既往地神秘(换言之,多多少少无法理解),说他在返回雅典家中之前不该打开他的酒囊。根据普鲁塔克,这是她确切的预言:

---

① 至少在那些已经留传到我们这里的记述之中,希腊诗人巴库利德斯(Bacchylide)(公元前5世纪)的记述是最早的,这幸运地在19世纪重新发现了,当时大英博物馆意外地获得两卷纸草,包含着大约二十首诗,保存得非常好。在这之中就有被称为"酒神赞歌"的内容,即献给狄奥尼索斯神的颂诗,诗歌竞赛期间,这会在巨大的露天圆形剧场中吟诵,那个时候的希腊人沉迷于此。这些重新发现的酒神赞歌中,有涉及忒修斯最早五项伟业的叙述。关于其一生余下的时间,我们必须再次依赖于阿波罗多洛斯,还有在另外两位作者那里发现的记述:普鲁塔克(公元1世纪),以及西西里的迪奥多洛斯(Diodore de Sicile)(公元前1世纪)。

返回雅典城之前,伟大的首领,

不要松开皮酒囊突出的脖颈。①

我想借此机会对"女卜的预言"和"女卜的"这个术语的含义略作解释。女卜正是皮提亚女祭司之一,负责传递阿波罗神谕。由于她受到了极高的尊重,故人们决定在她死后,将其名字转变为一个普遍的名词,用以指代在德尔菲或者其他任何地方接替她进行预言的女祭司。现在这些神谕拥有一个共同特征:它们总是以一种模糊的方式说得模棱两可,其含义从未即刻明示,而是相反,凡人难以解释。从此以后,人们用"女卜的"来指代所有不明确或含糊的言辞。

埃勾斯对于皮提亚女祭司所说的话几乎不理解,他决定在回家的路上拜访其朋友,特罗曾国王皮特修斯,寻求他的参谋。后者毫无困难地解释了神谕,即他必须把埃勾斯灌醉,并把自己的女儿埃特拉送到埃勾斯的床榻,这样就能生下孩子。这一行为肯定看起来怪诞,尤其是就一位父亲而言:我们难以想象,一位父亲故意将客人灌醉,为的是让其与自己的女儿交欢。我们都会对这样的情形唯恐避之不及! 不过在疑问之际,毋宁换个角度来看待此事:在皮特修斯的眼中,他的同胞雅典国王对于他的女儿来说是如意郎君。埃勾斯的孩子将是这个家族的荣耀,而且会有机会,如果不是肯定的话,诞下非凡的孙儿。无论如

---

① 参看《希腊罗马名人传》(商务印书馆版),第7页。——译注

何,通过这样的方式,忒修斯来到了这个世界。根据其他文本来源(巴库利德斯以及似乎阿波罗多洛斯也是),忒修斯肯定是埃特拉的孩子——在那些记述中,母亲从未被怀疑——而真正的父亲不是埃勾斯,而是波塞冬其人,他在同一晚上悄悄爬上埃特拉的床榻,如埃勾斯所为!由于在这一情形中父亲是一位神,忒修斯的出身更加高贵。

无论哪种情形,这无关紧要。确定的是,如果我们从其有名望的祖先来判断的话,忒修斯从一开始就注定是位英雄。然而,在他整个童年时期,他的父亲一直对其不闻不问。实际上,他的母亲拒绝向他揭露父亲真正的身份。无论如何,当一位神与凡人交欢时,她的丈夫(或配偶)一般会被劝服不要恼怒。他必须抚养或者安排好那孩子的抚养,就像是自己的孩子。埃勾斯,在他喝醉并且与埃特拉交欢的那个晚上之后,一早就思忖着,如果他幸运地有了儿子,等他长得足够大时,应该能够与自己的父亲相认。为此目的,他将一把剑和一双鞋藏在一块几乎不可能搬动的巨石下面,并且在返回雅典之前,告诉年轻的公主,如果她碰巧有了他的儿子,应该一直等到他长得足够大了,再告诉他这隐藏地点以及他父亲的真实身份。那时,而且只有那时,他会足够强壮到移动巨石,找到留给他的礼物,在这个时候,他应该被打发去雅典,带着这些信物来见自己的父亲。在此期间,埃特拉和皮特修斯精心地抚养着小忒修斯。

你或许会疑惑,为什么埃勾斯不选择将埃特拉和他未来的儿子带在身边。他是一位坏父亲吗,毫不在意他在旅程中生下的孩子？一点也没有，真相完全不同，我们决不能通过表面现象来判断。实际上，埃勾斯此生只渴望一件事，而且这是他为什么长途跋涉去德尔菲寻求神谕的原因：生个儿子。但是他想让儿子在公开自己身份以及相应地被人们承认之前，长到成年阶段；否则会有被其堂兄弟——埃勾斯弟弟帕拉斯的儿子杀死的危险。原因很清楚：雅典的所有人都知道埃勾斯没有子嗣，鉴于此，他的侄子们（帕拉斯的儿子们）自信地认为，他们将会继承雅典王位。你可以确信的是，如果他们碰巧得知埃勾斯有个儿子，他们毫无疑问会除掉他，阻止他夺去他们现在理所当然地视为自己的东西。由于他们不少于五十人，而且完全不择手段，这孩子没有机会活下来。这就是埃勾斯为什么叫埃特拉闭口不提的原因，不要告诉忒修斯他的出身，直到他长大了，强壮到能够移动那石头，并且也能使用藏在下面的那把剑。

忒修斯成长迅速……而且强壮有力。在十六岁的时候，他已经像成年人一样强壮。他有着赫拉克勒斯的力量，据说，从童年时代起他就将赫拉克勒斯作为榜样，而且赫拉克勒斯还是他的远亲。埃特拉认为是时候告诉忒修斯她本人隐藏很久的两个秘密：第一，他的父亲（总之是世上对他最重要的父亲，他的凡人父亲）是埃勾斯，雅典国王；第二，他给儿子留下一些东西，藏在一块巨石之下——她现在就带着忒修斯，看是否他已经强壮到能够搬动它。你可以想象，对付那石头仅仅花了忒修斯几秒钟的时间，他搬起来就像是它轻如鸿毛。他抓起那把剑，穿上那双鞋，对他的母亲说，他要立即出发去雅典找他的父亲。这里再一次地,你可能会问,这双破旧的鞋子有什么意义呢:我们都能够理解为什么一位父亲会留给他的儿子一柄好剑,既是为了给他作武器,也是作为步入成年时代之仪式的象征。但是,考虑到他的母亲和外祖父很明显已经给他提供了任何他想要的鞋子,为什么留下一双鞋这样陈旧又没有什么意义的物件呢?只因为那鞋子有着确切的含义:它们表明忒修斯必须从其出生地特罗曾步行而不是坐船去雅典。为什么这一点在该神话中是非常重要的一个因素呢?

原因是,你会记得,忒修斯的生命比以前更严重地受到了帕拉斯邪恶的儿子们的威胁,他们想要取代他。此外,埃特拉和皮特修斯非常担心他的安危。他们不惜任何代价,劝他不要步行去雅典:这实在太危险。不仅是受到帕拉斯儿子们的威胁,而且这地方还有强盗出没,甚至还有怪物。因为,赫拉克勒斯此时被贬为奴隶,无法恰当地表现其屠杀怪物的角色。经常出没于去往雅典之路的怪物比纯粹的强盗更加暴虐和残忍——一个没有历练的年轻人试图面对凶恶的怪物是不明智的。至少这是智慧或者审慎的声音。另一方面,无可争辩的是,他的父亲留下这双鞋子给他必然有着充分的理由。如果埃勾斯曾经藏有一双鞋,这样做是因为忒修斯会用到它们;因此,显然他必须步行去雅典,如果怪物挡道,它们就会碰到对手,因为忒修斯现在几乎和赫拉克勒斯一样强壮,而且握有一柄令人生畏的剑。

更为象征性的说法,这里涉及的是一次初始征程,在这过程中,忒修斯会发现其真正的使命:一位英雄的使命,独一无二的不仅在于其力量和勇气,而且在于其有能力消除世界甚至是宇宙中无法忍受的无序,那是由怪物力量引发的。存在两种可能的结果:或者忒修斯失败,或者他取得成功。如果他失败了,那是因为他根本不适合作一位英雄。如果成功了,他就会成为宙斯所从事之事业的伟大继承者,往昔之时,宙斯推翻提坦神并且战胜了堤丰,忒修斯就像堂兄赫拉克勒斯一样:肯定是人,但是一位神人,凭借其贡献——以一位神的方式——使得世界和谐、宇宙战胜混沌力量。

关于混沌力量,肯定不止忒修斯遇到的那些。在去往雅典的路途过程中,他会遭遇六只令人憎恨的怪物,而且是使得整个科林斯地峡人心惶惶的存在物。正如在赫拉克勒斯的劳作中,几乎所有的这些怪物都有着可怕或者怪诞的祖先,而且它们全都有着超越我们常人理解的特性。它们都极其危险和可怕。

我们从珀里斐忒斯(Périphétès)开始,根据阿波罗多洛斯(这里我一般都遵循他)的叙述①,他是年轻的忒修斯第一个遇到的,地点在埃皮达鲁斯(Epidaure)的郊外。珀里斐忒斯的确不容易对付。据说他是赫淮斯托斯,即那瘸腿的神,也是唯一不俊美的奥林波斯神的儿子,和父亲一样,他有一条腿残废畸形。如同那些相似的衰弱之人,珀里斐忒斯总是假装倚靠着一个人——实际上是一支铁杆或者大头短棒——以至于过路人会觉

---

① 这一事件是六件之中唯一在巴库利德斯的酒神赞歌中没有出现的一件。

得可怜,走近他提供帮助。忒修斯也是如此,且彬彬有礼。假装表示感谢,凶恶的珀里斐忒斯抡起他的大棒要杀死忒修斯。不过后者迅捷又灵敏,用剑刺穿了他。接着,忒修斯将大头短棒据为己有,据说他从未让其离身……

第二项事实:忒修斯继续上路了,遇到了卑劣的强盗西尼斯(Sinis),也称为皮提欧坎贝(Pityiocampès)——在希腊语中意思是"弯曲的松树"(le courbeur de pins)。西尼斯是一个巨人,有着无法想象的力量,在本来的意义上是非人的——不合人类的所有尺寸——这本身就是畸形的标志。根据阿波罗多洛斯,他是波吕佩蒙(Polypémon)的儿子,不过有时也声称——毫无疑问是为了解释他的畸形和力量——他有着神圣的祖先,是波塞冬的儿子。为了理解西尼斯耍的恶毒把戏,我们必须回到古代绘图,回到绘制的肖像,特别是瓷器上的,它描绘了那场景,经常比书写的文本更为清晰。西尼斯劫持不幸的过路之人。他要求他们帮助他将两棵相邻的长在一起的松树折弯。那松树梢顶被折压到最大程度之际,西尼斯将其所掳之人的四肢分别绑在两棵树的梢顶,接着松手,由此当树枝被松开,且猛烈地弹回至其向上的位置时,那过路人就会被完全撕裂。西尼斯对此窃笑不已,这是他喜欢的消遣。一直到忒修斯路过的那一天。我们的英雄假装参与他的游戏,但是没有让自己被绑在树上,取而代之的是他将那怪物的脚绑在两棵树上,由此,当树木直立之际,西尼斯被撕成了两半,承受他乐于给那么多其他人施加的相同命运。

第三项事实,甚至更凶险:克罗米翁(Crommyon)野猪,或者毋宁是母野猪,因为这里肯定涉及的是一头雌性野猪。这头母野猪真是不同寻常,而且与她这个种类的毫无共同之处,无论是过去还是现在的。她是堤丰和厄客德娜的女儿,后者本身是塔尔塔罗斯的女儿,地狱三头犬刻耳柏洛斯的母亲(还生有其他怪物)。厄客德娜是长着女人脸的怪物,她身体的末端不是腿,而是蛇的尾巴……因此,你知道,这头野猪的畸形贯穿家族。同样,杀戮是她的消遣:她使这个地区极为恐慌,无论谁经过此地,必遭杀戮……直到忒修斯用他的剑术将其从世间除掉。

忒修斯在墨伽拉(Mégare)城外遇到了第四个怪物。这家伙长着一张人脸:他的名字是斯喀戎(Sciron),而且又一次地,有人宣称他有着神圣的祖先,有些文本来源甚至表示,它是波塞冬的(另一个)儿子。其他一些认为他是珀罗普斯之子,后者是声名狼藉的坦塔罗斯的后代,即那被惩罚在地狱中永受饥饿的人。无论哪种情形,这明显不是人类。他耸立在其地盘上,那是在海岸边的一条地势较高的路旁边,附近有一处海角,被恰当地称之为"斯喀戎之崖"。他在这里静静地等待着路人,强迫他们为他洗脚。他的手中总是拿着水盆,不过当不幸的路人弯下腰去完成强加给他们的劳役之际,斯喀戎就将他们投入深海,在那里成为一只本身就是怪物似的巨海龟的猎物,被活活地吞食……忒修斯又一次如法炮制。在那瓷器的形象中,他被描绘为抓起斯喀戎的水盆,将他的脑袋摁在里面,然后将其打发到下面海水中的巨海龟那里去了。

忒修斯继续其危险的路程。意料之中的是,他会碰到其他真正的祸害。这一次的遭遇发生在厄琉息斯城外,即得墨忒耳及其秘仪之城。一个奇怪的人物挡住了忒修斯的路,这就是刻耳库翁(Cercyon)。他依旧不是真正的人,据说是波塞冬或者可能是赫淮斯托斯的另一个儿子,就像可怕的珀里斐忒斯那样。无论情形如何,他拥有超人的力量,而且他的消遣就是为了恶而作恶。他挡住路人,强迫他们和他摔跤。而因为他的神圣出身及其力量,每一次他都获胜,之后就把他的对手杀了。当他挡住忒修斯时,依旧对此结果确信不疑,因为与之搏斗的是一个十六岁的少年,他会一下子就战胜他。只可惜忒修斯非普通少年,而且迅捷如豹子。他抓住刻耳库翁的腿和手臂,高高地举起,用尽所有力量将其狠狠地摔到地上。这怪物遇到了对手:他身形庞大,轰然坠下……倒地立毙。

正如在所有的精彩故事中,最凶恶的都留在最后,即遭遇普罗克拉斯提斯(Procuste)(他另外的名字是达玛斯忒斯[Damastès]或者波吕佩蒙[Polypémon])——这个词在当下的背景中意指"拿大棒的人"。这里又一次地,某些记述赋予他非人的起源,尤其是希吉努斯认为普罗克拉斯提斯是波塞冬的儿子——如我们所看到的,许多令人厌恶的后代被归于波塞冬。普罗克拉斯提斯有两张客床,一短一长,就在他的住处,这位于从特罗曾到雅典的同一条路的边上。普罗克拉斯提斯礼数周到,且态度随和,给路过的客人提供了殷勤招待。但是他经常故意将那张长的床提供给个子矮小之人,而那张短床则提供给身形高大之人,由此,第一类人茫然不知所措,而第二类人在两端都突出来。当他们睡着时,这可怕的主人就将他们紧紧地缚住……接着将那些太长的人两端切除,而那些太短的人就将他们肢体拉长,直到那受害者被拉伸到和床的长度一致。忒修斯在这里同样没有受骗。他预料到了主人的伎俩,从一开始他就不信任他。忒修斯制服了他,强迫他尝尝平常都是为他的受害者预备的酷刑……

当他最终到达雅典时,平安而且健全,忒修斯已经被冠以屠杀怪物的令人称羡的名头。每个人都称赞他,对他表示深深的感激之情,因为他除去了路途中这些专门无端作恶的凶残怪物,目前为止都没有人能够与它们对抗。只有赫拉克勒斯能够与这位新英雄相比。现在忒修斯去寻找他的父亲雅典国王埃勾斯。但是两个障碍依然横在路上。第一是帕拉斯的儿子们,他的嫡亲堂兄弟,他叔叔的儿子,他们想要杀掉他,为的是阻止他继承属于他们的王位。第二,甚至可能是更可怕的,即女巫美狄亚,她已经成为埃勾斯的妻子。美狄亚,尽管有着其个人的魅力——这包括其绝美姿色——依然是令人惊恐的存在物。一则她是另外一个女巫喀耳刻的侄女,后者将奥德修斯的伙伴变成了猪。不过,她也是科尔奇斯(Colchide)国王埃厄忒斯(Aeétès)的女儿,后者是金羊毛的拥有者,那是伊阿宋索求的,关于他我们后面会知道得更多。在那一个神话中,美狄亚杀了她自己的弟弟,毫不犹豫而且剁成碎片,为的是帮助她的情人伊阿宋带着金羊毛逃离科尔奇斯,这让我们对美狄亚的为人以及她能做什么有所了解。而且,在伊阿宋最终抛弃她的时候,那是在她已经为他生了两个孩子之后,她刺死了孩子,纯粹是报复他以发泄怒火。

她当然知道忒修斯是埃勾斯的儿子,而且她意识到,他所具有的英雄禀赋,注定会给她制造麻烦。因此,她开始给埃勾斯吹枕边风。她对他说,这个忒修斯是危险的,他们必须亲自除掉他。我们应该记得,此时埃勾斯尚不知道忒修斯是他的儿子:他只是通过其作为强盗和怪物之屠杀者的名声知道他的。和大多数丈夫一样,他自己乐于听枕边人的,根据阿波罗多洛斯的叙述,他最初还试图除掉这英雄,方式是派他前去征战一头可怕的公牛,即马拉松的杀人公牛,它制造的恐慌已经弥漫这个城邦。当然,忒修斯在剪除那野兽之后得胜归来。在美狄亚的建议下,埃勾斯现在试图毒害忒修斯,依旧没有意识到后者就是他的儿子。这女巫已经准备好了毒酒,这是她的拿手伎俩之一。埃勾斯在他的宫殿中举办宴席,他邀请忒修斯来参加。他递给他一杯毒酒,不过就在忒修斯接过酒杯举到嘴唇时,埃勾斯注意到,忒修斯身体一侧佩戴的王室宝剑,与埃勾斯亲自放在那巨石下作为相认标记的那把相同。他向下看那年轻人的脚,也认出了那双鞋。他用手背轻触那毒酒杯,毒酒泼到了地上。他拥抱了他的儿子,眼中含着泪水。忒修斯得救了,埃勾斯即刻将歹毒的美狄亚驱逐出了他的王国。至于帕拉斯的儿子们,我们只需补充,忒修斯在父亲死后,时机成熟,毫无困难地除掉了他们,一个接一个，直到五十个的最后一个，由此，他成为雅典新国王的路途最终通畅无阻。

不过，即使到这里，我们依然尚未叙述完备。还有一项其他的考验，所有之中最可怕的，在通向王位的路上等着忒修斯。他必须面对一个怪物，与此相比，之前所有的就像是孩子的游戏，即米诺陶（Minotaure），半人半牛，国王米诺斯将其囚禁在那迷宫中。迷宫是由那个时期最著名的建筑师代达罗斯（Dédale）为此目的而特意建造的。在这一情形中，结果远不能提前料定：没有人曾经战胜过这躲藏在著名迷宫中的怪物，正如没有人在进入这邪恶的园子之后曾经找到出去的路。

为了理解接着发生的事情，我必须首先讲述这一造物的诞生及其不寻常的故事。

## 忒修斯在代达罗斯建造的迷宫中勇斗米诺陶

这公牛的神话在时间上追溯到很远。让我们从米诺斯这个人物开始。克里特的这位国王几乎不是一个值得同情的角色。据说他是宙斯众多儿子中的一个，诞于宙斯变形之际——竟然变成了一头公牛——为的是引诱欧罗巴，他爱上的一位漂亮的年轻女子。为了表明这些故事是相互交织在一起的，我要顺带提一下，欧罗巴是卡德摩斯的妹妹，后者如我们曾见，帮助宙斯战胜堤丰，而且神君将阿芙洛狄忒和阿瑞斯的一个女儿，即哈尔摩尼娅赐给他结成连理。

不过还是回到我们的故事。为了引诱欧罗巴又不被妻子赫拉看见,宙斯化身为一头漂亮公牛,毫无瑕疵的白色造物,有着新月一般的牛角。即使伪装成一只动物,宙斯依然保持着华贵的样子。与此同时,欧罗巴正在和一群姑娘在草地上嬉戏。据说,她是唯一一个没有见到此物出现而逃开的姑娘。那头牛走近她。当然,她有些害怕,不过这动物看起来非常温和,一点儿也不凶猛——我们完全可以想象,宙斯就其能力所及做任何事都使得自己讨人喜欢——因此,她开始抚摸它。他睁开牛眼望着她,跪在她身前,尽可能地讨人喜爱。她禁不住诱惑,爬上了他的背……他突然起身,掳走了她,朝着海洋飞速奔去,来到了克里特,在这里他现身为人的样子,短时间内,就赐予这可人三个孩子:米诺斯、萨尔珀冬(Sarpédon)以及拉达曼迪斯(Rhadamanthe)。

这里我们感兴趣的是米诺斯。根据阿波罗多洛斯——关于这一故事的必不可少的要素,我再一次遵循他——米诺斯承担了为他的出生之地克里特颁布法律的责任,他希望成为这里的国王。他与一位年轻女子帕西法厄(Pasiphaé)成婚,后者出身同样高贵,因为据说她是太阳神赫利俄斯的女儿。他和她有几个孩子,他们的女儿中有两个会变得为人所知,阿里阿德涅和淮德拉(Phèdre)——我们后面还有机会说到她们。鉴于克里特国王死时无子嗣,米诺斯决定占据空着的王位,而且对于所有的听众宣称他有神的支持。证据是?人们只要问他,米诺斯就请求波塞冬降下作为其合法性标记的神物:一头华贵的牛在洋流上游走。实际上,为了赢得海神的垂青,米诺斯已经献祭了几只动物，而且首要的是允诺如果波塞冬同意米诺斯的请求，即在集议的那天，派一头巨大的牛浮出海面，米诺斯会即刻给他献祭动物。如我们所知，众神最喜欢献祭品。他们喜欢凡人的崇拜、祭奠和敬仰，还有在炭火上炙烤的肥牛腿飘上来的香味……因此，波塞冬如米诺斯请求的那样去做了，克里特人临时被聚集在一起，在他们惊奇的注视下，一头华贵的牛慢慢地从海浪中浮出！

这奇迹刚一完成，米诺斯就被推选为国王。人们无法拒绝这样一个明显讨众神喜欢的人。然而，如我曾经表明的，米诺斯并不完全是我们所认为的一位善人。除了一些缺点之外，他还不守承诺。现在他发现波塞冬的牛非常漂亮而且体形健壮，因此他决心要将其留下，作为他自己牛群的种牛，而不是如承诺的那样将其献祭给神——一个严重的判断错误，而且显然是近乎僭越的错误。没有人敢戏弄波塞冬：这位神极为愤怒，决定惩罚这无耻的凡人。

这里是阿波罗多洛斯对接下来所发生之事的描述：

> 波塞冬对于他不献祭那头牛感到愤怒，将那动物变得野蛮了，而且设法使得帕西法厄[米诺斯之妻]对那牛产生了欲念。她爱上了那头牛，请求代达罗斯的帮助，后者是一位建筑师，因为谋杀而被逐出雅典。他造了一头木牛，装上了轮子，里面被掏空，把早些时候从一头牛身上剥下来的皮缝在了外面，并且将其放在那头牛经常吃草的原野中，他让帕西法厄钻在里面。那头牛靠近了它，以为这是一头真的

母牛,就与它交配。结果是帕西法厄生下了阿斯忒里俄斯(Astérios),也被称为米诺陶。他有着牛的脸,但身体其余部分是人形;米诺斯遵从某一神谕,将他关在那迷宫中,并且看管起来。这迷宫是代达罗斯建造的,是一座没有人曾经从那蜿蜒交错的路径中找到出口的宫室。

让我们暂时驻足于这一段落。

首先,波塞冬的复仇。我们得同意这相当地变态。他的决定,纯粹只是给米诺斯戴一顶绿帽,而且不是凭借其他任何方式,而是通过那头牛,米诺斯应该献祭给波塞冬的那头!一如既往,惩罚与罪行相符:米诺斯用一头牛欺骗了神,他相应地被一头牛所欺骗。波塞冬迷惑了米诺斯的妻子帕西法厄,为的是她爱上那头牛,并且生下了米诺陶——字面意思是"米诺斯的牛",除了父亲不是他,名字可是再贴切不过了……

现在,让我们看看这个奇怪且有创造力的人代达罗斯所扮演的角色。阿波罗多洛斯顺便告诉我们代达罗斯是因为一项罪行从雅典流放而来。什么罪行?答案揭示他是一个相当不值得同情的人,尽管有着无以匹敌的智慧。代达罗斯不止是一位建筑师,还是一位我们今天所称的"发明家"。他半是个怪人,半是莱昂纳多·达·芬奇。你可以给他提出任何问题,而他都会找到解决办法:请他发明任何机械,他都会瞬间想出一个蓝本来。没有什么对他来说太复杂,他有着邪恶的智巧天才。然而,他也有很多缺陷,尤其是善妒。他无法忍受这样的看法:有人比他更聪明。在雅典他有个作坊,有一天他雇了一个学徒,他年轻的侄子塔罗斯(Talos)——根据西西里的迪奥多洛斯,此人详细描述了这一事件(阿波罗多洛斯只是提到了它)。碰巧,塔罗斯也极具天赋。事实上他是不可思议的天才,甚至有胜过师父的危险,当他完全依靠自己,无需帮助,发明了陶工的旋转机械——这令人赞叹的实用机械,依靠它花瓶、陶碗、盘子、罐子等等能够从黏土中成型。而且,他另外还发明了金属锯……代达罗斯嫉妒得要死,这使其变得卑劣恶毒,以致在忿恨难平之中杀死了他的侄子(根据阿波罗多洛斯,代达罗斯将其从战神山顶端扔了下来,那是雅典城内最高处之一)。代达罗斯被传唤至一个名为战神山议事会的著名委员会前,因为在更早的时代,它曾经因为谋杀审判过战神阿瑞斯。这威严的集会认定代达罗斯有罪,并且处他以流放之刑。

对于今天的我们来说,这一刑罚可能看起来轻描淡写:对于这样一项可恶的罪行,只是从某人的城邦中流放看起来就像是略施薄惩。不过在那时,它被认为甚至比死刑更为严重——而这是与希腊的世界观一致的,这源自从一开始我就在讨论的关于这些神话的所有事情。以奥德修斯的故事为见证,如果良善生活就是与一个人在宙斯建立的经纬巨制中的"自然位置"和谐生存,那么从这个位置被驱逐出去的确就是被惩之以永久地生活于悲惨之中。证据还是奥德修斯——他拒绝了卡吕普索的提议,当时,为了留他在身边,她允诺给他不朽的青春……因此,代达罗斯从雅典被逐出,而且肯定知道从此以后,他就是那该死的、注定永远成为乡愁之牢狱中的一员。

他前往克里特,在那里,与其同僚一道,干起了老本行,为米诺斯效劳,后者欢迎他来到其王室。而且,如我们所看到的,他毫不犹豫地欺骗自己的主人。他建造了一头木牛,帕西法厄藏在其中为的是与波塞冬的牛交配。还有,如我们一会儿看到的,代达罗斯又欺骗了米诺斯,帮助忒修斯找到了迷宫的出路,那是他亲自设计并且付诸实行以囚禁米诺陶的。不过让我们不要太超前了。当下,我们只知道米诺斯被波塞冬的代理者残忍地戴了顶绿帽子。而且,他还有很多其他顾虑。他的一个儿子安德洛革俄斯(Androgée)已经去雅典参加著名的泛雅典娜节,这是个有点像奥林匹克赛会的竞赛,其间来自不同地区的年轻人在不同的项目中彼此角逐:标枪、掷铁饼、跑步、赛马、摔跤等等。在竞赛过程中,因为这个或那个原因——各种各样的解释——安德洛革俄斯被杀死了。根据迪奥多洛斯,埃勾斯杀死了他,因为他与帕拉斯的儿子们以朋友相待,因此代表一种威胁。阿波罗多洛斯告诉我们,埃勾斯派安德洛革俄斯与马拉松的公牛搏斗,在攻击中他被杀死了。确定的是,米诺斯的儿子是在雅典期间身亡的,父亲要求埃勾斯对此负责,无论对错。接着米诺斯对雅典宣战,根据迪奥多洛斯(阿波罗多洛斯在这一点上保持沉默),紧接而来的是一段时间的干旱,这威胁着雅典的生存。埃勾斯祈求阿波罗的指点,神回复说,为了打破僵局,雅典必须满足米诺斯提出的条件。

我曾经说过,米诺斯不是一个特别值得同情的人物。作为取消围攻雅典的交换,他要求每年奉送七对童男童女的贡品,送到迷宫中,在那里被米诺陶吞食。这些不幸之人竭尽所能逃避那怪物的魔掌,但是不可能找到其巢穴的任何出口,一个接一个,他们都被屠杀了。在某些文本中,忒修斯是通过抽签被选中成为下一批送过去的牺牲品之一。不过,根据大多数其他的版本,基于他一贯的勇气,他当然是毛遂自荐的。无论情形如何,忒修斯发现自己登上了载着十四个年轻人去克里特的船,在那里可怕的命运等待着他们。对于接着发生的事,文本来源没有分歧。这里是最古老的记述之一,即菲勒塞德斯(Phérécyde)(公元前6世纪中,也是多数后来记述的主要来源)的记述,它为大多数神话编写者充当母体:

当他来到克里特时,米诺斯之女阿里阿德涅多情地对他表示好感,给了他提示[一个线团]。这是她从代达罗斯这位建筑师那里拿来的,然后告诉他将一端牢牢地系在门闩上,进入迷宫中,一边往前走一边使其在身后留下印迹,一直进行到底。而且当他在迷宫的最隐秘处发现熟睡的米诺陶时,杀死了它,将其脑袋上的毛祭献给波塞冬,接着沿着那团线找到了返回的路……在杀死米诺陶之后,忒修斯带着阿里阿德涅登上了船,还有其他尚没有献给米诺陶的少年男女。随后,他在夜色掩护下,偷偷地开船了。他驶入了纳克索斯岛,下了船,就在海滩上睡觉。雅典娜出现在他面前,命令他离开阿里阿德涅,并且继续驶向雅典。

他即刻起身并且遵命行事。接着阿芙洛狄忒现身于极度悲痛的阿里阿德涅面前,劝慰她要鼓起勇气:她会成为狄奥尼索斯的妻子,并且名扬天下。接着这位神在她面前现身了,赐给她一座金冠,后来众神将这座金冠变成星座取悦狄奥尼索斯。

这里我们依旧要简单予以评论。

首先,就像在帕西法厄那件事情上一样,代达罗斯又一次在背叛米诺斯上没有犹豫,后者毕竟是他的国王和保护人。阿里阿德涅刚向他寻求办法帮助一见钟情的忒修斯,代达罗斯就毫无顾忌地给她提供了将其情人解救出来的策略:通过线团的方式,忒修斯能够重新找到他的印迹,并且由此成为找到那邪恶迷宫出路的第一个凡人(从此以后,"阿里阿德涅之线"的习语就用来指代一个复杂故事的核心主题)。作为对这一帮助的回报,忒修斯答应阿里阿德涅,如果他成功杀死米诺陶,他会带她一起走,并且和她结婚。当然,忒修斯成功了。他进入迷宫,并且赤手空拳地打死了米诺陶。

你也会注意到,其他一些神话讲述者表明忒修斯将阿里阿德涅"遗忘"在他们停泊的岛上,与他们相反,菲勒塞德斯(阿波罗多洛斯是追随者)告诉我们没有此类事情发生过。忒修斯本性不是一个不知感恩的英雄。他甚至爱上了阿里阿德涅。但是他要遵从雅典娜的命令,并且顺从一位他无法反抗的神:狄奥尼索斯。我倾向于这个版本的故事,因为它与我们所知道的忒修斯更为贴近:一位勇敢且忠诚的人物,他服从众神,而且很难想象他会对于一位刚刚救了他性命的女子行事如此粗鲁。因此,怀着沉重的心情,被夺走了自己已然视为未来妻子的女人,他返回了雅典。

这也解释了致使其父亲死亡的戏剧性事件。实际上,当他离开雅典去克里特与米诺陶搏斗之际,忒修斯就在挂着黑色船帆的船上取代了他的位置。在出发前,埃勾斯给自己儿子一张白帆和一个要求:如果他战胜那怪物之后活着返回,切莫忘记取下黑色的船帆,升起白色船帆来替代。这样就意味着他的老父亲远远地、尽可能在最早的时间感到心安:那瞭望之人一直注视着驶来的船,会告诉他那船帆是白色的,他的儿子得救了。但是,忒修斯因为失去了阿里阿德涅心情沉重,完全忘记了换掉船帆。在一块巨石之上俯视着港口的埃勾斯绝望了,俯身投入那此后人们所称的爱琴海中……

## 米诺斯之死与代达罗斯之子伊卡洛斯的神话

在我们回到忒修斯接下来的冒险之前,关于代达罗斯和米诺斯还有最后几句话。首先,关于代达罗斯:得知米诺陶被杀死以及雅典的少年男女逃走,而且他的女儿阿里阿德涅也不见了,米诺斯勃然大怒,无论任何代价都要为自己复仇。他毫不怀疑:只可能是代达罗斯帮助阿里阿德涅和忒修斯找到迷宫的出路;只有代达罗斯足够地聪明,为他们订好了逃脱之计。因为已不可能将他的建筑师移交给米诺陶了,他将代达罗斯及其儿子伊卡洛斯(Icare)囚禁在迷宫中,发誓永远都不会把他们从这可怕的囚牢中释放出来。不过,他没有考虑到代达罗斯的天才,此人不知道阻碍为何物。有人可能会认为,代达罗斯创造了这复杂的园子,就必然能够找到他自己出去的道路。并非如此,没有蓝图,代达罗斯和其他人一样对于从哪儿开始也所知甚少。他必须寻求其他的解决之道,他就是因此而著称的。因此,我们的发明家自然设计了一项奇妙的装置。他用蜡和羽毛,制造了两对巨大的翅膀,一对给他自己,一对给他的儿子。父子飞上了天空,平稳地飘离了他们的囚禁之处。

在起飞之前,代达罗斯小心地叮嘱儿子:他说,重要的是不要飞得离太阳太近,否则蜡会融化,而你的翅膀会脱落;也不要飞得离海洋太近,否则那湿气会让封住的羽毛脱落,你也会有从空中摔下来的危险。伊卡洛斯答应了他的父亲,不过一旦他升入空中,就失去了所有的分寸感。换句话说,他屈服于僭越。沉溺于(名副其实地)他的新力量,他将自己当做一只鸟儿,或许甚至是一位神。他忘记了父亲的警告。他无法禁受飞上天空的诱惑,尽可能地高。但是,阳光强烈地照射着,将伊卡洛斯的翅膀粘合在一起的蜡开始融化。突然,它们跌落了,掉进了大海——伊卡洛斯随后而至,他在父亲的注视下溺毙了,他除了痛心孩子的死亡之外什么也做不了。从那时起——就像爱琴海一样——这片海以那坠落者命名:伊卡洛斯海。

得知代达罗斯逃跑了,米诺斯又发怒了,失去了所有的耐性。他会用尽其所有力量做任何事情找到此人,后者一再地而且专门地背叛他:对于他妻子的不忠、他女儿的逃跑、他那怪物的死亡都有责任。与此同时,代达罗斯完好无缺地逃走了,在西西里的卡米克斯(Camicos)避难。无论他走到哪里,米诺斯都会追捕,下定决心如果需要会追到天涯海角。为了追逐那反叛者,米诺斯设计了他自己的新发明:无论他走到哪里,都随身携带着一只小贝壳,一种复杂的螺旋形物,他公开悬赏一大笔钱,给任何能够将一根线从那实际上是一个小迷宫的内部穿过之人。米诺斯确信,只有代达罗斯足够聪明到发现解决办法,而且同样确信,由于他爱慕虚荣,那发明家会禁受不住诱惑,自己找上门来展示他如何能够解决任何难解之谜。

这的确发生了。在西西里,代达罗斯寄宿在一个叫科卡洛斯(Cocalos)的人的家里。有一天,米诺斯偶然拜访这家,向主人展示了他那小难题。科卡洛斯非常确信他能够想出解决之道。他请求米诺斯第二天再来,在这间隔期间,他当然请他的朋友代达罗斯替他解决——对此代达罗斯不会失手。他抓了一只蚂蚁,在它的一条腿上系了一根线,接着在贝壳的顶端钻了一个洞,将那蚂蚁放进去。那蚂蚁不久就钻过那洞穿过了贝壳,在其后面拖着那根线。当科卡洛斯给他解决之道时,米诺斯就确信无疑:代达罗斯必定住在这里。他立刻命令对方交出后者领受惩罚。科卡洛斯做出了遵守的样子,邀请米诺斯就餐。不过在就餐前,他为客人提供了精美的浴缸……他的女儿在其中注满了滚烫的热水。一个古怪的不值得同情之人的一种残忍的死亡。传说米诺斯接下来在地狱王国中成为死者的判官之一,与他的弟弟拉达曼迪斯一道……

## 后来的冒险：希波吕托斯、淮德拉以及忒修斯之死

忒修斯在其父亲死亡之后，成为雅典的新国王。如我所说，他处置了帕拉斯的儿子们，没有进一步的障碍需要克服或者怪物需要征服，他以极大的才智来行使权力。他甚至被认为是雅典民主的最主要奠基者之一，最早与社群中最贫弱之人共事的一个。不过让我们明确：将其最后的冒险连贯成一个整体几乎是不可能的，假使考虑到奇闻异事的混乱和资料来源的歧异的话。如果我们相信普鲁塔克记述的忒修斯传记，我们的英雄投入了另一场战争，与亚马逊人对抗，他和赫拉克勒斯一起与这些著名的战士作战。接着是与半人马的战争，这一次是与他最亲密的朋友皮里托奥斯（Pirithoos）一起，在此之后（和奥德修斯一样）他下到地狱试图抢走珀尔塞福涅——这一企图明显以苦涩的失败告终。后来他又引诱了那时只有十二岁的美丽海伦，并且依然在不断地寻求更多的冒险……

不过，在这非凡的一生中，有另外一件事值得我们特别地关注：忒修斯与淮德拉的婚姻以及他与希波吕托斯（Hippolytus）的争吵。

在与亚马逊人的战斗中，得胜的忒修斯抢走了她们的女王，或者至少是她们的一个领袖，他将其带回到雅典。他们生了一个儿子，叫希波吕托斯，他一心疼爱着。然而，随后他与淮德拉结婚了，后者是阿里阿德涅的妹妹，米诺斯的女儿。这是恩爱的

结合，也是与他的老对手家族和解的标记，后者已经从视野中消失很久了。忒修斯爱淮德拉，但是，后者尽管尊重她的丈夫，对他有着深厚的感情，却深深地爱上了……希波吕托斯，他的儿子。希波吕托斯拒绝了继母的求爱，基于两项理由。第一，他对女人没兴趣。他唯一的愉悦是捕猎和战争游戏。任何女性特质都让他感到惊恐。除此之外，他对父亲极为尊敬，这个世上没有什么会说服他与忒修斯的妻子通奸来背叛他。淮德拉非常介怀这个年轻人拒绝了她的求爱。而且，她担心他向父亲告发她。预计到这样的形势变化，她决定先下手为强。有一天，她得知希波吕托斯在附近，就闯进他的房间，撕破自己的衣服，接着开始尖叫，并且假装这个年轻人试图侵犯她。希波吕托斯被吓懵了。他试图在父亲面前为自己辩护，但是如平常一样，忒修斯尊重他的女人，狠下心将儿子从王室中驱逐出去，盛怒之中，他犯下了致命的错误，请求波塞冬——这位神也是忒修斯的父亲——致希波吕托斯于死地。这个年轻人已经上路了。他尽可能快地逃离了父母的家，驾着他那受过严格训练的马拉着的战车。在一处临近海洋的道路上，波塞冬使一头公牛从海浪中跳出（在我们的故事中是第二次了）。马受到了惊吓，慌乱中偏离了道路，战车被摔成了碎片。希波吕托斯死了。淮德拉无法承受这悲痛——她临终向忒修斯坦白了真相，随后上吊自杀了。

这一悲剧激发了很多剧作家的灵感，这一故事——古典神话中最令人悲伤的之一——一直令人难忘。忒修斯从此以后不过是行尸走肉。因为各种原因，我这里不再讲述，他不再能够统治雅典,他放弃了王位,躲在有些疏远的堂兄吕科墨得斯(Lycoméde)那里。根据某些记述,吕科墨得斯杀了忒修斯,原因不明,可能是嫉妒或者担心后者会索要他的土地。根据其他记述,忒修斯是因为在那岛屿上的山峰中步行时的一件意外事故而自然死亡的。无论情形是什么,他的晚年相对平淡且不幸。如同在英雄的记述中经常出现的,结局绝非崇高,而且看起来与英雄不匹配:因为他和其他人一样作为一个凡人而去世了,还因为死亡总是无意义的。不过,后来,雅典人掘开忒修斯的坟墓,运回了他的遗体,并且建立了对他的崇拜,这经常是为神而准备的……

## Ⅲ. 珀尔修斯,或者除掉了戈尔工墨杜莎的宇宙

关于珀尔修斯,我们面对的是此类希腊英雄中的一个:心怀正义感,而且渴望着从这自然的世界中涤除有可能破坏宙斯确立的美丽宇宙秩序的所有存在物。最早对于珀尔修斯冒险的完整记述来自菲勒塞德斯,看起来紧紧追随他的是阿波罗多洛斯——正是以此为模板,其他的神话讲述者常常演绎出他们的改编版。我的记述绝大部分依赖于神话的这个最初版本。

曾经有王族的两个双胞胎兄弟,名为阿克里西俄斯(Acrisios)和普罗托斯(proitos),据说他们相处得非常糟糕,以至于在母亲的肚子里就已经开始争吵!长大之后,为了避免争吵,他们决定分割权力。普罗托斯成为名为提林斯(Tirynthe)城的国

王,而在这里最让我们感兴趣的阿克里西俄斯则统治着美丽的阿尔戈斯城——不要和其他三个名为阿尔戈斯的神话形象混淆,它们有着相同的名字:第一个在《奥德赛》中,是奥德修斯的狗,叫阿尔戈斯;接着是有着一百只眼睛的巨人,被赫尔墨斯杀死,那时他被赫拉派去看管伊娥(这漂亮的仙女被宙斯变成了一头牛),据说,他的眼睛后来被印在了赫拉的神鸟孔雀的尾羽上;最后一个阿尔戈斯是船舰建筑师,伊阿宋和阿尔戈英雄们出航的船就是他造的……

不过让我们回到阿尔戈斯城国王阿克里西俄斯。他有一个非常迷人的女儿达娜厄(Danaé)——但是没有儿子,而在这远古时期,一位国王的责任就是生下儿子继承他的王位。因此,阿克里西俄斯赴德尔菲求问神谕,这是习惯性的做法,想要确定是否有一天他会后继有人。同样也是习惯性地,那神谕回复得模棱两可,只是告诉他,他会有一个外孙,而且当他长大的时候,会杀死他。阿克里西俄斯满是沮丧,甚至惊慌:德尔菲神谕从来没出过错,他刚才听到的可靠消息,可以说宣判了他的死刑。没有可被阻止的命运——人类自身无法终止它,尝试每一种可能的途径都不行。尽管阿克里西俄斯爱自己的女儿,他还是下定决心将她连同女伴即一个女仆囚禁在一座铜屋中,那是他命令建在地下的,在王宫庭院的地下室。实际上,这囚室是模仿迈锡尼的古代墓室而建造,位于地下深处,后来恢复了其镀金的门。阿克里西俄斯只要求他的建筑师在屋顶留一个小孔,以便些许空气能够流通,为的是达娜厄不至于窒息而死……当囚室完成之后,他将女儿和她的女仆关了起来,感到稍微心安了些。

但是阿克里西俄斯没有预料到宙斯色眯眯的眼睛,他从奥林波斯山巅发现了达娜厄,决定——如其习惯性地——无论任何代价必须占有她。为了达成此愿,他变成一阵细微的金雨,从天而降,而且不偏不倚从她的囚室顶端那镂空的栅栏中轻轻地落入。这金雨落在达娜厄的身上,只从这接触中就诞下一个男孩,叫珀尔修斯——如果不是这样,或许发生了不同的事情,即宙斯在囚室中曾经现身为人的样子,为的是和她交欢。无论哪种情形,最终结果就是小珀尔修斯。他在这黄金笼子中非常快乐地成长,直到有一天一个孩子的咿呀吸引了阿克里西俄斯的注意。他惊恐万分地打开囚室,发现他的恐惧变成了现实:尽管他万般小心,他还是有了外孙;神谕开始实现了,缓慢但确定。该怎么办?阿克里西俄斯拿这不幸的女仆开刀,她与所发生之事没有丁点关系,但他却认定她是这致命新生儿的帮凶。他亲自在其宫殿内敬奉宙斯的祭坛上割断她的喉咙,期望由此能够得到众神之王的庇护……接着他审问女儿:她是如何诞下这个孩子的?父亲是谁?达娜厄如实地说了:父亲是宙斯,他是变成一阵雨从天而降的,诸如此类。"真的!你当我是一个十足的傻瓜吗?"国王暴跳如雷。暂时将你放在他的立场上:他可能压根都不会相信这个故事,而且他认为女儿正在对他说无耻的谎言。不过他不能使其承受和女仆一样的命运;他也不能动珀尔修斯:毕竟这是他的女儿和外孙,否则复仇女神,总是会为家族内部的仇杀而复仇,肯定会索他的命……

因此,阿克里西俄斯唤来一个手巧的木匠,让他制造了一个大箱子,坚固得足以在海上航行——阿克里西俄斯将女儿和外孙装在里面。盖紧木盖,听天由命!母子俩就这样被遗弃了,任凭海浪将她们带向任何地方。在后来的时代,画家和诗人不断地以各种方式描绘这一图景。我们被告知,达娜厄是位机智且无畏的母亲;在危险的环境中,她极其出色地设法照顾他的孩子。木箱子最终不可避免地靠岸了:一个岛屿,碰巧是塞里福斯(Sériphos)岛,两位落难之人在这里被一个名叫狄克提斯(Dictys)的渔夫收留了。他是一个好人,一个真正的慷慨之人。他以公主般的尊重对待达娜厄,养育小珀尔修斯就像是他自己的儿子。但是狄克提斯有一位兄长,名叫波吕德克忒斯(Polydectès),此人就甚少高尚也不值得尊重了。波吕德克忒斯是塞里福斯的国王,他一看到达娜厄就爱上了她。事实上,他宁愿放弃所有来得到她。唯一的问题是达娜厄不乐意。除此之外,珀尔修斯已经长大了,现在是一位青年人。他守护着母亲,不会那么容易任人宰割。但是波吕德克忒斯想了个主意,毫无疑问试图分散珀尔修斯的注意力,或者是给他下套——我们并不确定。无论如何,这个主意是让珀尔修斯别挡道,波吕德克忒斯到处张扬地宣称,他会举行一次赛会,岛上的所有年轻人都受到了邀请。接着他假装要和一个年轻的女子希波达弥亚(Hippodamie)结婚,后者非常痴迷马。作为习俗,岛上的所有年轻人都要送礼。因此每个人都带来一匹他所能找到的最漂亮的马,以取悦他们的国王。但是珀尔修斯负担不起一件礼物,两手空空前去赴会。为了补偿,或者可能是展示勇气,他说他会尽力取回波吕德克忒斯想要的任何其他东西——如果必要的话,甚至是那可怕的戈尔工墨杜莎的脑袋。或许他这样说是为了炫耀,也因为他自己感受到了一位英雄的使命。关于这一点,各种记述并不是太清晰。

无论哪种情形,波吕德克忒斯把珀尔修斯的话当真了。对于亲自一了百了地除掉这个麻烦制造者的绝佳机会大喜过望。实际上,不曾有人直面戈尔工还能活着回来。波吕德克忒斯联姻(或者强夺)达娜厄的路现在就要被扫清了。

我曾经提及三个戈尔工以及她们凶残、骇人的方面。现在我更详细地描绘她们。她们是姐妹。而且根据有些资料来源,尤其是阿波罗多洛斯的,她们曾是美人,不过放肆地声称她们甚至比雅典娜更美丽。如我们所知,此类僭越从未被宽恕。为了报复,或者更确切地说,使她们回归自己的位置,雅典娜确实毁掉了她们的外貌。她使得她们每个人眼睛凸出,像猪或者羊一样,一条可怕的膨胀了的舌头永远伸在外面,还有着野猪的獠牙,因此,她们现在都呈现为那同样僵硬且可怕的嗥叫状。她们的手臂变成了青铜,背部长出了金色的翅膀。不过最厉害的是,她们凸出的眼睛有着极强的穿透力,可将所注视的任何物体(所有的活物,不论是动物、植物或人)……变成石头。这里我们遇到了完全类似于——以更为极端的形式——弥达斯那著名的点金术的东西:在两类情形中,那魔术般或者妖术般的天赋能够将有机物转变成无机物,活物变成矿物或者金属,代表了对于整个宇宙秩序的直接威胁。有着如此这般威力的存在物最终能够摧毁宙斯的伟业,如果他们有意这样做或者被允许这样做的话。因此,对于宇宙之福祉来说,无论那情形何时出现,使其回归原位是非常重要的。在这三个戈尔工中,一个是有死的(墨杜莎),但其他两个则是不朽的。到了除去那可以除掉的有死之物的时候了,至少正是珀尔修斯亲自承担了这一任务。

问题是这位时运不佳的年轻人话说得有些鲁莽,而且对于如何进行毫无头绪。首先,他需要知道墨杜莎藏在哪里,显然他对此连一点概念都没有。据说戈尔工是有魔力且神秘的造物,甚至就不呆在地面上,而是居住在世界边缘的某处。但是,到底在哪里?看起来没有人知道,至少珀尔修斯如此。其次,即使他找到她们了,珀尔修斯如何杀死墨杜莎而自己不会随后被变成石头?你可以想象一下,墨杜莎疾如飞鸟,她那凸出的眼睛以闪电的速度向着任何方向转动,对于珀尔修斯来说,只需要那一瞥,所有的故事就都结束了。这挑战不容易克服已经说得够多了,对他来说,也许和其他人一样给波吕德克忒斯送一匹马要更好些……但他是一位英雄,而且我们不要忘了,他正是宙斯之子,就像赫拉克勒斯一样。为了见证他在这世上的事业的确是神圣的,赫尔墨斯和雅典娜——最强大的奥林波斯神,也是与宙斯最亲密的——都来帮助他了。

珀尔修斯需要跨出的第一步是拜访名为格莱埃(Grées)的三姐妹,她们碰巧是戈尔工的同宗。她们有着共同的双亲,是两只巨大的海怪,福耳库斯(Phorcys)和刻托(Céto),样子很吓人。格莱埃负责守卫通向戈尔工的路途,而如果说她们可能不清楚后者住在哪里,至少她们与一些掌握此类信息的宁芙仙女相稔熟。如果珀尔修斯设法使得格莱埃说话,他就能接着找到这些仙女(他的征程中的第二步)。但是格莱埃可不是好商量的。她们本身也算是怪物,而且远不值得信任:她们名声在外,当年轻人要抓她们时,她们会吞食这些异想天开的人。而且,所有这些神,无论是不朽的戈尔工,或她们凶残的双亲,还是她们可怕的姐妹,都属于前奥林波斯世界:她们是混沌而不是宇宙的造物,诞自那远古的原初力量,这必然会令人惊恐,一位英雄必须知道如何降服它,如果他想要避免毁灭的话。

证明这一点的是,格莱埃被赋予两项惊悚的特征。第一是她们生来就老了。她们没有青年,没有童年,也没有婴儿期。从出生就是皮肤发皱的老妇人,从一开始就是老女巫。她们的第二项特征是她们只有一只眼睛、一颗牙齿来分享!想象一下那场景:她们不断地在彼此之间传递着那只眼睛和那颗牙齿,这卷入了永久且烦人的循环,有点像阿尔戈斯,那一百只眼的怪物,尽管她们只有一件视觉器官,却能永久性地监视,因为她们三个从来都不会在同一时间睡觉。她们的一颗牙齿永远都伺机而动,吞噬、切割并撕裂任何靠得太近之人。

让-皮埃尔·韦尔南将那一只眼睛的传递比作在传递游戏中的球。这一形象化的比喻极佳,不过这个故事毋宁使我想起了洗三张牌游戏。三张牌朝下放在桌子上,玩家,类似于魔术师,不停地变换牌的位置——非常地快以至于越来越难以追寻王牌或者被选中的那张牌的轨迹。你选了错误的牌,就会输钱。

类似的事情就发生在珀尔修斯对付格莱埃那里。他必须在那精准的瞬间抓住那只眼睛或者那颗牙齿,当它从一个老太婆传递到另一个老太婆那里时。这看起来是不可能做到的——她们非常警觉而且极为迅速——但是珀尔修斯是位英雄,而且不出所料,他完成了这第一件伟业。快如闪电,他成功地抓住了那眼睛和牙齿,以至于三个老太婆受到了惊吓,开始尖叫起来:不错,他们是不朽的,但是被夺去了眼睛和牙齿,她们的生存如同地狱。至于接下来所发生的,让我们直言不讳。珀尔修斯出言恐吓。这并不是非常高尚,但他没有其他选择:如果她们告诉他去哪里找到知晓戈尔工藏身之所的宁芙仙女,他就还回她们的东西;如果不,她们将会度过余下永远黑暗和饥饿的时光。这要求残忍简单。尽管抱怨不止,这几个老妇人还是照办了。她们给他指明了找到宁芙仙女的路,她们一直特意在保护着后者。言出必行,珀尔修斯还回了眼睛和牙齿……匆匆上路了。

不像三个女巫,宁芙仙女既漂亮又好客。她们毫无困难地告诉他通向戈尔工的路。还有,她们坚持送给他无比珍贵的礼物,每一个都拥有魔术般的威力,没有它们,珀尔修斯的确毫无成功完成使命的希望。首先,她们给了他和赫尔墨斯穿的一样的飞鞋,它能让他以最快的速度在空中飞翔,快如飞鸟,甚至更快。接着她们给了他那著名的哈德斯的头盔,一只狗皮帽,能让戴它的人隐身不见——这会使得珀尔修斯逃过那两个不死戈尔工的追击,后者试图给她们那有死的姐妹复仇。最后,她们给他一只肩包,有点像猎人在死亡围猎中所用的,珀尔修斯在割下墨杜莎的脑袋之后,必须将其放入肩包并且小心翼翼地封起来。因为戈尔工的眼睛,即使在死了之后也会继续不断石化所有看到之物;因此,使其不为人所见,即使不说是至关重要的也是妥善的。赫尔墨斯又亲自给这三件礼物补充了第四件:一把刀或者小镰刀,就像克洛诺斯用来割掉其父乌拉诺斯生殖器的那把,非常坚硬且耐用,以至于任何与其刀刃相接触之物都会被割断。

有了这些装备,珀尔修斯重新踏上了他的征程,最终抵达戈尔工的地盘。这里再一次地,任务绝不轻松,他需要雅典娜的帮助。事实上,他如何能够割下那使人石化的墨杜莎的脑袋而不用接触她的目光呢?为了完成这项工作,他不可避免地要看着他正在做的——这意味着即刻死亡。幸运的是,雅典娜考虑周全,将她那著名的盾牌带来了。又光又滑,它可当做一面镜子。她自己立在熟睡中的墨杜莎后面,而珀尔修斯蹑手蹑脚地靠近她,如猫一般悄无声息。他在盾牌中看到了反射过来的墨杜莎脑袋:即使她会看着他,也不会有危险,因为这不过是映像而不是现实。现在,最直接的就是割下那可怕的脑袋,然后将其塞进他的猎袋。但是,另外两个戈尔工醒了。她们发出最令人厌恶的尖叫声,你会记得,这些悲号之声让雅典娜想到了笛子,命运注定她将笛子给了那不幸的马西亚斯,那是在赫拉和阿芙洛狄忒嘲笑她吹奏笛子时的脸颊之后(这一切再一次表明,所有这些故事是交织在一起的……)。珀尔修斯迅速戴上哈德斯头盔,隐身不见了;同样,赫尔墨斯的靴子使得他能够脚底抹油、溜之大吉。尽管她们张望着,瞪大了眼睛,扑扇着金色的翅膀,看起来踌躇不决,而珀尔修斯没有了踪影,他消失了,没出差错,像风一样迅疾……

踏上返程,回到塞里福斯,他会与母亲达娜厄团聚,并且将墨杜莎的脑袋献给波吕德克忒斯。在路上,珀尔修斯从空中往地下望去,看到了会成为他妻子的那女子:美丽的安德洛美达(Andromède)。她正处于艰难困境中。

当珀尔修斯从空中飞过时,安德洛美达正被绑在悬于海上的一处悬崖边上,在那悬崖底部,一只海怪贪婪地注视着她。这事情的来龙去脉是,安德洛美达的母亲、埃塞俄比亚国王克普斯(Céphée)之妻卡西俄珀亚(Cassiopée)怀有这样令人不快的念头——正如墨杜莎对于雅典娜一样——公然挑战一些绝非无足轻重的神明,即涅柔斯的女儿海洋仙女。涅柔斯是最古老的海洋神之一,甚至比波塞冬还要早。卡西俄珀亚公然侮辱海洋仙女,宣称就美丽而言超越了她们——如我们所知,这是公然地犯下僭越之罪……海洋仙女被这愚蠢的夸口激怒了,她们的同族波塞冬也是。为了惩戒她的傲慢无礼,他制造了一场洪水,还派遣了一只海怪,让它前去震慑整个地区。平息波塞冬之怒,唯有一个办法:献上国王的女儿、可爱的安德洛美达。她的父亲克普斯心如死灰,已经下定决心这样做了。这就是为什么安德洛美达被绑在岩石上,正等待其可怕的命运,一旦那海怪狠心捉住她,这命运就会实现。珀尔修斯毫不犹豫,允诺克普斯他会救下她。作为回报,他只要求克普斯答应把得救的女孩嫁给他做妻子。立誓之后,因为他的镰刀,他的飞鞋,以及他的隐身帽,珀尔修斯毫无困难地杀死那海兽,救下了女孩,把她安全地带回地面。人人兴高采烈,她的叔叔菲纽斯(Phinée)除外,后者之前就与安德洛美达有婚约。他设计对付珀尔修斯,但是当珀尔修斯得知此事时,把戈尔工的脑袋从袋子中取出,菲纽斯即刻变成了石头。

这是珀尔修斯故事的结局。我会让阿波罗多洛斯来讲述它,以其独有的简洁方式(些许评论以楷体标出):

> 当珀尔修斯返回塞里福斯岛时,他发现他的母亲和狄克提斯因为波吕德克忒斯的暴虐正在神庙寻求避难。因此,他进入宫殿,当时波吕德克忒斯正和朋友们聚会,珀尔修斯的眼睛避向他处[*为的是他自己不被石化*],向他们所有人展示了戈尔工的脑袋;所有注视它的人[*当然包括波吕德克忒斯*]立刻被变成了石头,每一个人都还保持着那一时刻碰巧具有的姿态[*想象一下这场景:有些人在喝酒,其他人在惊讶地望着走进来的珀尔修斯,波吕德克忒斯本人可能满是惊奇和忧虑,诸如此类*]。接着,在辅佐狄克提斯成为塞里福斯国王之后,珀尔修斯将靴子、肩包和帽子还给了赫尔墨斯,而戈尔工的脑袋则给了雅典娜。赫尔墨斯将先前提到的物件返还给宁芙仙女,而雅典娜将戈尔工的脑袋嵌在她盾牌的中央[*记着她也是战争女神,而且有了墨杜莎的脑袋,她能够实实在在地令人闻风丧胆地"石化"所有她的敌人……*]

最终且不可避免的结局:那神谕现在必然实现,而阿克里西俄斯因为他的歹毒和自大受到了惩罚。与现在已是他妻子的安德洛美达和他母亲达娜厄一起,珀尔修斯决定返回阿尔戈斯。作为一位善良的王子,他已经宽恕了他的祖父:他没有惩罚他的意愿,因为他明白,基本上阿克里西俄斯所做的一切是出于担心那神谕会实现。珀尔修斯希望原谅他。但是,阿克里西俄斯得知珀尔修斯正在回家的路上,被那神谕的预言所惊吓。他立刻逃到了一座邻近之城特塔米德斯(Teutamidès)。后者碰巧正在举办一场体育竞赛:那个时代的希腊人非常渴望组织的比赛之一,其间年轻人在所有各种竞赛中相互一较高低。阿克里西俄斯受到他的国王朋友邀请来享受这一盛况。与此同时,珀尔修斯得知这比赛正在阿尔戈斯邻近处举行,就在其返程路途中,他禁不住竞赛的乐趣。掷铁饼是他擅长的。无巧不成书,他掷出去的第一块铁饼击中了阿克里西俄斯的脚,后者即刻毙命了。

我们不要去追究一块铁饼击中你的脚部如何就能够即刻让你毙命。这无关紧要。重要的是正义得以履行,而命运——这不过是宇宙秩序的另一个术语——重申自己的主张。秩序得以恢复,而珀尔修斯能够平静地度过余生,母亲和妻子在身边,后者给他生下孩子,儿孙满堂。对于他的死亡,其父宙斯彰示了对一个凡人的纪念:为了奖赏他的勇敢和对于维护宇宙秩序的贡献,珀尔修斯以星座的形式永久地被铭刻在天穹中,据说它描绘了其凡人面孔的轮廓……

# Ⅳ. 以 *dikè* 之名的另一场战斗:伊阿宋、金羊毛和阿尔戈英雄的神奇航行

关于伊阿宋,我们把杀死怪物的英雄这样的标签放在一边。他当然会在途中遇到此等之物,如喷火的牛、从地里直接长出来的可怕战士、妇人鸟哈比、龙,诸如此类。他作为一个英雄也必须战胜它们。但这不是故事的核心,正如在赫拉克勒斯、忒修斯甚至是珀尔修斯那里一样。伊阿宋的存在首先是为了矫正一位邪恶国王珀利阿斯(Pélias)实施的不正义,一宗既反对诸神同样反对其同类的罪行。而为了使事物回归其位,恢复正义秩序,面对邪恶、狠毒的国王,伊阿宋必须去寻找一件神秘的东西:金羊毛。关于它,我将略作说明,以引入随后而来的冒险。

那么这金羊毛是什么? 它的来历——至少在阿波罗多洛斯那里发现的最寻常的版本中——开始于对一位国王阿塔马斯(Ahtamas)的记述,他统治着彼奥提亚那片农作地区,赫西俄德就生于此。阿塔马斯娶了一个年轻女子,叫涅斐勒(Néphélé),他们生了两个孩子,一个男孩,名叫佛里克索斯(Phrixos),还有一个女孩,名叫赫勒(Hellé)。不过,没隔多久,他又结婚了,这一次是和卡德摩斯的女儿伊诺(Ino),卡德摩斯是忒拜国王,哈尔摩尼娅(她是阿瑞斯和阿芙洛狄忒的女儿)的丈夫。很久之后,伊诺会成为一位海洋女神,不过目前她还只是一个凡人,而且是一个如此嫉妒之人:她不能容忍阿塔马斯和涅斐勒的孩子,

以至于想了一个可怕的计谋使他们从眼前消失。如我曾经所说,彼奥提亚这个地区住着小耕作者,大城市的市民容易歧视他们,因为他们看起来没有开化、头脑简单。除此之外,甚至在今天,"彼奥提亚人"有时被用来标示某人有点天真或者粗鄙。因此,伊诺毫不费力地编造了一个故事,说服这个地区的所有妇女偷偷地把麦粒放在火上烘焙,结果在她们的男人将其耕种之前麦粒就没有了生机。

接下来的一年,地里没有长出庄稼,而且寸草不生。阿塔马斯深感不安——他当然不知道其新妻的计谋——派遣信使去德尔菲寻求著名的神谕。但是,伊诺依然在背后捣鬼,说服信使对阿塔马斯汇报,根据神谕,只有他将其孩子佛里克索斯和赫勒献祭给宙斯,地里才会再次有好收成,众神莫名的愤怒才会平息。阿塔马斯心中惊恐,犹豫不决,但是那些容易受骗的农夫们相信神谕,并且威胁要推翻他们的国王:他们从四面八方闹哄哄地叫嚷着要拿他的孩子献祭。阿塔马斯被迫让步,怀着沉痛的心情,将那不幸的牺牲品带到献祭之地。但是就在这节骨眼,他们的母亲涅斐勒介入了,得益于宙斯——他对伊诺的诡计非常不满,并且派遣他忠心的信使赫尔墨斯去帮助佛里克索斯和赫勒。这一襄助的实现由一只公羊完成,那是赫尔墨斯送给涅斐勒的。这不是普通的公羊,因为不像世上所有其他公羊长的毛,它有着华贵的皮毛——实际上是金"羊毛"——而且还长着翅膀。涅斐勒立即将她的孩子放在那公羊的背上,那造物飞上了天,飞向更少敌对的地区,即名为科尔奇斯(Colchide)的地方。哎,他们正在飞翔之际,小赫勒掉进海里被淹死了:她死于其中的海被称为"赫勒斯滂"(Hellespont)——今天以达达尼尔海峡为人所知,将欧洲和亚洲分割开来。

而她的哥哥佛里克索斯安全地到达了他们的目的地。在那里他受到了科尔奇斯国王埃厄忒斯(Aeétès)的热情款待。为表感谢,佛里克索斯献祭了那只公羊。这个故事的一个更为有意思的改编本说,那公羊自己要求被献祭,以便除去其凡俗的形式,返回到众神的神圣世界。无论是什么情形,佛里克索斯将金羊毛给了埃厄忒斯,有人说它会保护这个地方,相反,如果他允许它被取走或者夺去,灾祸会降临在他身上。埃厄忒斯将金羊毛钉在一棵橡树上,委派一只龙在旁边,永远不睡觉,日夜守护着它……

这是伊阿宋必须取回来的金羊毛。为了谁?为什么?回答这些问题,我们需要回到伊阿宋的孩提时代。我们在这里的文本来源大部分还是阿波罗多洛斯,它处处都需要另一部有着根本相关性的著作来补足:是一位生活在公元前3世纪的诗人,罗德斯的阿波罗尼奥斯的作品,我们拥有他关于伊阿宋远赴科尔奇斯的一部长篇作品,有着荷马史诗的风格,名为《阿尔戈英雄纪》。

这个传说以童话故事的方式开始。曾经有一个人名叫埃宋(Aéson),他的同父异母兄弟是伊奥科斯(Iolcos)城国王,著名的珀利阿斯——如我曾说的,他是一个非常凶恶的人……伊奥科斯的王位公正地应该传给埃宋,接着传给他的儿子伊阿宋。但是珀利阿斯用武力非法夺取了王位。伊阿宋矢志不移地试图某一天重申其父亲的权利以及时机成熟时他的权利，反对这位不公正的叔父，为的是恢复本来属于他们的王位。

一开始我就会补充说明，为的是你可以更清晰地了解篡位者的恶行，珀利阿斯最终谋杀了他的同父异母兄弟，确保不被夺走王位。诚然，他没有亲手沾染鲜血，不过，后果或许更糟：埃宋知道珀利阿斯试图暗杀他，他便主动请求允许通过自杀的方式来了结。因为可以避免让鲜血沾染自己的双手，珀利阿斯就高兴地答应了。就这样伊阿宋不幸的父亲失去了生命。珀利阿斯为了确保安全，接着继续除去了伊阿宋的母亲，还有他的弟弟……关于珀利阿斯，至少人们可以说他老奸巨猾。

不过，也有人说，珀利阿斯行为不端不仅仅是针对同辈凡人：他还冒犯了几位奥林波斯神，尤其是赫拉，因为他在女神的神殿中杀了一个妇人。更有甚者，他完全拒绝尊奉赫拉，而且在他的城邦禁止崇拜她，要求所有的献祭品都留给他自己的父亲波塞冬（他在与凡人连续不断的私通中确实繁衍了众多怪物和愚人！）。这是为什么奥林波斯神最终决定派伊阿宋去科尔奇斯的原因，不仅仅是基于取回金羊毛的表面理由，更是因为要带回美狄亚（Médée）——这位女巫是科尔奇斯国王埃厄忒斯的女儿，也是喀耳刻的侄女——为的是当她返回科尔奇斯时，能够用恰当的方式惩罚珀利阿斯……而我们将会看到，在这故事的结尾她是以何等残酷的方式来实施惩罚的。赫西俄德已经给出对于伊阿宋征程目的的此种解释，他的《神谱》认为珀利阿斯是一个因为僭越而走上歧途的人,并且将他描述为"专横、残暴且自以为是的暴力分子"。还要顺便提到,众神是伊阿宋征程的唆使者,其主要目的确实是带回美狄亚。对于赫西俄德来说,美狄亚被带离她的父亲埃厄忒斯是"基于众神的意志"(应该补充的是,得到了她的同意,因为她疯狂地爱上了伊阿宋——正如某些神话讲述者所表明的,或许得到了阿芙洛狄忒的一臂之力,她派了小厄洛斯在她第一眼看到我们的英雄之际对着她的心射了一箭)。

总之,珀利阿斯是一可憎之人,从头至尾生活在僭越之中——对自己的民众不正义,对众神也是如此——正是美狄亚(通过伊阿宋而践行,因为是他将其从科尔奇斯带回来)将会伸张正义。不过我们不要剧透。征程才刚开始,它会证实事情并不轻松,不论是寻找金羊毛,还是将美狄亚从其父王、科尔奇斯的强大君主埃厄忒斯那里偷偷带走。

让我们回到伊阿宋。

如果说他成长为一位英雄,这不仅是因为他的出生。还有他的教育,他被托付给了著名的马人喀戎,我们已经提到过后者,是克洛诺斯的儿子之一,被誉为迄今为止最伟大的教师。喀戎是位半人马,其同类中最聪慧且最渊博的一位,他不仅教授伊阿宋医学,正如其教授阿斯克勒庇俄斯一样,而且还教授艺术和科学,以及操练兵器——在这方面他还教过阿基里斯。少年伊阿宋和他的父母在乡村长大,远离伊奥科斯城。有一天,他得知他的叔叔珀利阿斯准备在海边献祭非同一般的供品,纪念(一如既往地)波塞冬,而且还要请他参加。事实上,珀利阿斯并没有特别邀请伊阿宋,他根本就不了解他,也从未看过他一眼,因为埃宋不信任他这位堂弟,一直小心将其儿子藏起来,以免他遭到可能的刺杀。毋宁是,珀利阿斯遍发邀请帖给这个地方所有的年轻人,正是在这一背景中,伊阿宋去了城里,期望最终能够从篡权的叔叔那里得到一些解释。为了理解接下来的事情,我们还需要明白德尔菲的神谕,那是珀利阿斯有一天就其政权之事而询问的,那神谕告诉他——一如既往地费解——要像一场瘟疫一样提防"穿着一只鞋子的人"。珀利阿斯无法理解这些话,但是到了那一天他注定会理解的。

事实上,伊阿宋在去伊奥科斯城的路上必须趟过一条河。而在河岸边,他遇到了一位老妇人也想过河,但是年龄太大靠自己无法成功,需要帮助。伊阿宋健康成长而且已经非常强壮了,将那老妇背在身上,涉水过河。他的脚试探着路,被水流携带的一些石子绊住了。伊阿宋跌入河床的淤泥中,跟跟跄跄,不过最终不出意外地抵达河流对岸。这位老妇人,你或许已经猜到了,正是众神之后赫拉,她乔装来到人间想亲自看看我们的年轻英雄如何表现,还有他是否具备踏上一次可怕征程所需要的东西,那是带回美狄亚所必需的,后者相应地将会严惩赫拉的凡俗敌人。看起来赫拉对于与她未来的被保护人的初次接触完全满意。而且,如你肯定也会猜到的,伊阿宋穿着一只鞋从河流中现身!当珀利阿斯看到一个年轻人穿着一只鞋走来时,他突然记起了差不多被忘了的神谕。他盘问他,问他是谁,他想要什么,他在这里做什么,诸如此类。他现在明白了,他必须对付他自己的侄子。

如果我们相信阿波罗多洛斯所说,那时珀利阿斯当着前来参加祭祀的所有年轻人的面,问伊阿宋,如果他在珀利阿斯的位置上,得知神谕说一个年轻人想要废黜他,夺走他的王国,他会做什么呢。受到了赫拉的鼓舞,而且并不太明白他正在说的,伊阿宋回答说:"我会派他去取回金羊毛。"珀利阿斯毫无疑问甚至比伊阿宋更吃惊,对于这回答欣喜不已:取回金羊毛是不可能的,他心中思忖着;寻找它的行程已经凶险无比;至于从科尔奇斯国王埃厄忒斯那里取走金羊毛,更是无法想象。除此之外,有一只龙守护着它,将其从它那里夺走之前需要经历可怕的考验。简而言之,珀利阿斯确信伊阿宋犯下了最严重的错误:这个年少的傻瓜正好提供了彻底除掉自己的最有效办法。珀利阿斯当然把伊阿宋的话当做真的,整个人群现在都能证明这一事实,这个年轻人承担了亲自去将金羊毛取回来的重任。他没有选择,只有接受挑战。

为了抵达科尔奇斯,伊阿宋需要——一切之中最重要的——一艘上好的船舰以及一众勇敢哪怕不杰出的船员,后者是伊阿宋现在着手要招募的。关于船,他请求佛里克索斯之子阿尔戈斯的帮助,前者孩童时骑着那只神羊抵达了科尔奇斯,以免被阿塔马斯作为献祭品。阿尔戈斯现在是一位杰出的船只建筑师;不过——只是为了保险起见——他会得到雅典娜的帮助。女神对于船的建造给了他一些建议;决定性的一步是,她亲自在船首加了一座木头雕像,后者能说话,而且如果必要的话,还能提供航海帮助。关于船员,是由一些非同一般的人物组成的。他们从此以后被称为阿尔戈英雄,这在希腊语中意指"阿尔戈号的水手"——阿尔戈是这只船的名字,为了纪念其建造者。在阿尔戈英雄中——他们有五十位,因为这是有着五十支桨的船——有几位著名的英雄,包括赫拉克勒斯、忒修斯、俄耳甫斯、双胞胎卡斯托耳(Castor)和帕洛克斯(Pollux),以及阿塔兰忒(Atalante)——当世跑得最快的女人,也是船上唯一的女性。还有其他一些显赫的人也参加了,或许名头小一些,但是他们的才能绝对和这些更为著名的同伴一样必不可少:欧斐摩斯(Euphémos),他能在水上行走;佩里克吕墨诺斯(Périklyménos),他能够变身为他所选择的任何物理形状;林叩斯(Lyncée),他能够透墙视物;还有风神玻瑞阿斯(Boréades)的两个儿子,他们能像鸟儿一样飞翔,这让他们在必要之际追逐妇人鸟哈比,等等。和这些非同一般的同伴一起,伊阿宋做好了航行准备。同样还有赫拉和雅典娜的神助,这本身是决不可忽视的,他开启了一段漫长而又危险的征程。

危险的征程分三个不同的阶段展开。第一是至科尔奇斯的航行,在那里找到金羊毛。也是在那里,为了拿到金羊毛,必须经历考验,因为埃厄忒斯根本不愿意失去它。第三,是返航归来,这同样充满陷阱。

不过,让我们从出航开始。阿尔戈英雄的航行以非凡的方式开启。他们沿途停泊的第一个港口是利姆诺斯岛(Lemnos),

它有一个特别之处：这是一座女人岛。没发现有男人，一个都没有，这让我们的船员们大为吃惊。为什么缺少男人？通过询问当地人，阿尔戈英雄们得知了原因，这既让人惊奇又令人不安。利姆诺斯岛的女人先前没有敬奉阿芙洛狄忒。女神不悦，决定给她们一个教训，以某种恶臭的味道折磨她们，这很快让她们的丈夫退避三舍，并且基本上阻止任何男人靠近她们。一种奇特的苦恼！这导致的结果是，她们的丈夫从邻近的色雷斯岛掳掠女人，转而立即与她们同床。这些弃妇们无奈地接受了这一点，盘算着杀掉了她们的男人作为报复。自那以后，她们都是独身一人。因此，她们自然非常热情地欢迎阿尔戈英雄。根据某些说法，阿尔戈英雄只有在他们答应与这些岛上的人睡觉，才被允许登上岸。

或许是那臭味现在减弱了，或许是阿尔戈英雄并没有为此而感到不适，他们看上去毫无困难地答应了要求。考虑到伊阿宋和利姆诺斯岛的女王许普西皮勒（Hypsipyle）生下了两个儿子，这本身就表明我们的英雄在这岛上度过了一些时日，或许是两年多一点。在这期间他们做什么呢？根据品达的描述，他们自己投入到各种类型的体育竞赛、格斗和竞技中。换句话说，在岛上的这期间，是为前方的、他们不久就会在航程中遭遇到的困难做准备。

他们的考验开始于行程中的第二站——又一次处于不同寻常甚至不祥的环境中。阿尔戈英雄终于再次起航了。他们接着抵达了杜利奥纳人（Dolions）岛上的一个码头，这里的人由一个名叫库梓科斯(Cyzicos)的国王统治着。他是一个好人,心存善意,热情且仁慈地迎接我们的阿尔戈英雄。不久他们就成为最好的朋友。他们一起吃饭,一起参加宴会,交换礼物,一直到最后离开的时间。他们悲伤且恋恋不舍地道别。阿尔戈号出海了。不幸的是,在夜里刮起一阵强劲的海风,无情地将那船吹回至他们刚刚出航的岸边。对此他们无计可施。整个夜晚,阿尔戈号被迫再次停泊于杜利奥纳人的土地上。但是夜里漆黑一片,库梓科斯这一方将他们当做来自于邻岛的入侵海盗。他召集他的士兵,并且攻击敌人——他们正是阿尔戈英雄,他们的新朋友。后者同样在黑暗中无法看清,只是确信他们遭到了海盗的攻击。双方生死搏斗,当白昼来临,太阳照亮战场之时,场面令人惊恐。地上躺着尸体和伤员,伊阿宋意识到他们的可怕错误:他杀死了他的朋友库梓科斯国王,仁慈的杜利奥纳人多被杀死。战斗之暴怒为啜泣和绝望的哭喊所替代。他们埋葬了死者,安顿好伤者,但是这弥补不了什么。什么也不能赋予这愚蠢之事以任何意义,它只是作为一个可怕的警告:在这行程中,阿尔戈英雄从此以后不得信任所有表面现象,而且必须尽可能地在所有时间保持警惕。不过教训自代价中得来……

无论如何,征程继续,经过了诸多中途停留,直到他们抵达俾斯尼亚人(Brébyces)的地方,处于阿米科斯(Amycos)的统治下。他绝不是朋友,在这里,阿尔戈英雄至少不会有被表面现象欺骗的危险。作为一位宁芙仙女与波塞冬交合的后代(没有他的后裔我们都会更幸运些),阿米科斯拥有巨人的力量,他最喜欢的消遣是拳击。除此之外,对于阿米科斯而言,这既不是一项运动,也不是一场竞赛,而是生死斗争,没有什么比杀死那不幸的没有能力避免其挑战的人更让他快乐,他毫无例外地都从中获得胜利。除了这一次的情形,他遇到了帕洛克斯,阿尔戈英雄们推举他为代表面对这一挑战。帕洛克斯不是普通人。与赫拉克勒斯和珀尔修斯一样,他是宙斯无数儿子中的一个,双胞胎哥哥是卡斯托耳(狄俄斯库里[Dioscures]兄弟之一),当说及搏斗时,有其父必有其子。阿米科斯是在付出了代价之后才知道这一点的:帕洛克斯在肘部一击就杀了他(我们不要追究在肘部一击如何能够杀掉一个人:在希腊神话中存在古怪和奇特之处,对此,我们必须接受,无需多言……)。再者,这一事件预示了什么在等待着我们的英雄:即使这不是这个故事的本质要义,在他们寻找金羊毛的过程中,他们必然期待展现他们自己,像所有希腊英雄一样,能够直面各种怪物,克服威胁其生命的困难。

毫无疑问接下来一段是所有之中最奇特的,其特征坦白说是喜剧的。在离开俾斯尼亚人的岛屿之后——杀死了他们相当数量的士兵,他们愚蠢地试图要为他们死去的国王报仇——阿尔戈英雄接下来在一处荒芜之地抛锚。更确切地说,不是完全荒芜。他们遇到了某个对他们有着特别帮助的人,一位预言者,因为预知未来而大大地有名。他的名字叫菲纽斯,色雷斯的前国王,现在是个瞎子。根据某些记载,他是因为提前警诫人类未来而被宙斯弄瞎的,原则上只有众神才可以这么做。另外,赫利俄斯(太阳神)派遣妇人鸟哈比追逐他,她们是一对可怕且残忍的长着翅膀的雌性造物。当阿尔戈英雄遇见菲纽斯时,他骨瘦如柴,似乎就要饿死了。在得知这位预言者是值得信任之人后,他们要求他预示他们的行程:什么在等待着他们,他们必须面对什么样的考验,如何克服它们。菲纽斯低声说,他乐于给他们建议,但是他太饿了,在这般饥肠辘辘的情境中,他无法预示任何事情。

起初,阿尔戈英雄不理解。"不过你必须吃东西,"他们对他说,"我们会为你准备宴席。"他们立即着手支了一张台子,摆满了可口且诱人的食物,他们将其放在了这老预言者面前。不过他们即将目睹施与他身上的可怕诅咒。食物刚一摆放在台子上,妇人鸟哈比就飞临了:片刻之间她们就几乎吞掉了所有食物,要不然就用她们的爪子将其抓走。即使如此,在台子上依然留着点残羹。阿尔戈英雄鼓励菲纽斯至少吃些残余之物。但是紧接着这些肮脏的妇人鸟从空中排出大堆的粪便落到了台子上,弄污了所有剩下的食物,而且臭不可闻,完全没法吃!勉强可算黑喜剧,不过不是对菲纽斯而言,他遭受这糟糕的命运,唯有众神对于坦塔罗斯的无尽折磨可以与之相比。

对于菲纽斯幸运的是,在阿尔戈号勇敢的船员中,有着非凡才能之人,尤其是风神玻瑞阿斯的两个儿子,他们能像鸟儿一样飞翔。他们一看到哈比在玩的游戏,立刻对她们穷追不舍。片刻之后,一只哈比力竭坠落至底格里斯河,从此之后名为哈比河,以纪念这怪物。不一会儿后,第二只也力竭坠落。风之子现在迫使她们答应不再祸害这不幸的预言者,违者以死论处。菲纽斯最终能够安静地进食了。更重要的是,对我们的英雄来说,他可以预言了。他告诉他们的并不是很令人心安:为了抵达科尔奇斯,他们不得不克服——如果他们能够的话——某些奇特的蓝色岩石。人们称这些岩石为"撞岩",因为一旦有任何之物从中穿过,它们立刻撞在一起,将猎物碾个稀巴烂。浓雾环绕着撞岩,使得船员们感到恐惧,并且妨碍他们看清前方的危险,当岩石合至一处时,碰撞惊天动地,极其骇人。菲纽斯给了阿尔戈英雄可以拯救他们性命的建议:在进入这些礁体之前,他们必须先在其间放飞一只鸽子。如果他们看到鸽子安全地穿过了,这意味着岩石正在合拢,但没有快到碾碎它,而且它们不久会重新分开:就在这个时刻,阿尔戈号的船员们要全力划桨,才有机会顺利地从中穿过。

在听了这一建议之后,阿尔戈英雄们出海了,当他们靠近撞岩时,伊阿宋下达指令完全按照菲纽斯建议的那样去做。船员从船头放飞一只鸽子。这鸟儿在岩石之间一直飞,成功地穿过,唯有其尾巴尖或者"尾羽"在岩石合拢之际被撞掉了。这是惊险一掠,阿尔戈号稍作等待,直到那岩石再次分开;接着它如离弦之箭向前冲,进而消失于刚刚分开的岩石之间的通道中。然而,好景不长。船头一进入通道,岩石又开始合拢了。船员们用尽全力划着船桨,船桨急促地击打着水面,形成了难以想象的力量。果然,就像那鸽子一样,船成功地穿过了。同样和这鸟儿一样,船员们丢弃了船体的船尾甲板——实际上船舵的靠后部分被挫断了。不过这能够修复,阿尔戈号继续上路,这下路途坦荡了。

又经过一两个中途停泊之后,阿尔戈号最终到达了科尔奇斯城的港口,正是埃厄忒斯国王所居之处。

## 伊阿宋在埃厄忒斯国王宫廷:夺取金羊毛

他们的麻烦远未结束。现在阿尔戈英雄们必须将金羊毛拿到手。除此之外,伊阿宋还是一个正直的年轻人,而不是小偷。一开始,他去拜谒国王,礼貌地询问他是否愿意仁慈地让出那著名的金羊毛。毫无疑问,为了避免当即翻脸,埃厄忒斯没有说不。但是有几个必要的条件需要满足。你可以想象,这些条件实际上是可怕的考验,伊阿宋必须接受的挑战,埃厄忒斯国王自然希望他在这个过程中丧失性命——这会使得埃厄忒斯除去这个愚妄的年轻人,阻止他的宝物被人觊觎。伊阿宋现在必须以赫拉克勒斯为赫拉劳作的方式,完成两项危险的任务。

第一项是驯服一对公牛:必须给它们套上牛轭,强行犁耕一块地,后者的位置由埃厄忒斯告诉伊阿宋。乍一看,除了那不寻常的公牛之外,这样的一项任务不难完成。实际上,它们有着铁铜的蹄子,它们的鼻孔会喷火,就像龙一样。没有人曾经活着成功地接近它们。埃厄忒斯自信满满:他认定伊阿宋会失败,就像其他人一样。不过他没有考虑到自己的女儿美狄亚,后者——正如已经提到的——第一眼就爱上了伊阿宋(可能受到了赫拉的影响)。她为这位年轻人可能丧命的想法所折磨,把他拉到一边,提出一项协议:如果他同意带她一起离开,并且娶她,她会教他如何制服这些狂暴的野兽。伊阿宋自然接受了。美狄亚准备好了一种有魔力的药水:他必须将这药水涂遍全身,他的矛,还有他的盾,在此之后,他就完全不会被火和铁所侵入。除此之外,她还告诉他,为了给那牛轭套上牛轭,必须径直紧紧抓住牛角。当然,只有一个人不受从它们鼻孔中喷出的火焰伤害时,这才是可能的。第二天,伊阿宋进入竞技场地,令所有人吃惊的是,尽管那两只怪物喷出火海,尽管它们的铁蹄疯狂撩起,他没有丝毫困难地将牛轭套在了它们的脖子上,并且开始冷静地犁耕,就像是他在照看着一对温顺的公牛。

不过考验尚没有结束。第二场考验看起来甚至更加令人生畏:伊阿宋现在必须播种龙的牙齿——这当然不是普通的牙齿。一旦它们掉在地上,令人生畏的武士就从地里跳将出来,准备杀死任何接近他们的人。这些牙齿落在了埃厄忒斯手中并不是偶然的。它们的整个来历可以回溯到卡德摩斯的时代,后者是忒拜城的建立者,它的第一位国王。卡德摩斯有一天决定在一处由龙守卫的泉眼处建立一座城。这条龙属于战神阿瑞斯。此外,你会记得,卡德摩斯娶了阿瑞斯和阿芙洛狄忒之女,阿芙洛狄忒是赫淮斯托斯的妻子(后者对这背叛非常不悦,不过这是另一个故事了……)。为了取得对于他的城市非常重要的水,卡德摩斯被迫杀死了那条龙。雅典娜和阿瑞斯收集了这怪物的牙齿——他们知道,这些牙齿一旦播种,全副武装的武士就会从地里跳将出来。然后他们将这些不寻常的种子分发了:一半给卡德摩斯,为的是他能够使人口聚居于他的新城;另一半给了科尔奇斯国王埃厄忒斯，为的是他有办法来保护其珍贵的金羊毛。

从地里涌现出来的武士被称为斯巴达人——*spartoi* 在希腊语中意指"被耕种之人"，也就是为了发芽，像种子一样种在地里的人。这些被耕种之人与大地有着直接的联系(他们是"生番"，一个希腊术语，意思是"地里长出来的")。他们与大地的亲近至少在当下这个背景中让人想起盖亚——大地——的孩子们，第一代神的暴力，她存在于奥林波斯神之前，而且依然接近于原初的混沌，并且为其所驱动。这一观念将会再次出现在与斯巴达的联系中，后者是一座穷兵黩武的城市，那里所有的男性都是战士，桀骜难驯、沉默寡言且言辞简洁(laconiques)——拉科尼亚(Laconie)是斯巴达地区的希腊名字。

因此，伊阿宋种下了龙的牙齿，很快地这些令人生畏的武士从地里跳将出来。不过美狄亚又一次赶来施救，建言献策，与卡德摩斯已经使用过的相同。① 这些武士几乎无法摧毁，有着令人畏惧的力量和战斗技巧；另一方面，他们不是特别聪明。事实上，他们是地道的笨蛋、蛮人，鼠目寸光。在他们中间扔一块石头就足够了，因为只要认为他正在遭受其邻近之人的攻击，他们就会陷入一团混战，非常地暴力，以至于他们摧毁了自身，直到剩下最后一个，无需伊阿宋动一根指头。通向金羊毛的道路现

---

① 卡德摩斯同样播种了龙的牙齿，目睹同样可怕的武士从地里跳将出来。他在他们之间扔了块石头，致使他们像傻瓜一样相互战斗……最后只有其中五个存活了下来。正是这五个在忒拜城居住了下来——卡德摩斯的同伴几乎都被守护阿瑞斯那著名泉眼的龙杀死了。

在畅通无阻了,或者几乎如此。可是那位国王,一个可怜的对手,也是一个更糟糕的失败者,拒绝信守诺言。在夜色的掩护下,他现在盘算着纵火烧掉阿尔戈号,并且杀掉其船员。

因此,伊阿宋要凭借武力拿走不公正地拒绝给他的东西。唯一的办法就是除去那条龙,它守护着挂在一棵树上的金羊毛。美狄亚使用她的一种药水让那条龙睡去,伊阿宋取下那珍贵的羊毛,接着返回他的船,迅速离去。

当发现自己的女儿美狄亚的所作所为时,埃厄忒斯大发雷霆。他动用最快的船舰,开拔追逐阿尔戈号。在这一点上,美狄亚犯下了可怕的罪行,可谓希腊神话记载中最严重的之一。她带着她的弟弟一起上了阿尔戈号船。看到父亲追逐而来,她没有犹豫,竟然杀死了这年轻的孩子,并且切成碎片,将其扔到水中:这里一条腿,那里一只胳膊,随后是脑袋……流着血的四肢漂浮在水面上,不幸的埃厄忒斯认出了自己的儿子。他当然停下了,以便收回这些残肢,为的是尽可能地举行正式的葬礼。结果是,他失去了宝贵的时间,而阿尔戈号不停歇地驶向空阔海域。

## 阿尔戈英雄艰难返回伊奥科斯以及珀利阿斯的受罚

然而,阿尔戈英雄们的苦难绝没有结束。他们还必须安全返回珀利阿斯的城市伊奥科斯,如承诺的那样给他带回金羊毛。而返程并不像散步那样简单。事实上,宙斯在情理上无法接受阿尔戈英雄逃离埃厄忒斯的方式:杀死美狄亚的弟弟不能容忍,众神之君释放了可怕的风暴阻碍阿尔戈号——这风暴将会迫使船员们走许多弯路。接着宙斯命令伊阿宋和美狄亚去喀耳刻那里寻求净化,后者是女巫,美狄亚的姑姑。结果是,伊阿宋的行程有些类似于奥德修斯的:这两位英雄将会经历类似的考验。

首先,他们必须抵达埃阿亚(Aiaiè)岛,喀耳刻的家园,并且服从她的命令,为美狄亚犯下的罪行举行所有净化仪式。只有遵循这一条件,阿尔戈号才能重新回到通往伊奥科斯的路途。和奥德修斯一样,阿尔戈号不得不从塞壬女妖那里经过,这些鸟状妇人的歌声对于任何听见它的船员都是致命的,会让他们船毁人亡。不过,伊阿宋没有让人将自己绑在船桅上,并且塞住其船员的耳朵,而是要求俄耳甫斯唱歌,后者甜美且有力的声音淹没了塞壬的,她们的歌声唯有这一次相当软弱无力。与奥德修斯一样,阿尔戈英雄在路途中也遭遇了可怕的怪物卡律布狄斯和斯库拉:在其范围所及吞噬任何东西的漩涡,以及身体顶端有六只狗脑袋的妇人。阿尔戈英雄同样穿过为火焰和烟雾环绕的撞岩,很少有船只幸运地从那礁石中逃脱。最后,和奥德修斯一样,伊阿宋路过特里那喀亚岛,那里有太阳神的公牛,随后来到了费阿克斯人的岛屿,在那里,仁慈的国王阿尔喀诺俄斯给了他们友好的欢迎……正是在这里伊阿宋与美狄亚缔结婚约,随后又朝着伊奥科斯出发了。阿尔戈号经受了另一次狂风暴雨,阿波罗向海中射了一箭使其平息下来,接着船员们试图在克里特登陆。

不过在这座岛上居住着一个可怕的巨人,名叫塔洛斯(Talos)。有人说他属于青铜种族,赫西俄德提到过他——令人生畏的武士种族,浑身为金属覆盖,难以战胜。根据其他记载,他是由赫准斯托斯亲自锻造的,献给米诺斯国王来守卫他的岛屿。无论情形如何,塔洛斯极其可怕。每天他都跑步环绕岛屿三次以保持警戒,杀掉他在路上遇到的任何东西。他一看到阿尔戈号靠近,就捡起巨大的石块,朝着船的方向扔过去。不过,塔洛斯有个弱点:他只有一支血管,从脖子运行至脚踝。美狄亚通过药物和符咒,成功地促使其完全疯狂,以至于陷入某种疯癫的手舞足蹈状态,他的脚踝被一块锋利的石头划破了,将那封闭其唯一血管的栓塞给移除了。那极其重要的体液——它替代了血液——从这一裂口中流出,塔洛斯一头栽倒,彻底毙命。

经过这最后的考验,阿尔戈英雄没有再出什么意外,最终到达了伊奥科斯。

如我先前说的,珀利阿斯对于阿尔戈英雄的返回不抱有任何期望。他确信伊阿宋死了,强迫埃宋自杀。为了确保除掉所有可能妨碍他的人,他还制造了伊阿宋之母以及他的弟弟的死亡。尽管如此,当伊阿宋返回至伊奥科斯时,却交出了金羊毛。不过他同样要践行正义,为其挚爱报仇。如众神所预见,从整个行程一开始,正是美狄亚负责惩罚。她说服了珀利阿斯的女儿,为了使她们的父亲(他开始显露老态)恢复青春,她们必须将其剁成碎块,并在一只大大的热锅中煮他,这样就有希望通过她的药物使其恢复青春。为了赢得她们的信任,她要求带来一只公羊,将它切割,并将碎块放进一只大锅,命令用沸水煮。通过骗术(我们不要忘了美狄亚是一个女巫),一会儿一只漂亮的羊崽从那乱炖之物中出现。珀利阿斯的女儿立刻就信服了。她们跑去寻找父亲,使其承受与那公羊同样的命运……不同的是,珀利阿斯永远都保持着被煮过的碎块状态!换言之,他实实在在地死了,而伊阿宋和赫拉都通过美狄亚的效劳复仇了。

有十年长的时间,伊阿宋和美狄亚一起快乐地生活。他们有了两个孩子。后来,伊阿宋再婚,美狄亚不幸地被抛弃了,她杀掉她的孩子为自己复仇。接着她送给自己丈夫的新妻一件用毒药浸泡过的衣衫,与杀死赫拉克勒斯的方式一样。随后她去了雅典,在那里她和埃勾斯结婚了,即那座城邦的统治者、忒修斯的父亲,我们已经描绘过忒修斯的冒险了。关于伊阿宋,与美狄亚不同,他只是一个凡人,迟早会离开这个世界。据说,有一天,他在他的那艘旧船即阿尔戈号的残体下打盹,雅典娜固定在船头会说话的雕像掉了下来,砸中了他,他即刻就死了。这样,这只船及其船长一起结束了他们长长的征程。

你或许会惊讶,这些英雄们的最终结局并不总是很高贵,那与他们的伟业并不匹配。这是因为,大多数英雄仅仅是凡人。他们必然和其他人一样总有一天会死亡,而且所有的死亡全都是毫无意义的。与此同时,英雄们在死后被认可、尊崇并受到敬仰。这不是慰藉,它有着某种逻辑,有着智慧的均衡形式。

到此刻为止,如果我可以有些粗略地概述自奥德修斯征程(在我们的行程的开始)以来我们所看到的,在某种意义上,一切都非常"有逻辑地"展开。奥德修斯的历程当然充满陷阱,不过最终他抵达目的地,他的岛屿,在那里他恢复了秩序与和谐,而且在那里他与自己的子民一起随后生活了很多年……如果我们细察那些为僭越所驱使之人,他们的故事也会显得完全可以理解:他们犯了错,甚至是罪行,而宇宙,如众神所体现的,会使其重回正途,并且恢复正义,毫无疑问是残酷的,但却是依据一项智慧的筹划。至于那些屠杀怪物的英雄,即使他们终结自己的生命如同其他人一样,公众意见至少会将他们提升至一种崇拜的层次,要不然他们会被神化,或者送至福地,就像赫拉克勒斯的情形……

然而,依然存在一个严重的问题,这至少在表面上看起来违背了我们刚刚所看到的运转规则。简言之,我们如何理解降临在不幸之人身上的苦难?他们没有做错什么,也没有做过任何非常出格之事。他们既没有僭越举动挑战众神,也没有寻求非同寻常的冒险,也没有展示过人的勇气,追赶恶毒且有魔力的存在物。我们如何解释向我们袭来的、我们没有能力做出任何回应的所有这些灾难:生来具有缺陷的孩童;夺走我们挚爱的早逝;毁坏我们庄稼、引起瘟疫的灾难;飓风;以及其他一举吞噬了许多无辜生命的劫难?这依然是神秘的,目前为止我们所看到的故事并没有提供密钥。另一方面,俄狄浦斯神话,连同所有在他的后裔中发生的事情,尤其是在他的女儿安提戈涅(Antigone)那里,可以让我们瞥见对这所有之中最复杂难解问题的某种回答……

# 第六章
# 俄狄浦斯和女儿安提戈涅的厄运
## 或者为什么凡人没有罪过却经常受罚

毋庸置疑,存在着降临于人类身上并且吞噬其生命、但人类并不总是应该承受的灾难。自然灾祸、悲剧事故以及致死的疾病不加区分地伤害诚实之人与邪恶之徒。它们不会选择要折磨谁,否则的话,我们会陷入最低层次的蒙昧主义者的迷信,厄运不能也不应该被解释为神圣的惩罚。既然如此,这样的问题无可避免:在一个被认为由正义及和谐所主宰的世界中,在众神居于中心、无所不及且决定所有之事的宇宙中,如此罪恶昭彰的不公意义何在?我们能够赋予看起来尤其没有道理的人类厄运之丑闻什么涵义呢?纵然具有众多其他面相——另外的"和谐"——俄狄浦斯神话首先处理的是这一根本问题。因此,对于它的研究看起来是本书先前篇章必不可少的补充:它澄清了这著名的居于希腊世界观核心的宇宙和谐的意义,并且首要地定义了其界限,或者说这通过神谱和神话将被大部分传递给古代哲学。

俄狄浦斯的生活变成了噩梦,尽管事实是,用孩子们的话来说,纵然他行为不端,他也没有"有意"这样做。这是一位智慧出众之人,有着非同一般的勇气和正义感。远没有相应地得到奖励,不仅他的生活变成了地狱,而且尽管他有远见但也承受了降临在他身上的偶然事件与盲目力量的摆布,他对此永远不会理解,至少一直到死亡结束了他那不可言状的遭遇为止。如此这般的正义之颠倒是如何可能的?我们如何来解释这种命运,它是悲剧的,也是不正当的,但又无需断言世界——远非一个和谐的整体——只不过是由邪恶的神决定的连串的错误,他们戏弄凡人如同孩童撕下苍蝇的翅膀或者踩死蚂蚁那样自娱自乐?为了尝试回答这个问题,它在某种程度上是对希腊宇宙论的任何思考必然会提出的,我会以更仔细地考察俄狄浦斯及其女儿安提戈涅的故事作为开始。其次,我们将努力理解其更深的含义,以便我们完成其他希腊神话允许我们逐步建立的世界观。

在进入下一步之前,我还要指出解决问题的一般原则,即宇宙一旦被扰乱,不造成(人们可以这样说)同等的损毁,就不可能恢复秩序。这是为什么比如当父亲犯下了滔天罪行时,有时候是后续几代接受惩罚,严格地说,不是因为他们对此负责或者有罪,而是因为秩序不是立刻就能够重建的。当然,没有人对于其父辈的行为负有责任,但这却是真实的,一个孩子被父亲的行为所束缚,而且我们父辈的生活方式对于我们自身的生活会有相当大的影响,无论我们是否愿意,也无论我们是否意识到它。如果父辈犯下严重的僭越之罪,世界可能在整体上显现其震动,而且当宇宙被扰乱之际，它不能在短期内被恢复。这需要时间，这一间隔正是人类苦难的间隔，它将无辜之人卷入其中。这就是为什么如果我们想要真正理解俄狄浦斯神话，而不是将我们局限在精神分析或者现代哲学的套话中，我们必须回到俄狄浦斯本人之前的时代。因为我们会发现他的苦难起源于其出生前所发生的事情。

这样的一种世界观念看起来相当地过时。它可能与我们的现代道德感相违背，这是可以理解的。事实上，我们已经形成这样的思考习惯，惩罚不应该施与没有作恶之人：在极权制度之外，我们不再考虑因为其父辈的行为而惩罚孩子。然而，我们会看到，这种观念一点都不荒谬，且不乏事例证实：甚至在今天，一个**失控**的世界，无论是在自然还是社会的层面上，都会摧毁那些本身无可指责的个体。

然而，我们不要太超前了，还是先看看那不幸的俄狄浦斯和他的女儿安提戈涅的故事吧——这两个神话不可分割地连在一起。

## 俄狄浦斯和安提戈涅：悲剧命运的原型或者不幸如何盲目地来袭

一如既往，在希腊神话中，这个故事有好几个版本，俄狄浦斯生活的每个阶段都充斥着相互冲突的记述。不过，我们有一个主要的古代来源，即希腊悲剧，尤其是索福克勒斯的悲剧：《安提戈涅》《俄狄浦斯》以及《俄狄浦斯在科罗诺斯》(以俄狄浦斯在一系列灾祸之后来到的这个城市命名,我将要描述这些灾祸)。当然处处留意其他版本是有价值的,它们有时提供了启示性的洞察,[1]但是后来的文学,当重述且解释这个最著名的希腊神话时,几乎总是遵循索福克勒斯。因此,基本上,我们会在接下来的篇幅中遵循索福克勒斯的情节脉络。

首先,关于小俄狄浦斯出生之前的事件要略作叙述。他是著名的忒拜国王卡德摩斯的直系后裔,后者我们已经有机会略微提及——欧罗巴的哥哥,而欧罗巴是米诺斯的母亲,她和宙斯诞下了这位克里特国王……卡德摩斯与阿瑞斯和阿芙洛狄忒之女结婚之后,建立了忒拜城,俄狄浦斯的故事主要在这里展开。俄狄浦斯的父亲名为拉伊俄斯(Laïos),母亲是伊俄卡斯忒(Jocaste)。在我们的故事开始之处,他们已经从一则可怕的神谕中得知,如果他们生下儿子,他会杀死他的父亲,根据一些记载,甚至会导致忒拜的毁灭。在这个时期这样的情形随处可见,父母狠心决定抛弃婴儿:如那个时代所说的"遗弃"他,因为孩童经常被固定在一棵树上,将其命运寄于野兽之口,不过同样有时候寄于众神之手……拉伊俄斯和伊俄卡斯忒把婴儿托付给他们的一

---

[1] 对于古风时期,也就是公元前 5 世纪以及更早时期,我们在荷马、赫西俄德和品达那里发现了关于俄狄浦斯神话的一些宝贵批语。比起索福克勒斯,欧里庇得斯的《腓尼基少女》对这个故事的某些方面有非常不同的看法。关于后来的增补,我们一如既往必须征询我们的两位"不出场"神话讲述者,阿波罗多洛斯和希吉努斯,还要参考帕萨尼亚斯和西西里的迪奥多洛斯。

个男仆,一个牧羊人,叮嘱他将其扔在一处合适的地方。这个仆人对待这不幸的婴儿犹如一个人对待一只猎鸟或者类似的动物:他刺穿了他的脚踝,并且穿了一根绳子,以便能够更容易地在背上驮着他,也为了接下来将其固定在一棵树上,那就是"遗弃"之地。俄狄浦斯从这遭遇中得来他的名字,它在希腊语中仅仅意指"肿足"(*oidos*,这给了我们现代的医学术语"水肿",意思是"肿的";*pous*,意指"脚")。在去那个地方的路上,拉伊俄斯的仆人"偶然"——索福克勒斯悲剧的观众们对此心中了然,这看起来的偶然不过是众神意志的另一个名字——遇到来自另一个城邦科林斯的几个王室仆人,国王名为波吕玻斯(Polybe),碰巧不能生育,又做梦都想有自己的孩子,偏不能得偿所愿。由于这被遗弃的婴儿非常地娇俏,波吕玻斯的仆人们提议他们收养这孩子。为什么不呢?毕竟,如果拉伊俄斯选择遗弃这孩子,而不是立刻杀了他,这必然意味着他想给他一个机会:科林斯的仆人们把他带到他们的主人那里,后者肯定想要收养他。而事实证明也是如此,因此,这婴儿在紧要关头得救了……

俄狄浦斯在科林斯城长大,远离他在忒拜的出生之地,在王室宫廷中,他当然相信国王和王后就是他的亲生父母。一切对他来说都不错。不过,有一天,他和一个玩伴吵起来了。这是非常平常的拌嘴,经常发生在孩子们之间。然而,对方"问候"他的称呼他永远忘不了,而且那看上去对他来说糟透了:他骂他是野种,意味着他的父母不是"真正"的父母,他只不过是一个弃儿,一直以来都瞒着他……俄狄浦斯跑回家,向他的所谓父亲询问,后者尴尬不已,否认了这个说法,但是对于俄狄浦斯来说太软弱无力,以至于不会不心存狐疑,对他的出身有着模糊的怀疑。他还想亲自弄清楚,因此他决定去德尔菲,询问著名的阿波罗女祭祀皮提亚(Pythian),就像他的亲生父母拉伊俄斯和伊俄卡斯忒先前寻求神谕。他想知道他是谁,他来自哪里,他的父母是谁……一如往常,神谕以回避问题的方式作出回应:提供的不是关于俄狄浦斯过去的信息,而是相反——关于他的未来预言,而那预言是可怕的:俄狄浦斯会杀死他的父亲,娶他的母亲。

弗洛伊德当然地从这里推断出其著名的"俄狄浦斯情结"的说法,婴儿的冲动,驱动孩子们在成长的某个时候,无意识地欲求他们的母亲,并且暴力地排斥父亲。然而,如我们会看到的,纵然这方面在原初神话中是存在的,它远未给我们提供密钥。无论情形是什么,依旧确定的是,俄狄浦斯被神谕之辞压垮了。而为了阻止它的预言成为现实,他决定永远地离开科林斯,因为他仍旧相信这是他父母波吕玻斯及其王后珀里玻亚(Périboea)的家国。离开这个地方,他避免有任何危险杀死他的父亲或者娶了他的母亲——只可惜,波吕玻斯和珀里玻亚不是他的血缘父母,而且,正是离开科林斯,不幸的俄狄浦斯不可避免且盲目地达成了他所希望的反面:他会越来越接近于实施那可怕的神谕预言,他无意识地为其完成做着准备——一种悖谬,这提供了索福克勒斯三部曲的一个最重要的精神推动力。当然,在这情境中,所有事情已经为神所预知,如那两则神谕所谕示,那始终不变地转达了神的意愿——俄狄浦斯朝着忒拜走去,他真正的父母拉伊俄斯和伊俄卡斯忒的城邦。现在碰巧的是,事情恶化了,忒拜这个时候正遭受瘟疫,死了很多人。在此,纵然还没有明示,观众只能设想这惩罚是神施加的并寻思其基于何种理由。不过让我们继续:为了对抗这灾祸情势,和俄狄浦斯一样,拉伊俄斯也决定去德尔菲,就该做什么来拯救他的城邦民众而再次寻求神谕。

这里我们处于一个悲剧症结的中心,它必然会抓住整个观众的注意力:想象一下,父亲确信他的儿子死了,而儿子确信他的父亲在科林斯,彼此不知不觉地行进并遭遇了!他们的命运名副其实地交集了:拉伊俄斯的马车与俄狄浦斯在三条路的交叉口迎面相遇,非常狭窄以至于两个人不得不将其队伍停下来。他们之中的一个必须后退,并且停靠在路边让另一个人通过。但是两个人都很自负,每个人都确信自己有优先通过权:拉伊俄斯因为他是忒拜国王,俄狄浦斯因为他是科林斯王子。矛盾升级了。他们的仆人对骂,而拉伊俄斯看上去用他的鞭子向俄狄浦斯抽去。他们打了起来,被怒火冲昏了头。俄狄浦斯杀死了他的父亲,还有他的驾车人和随从。只有一个仆人狂奔着逃命了,但目睹了所发生的一切(对于随后发生的事这是重要的)……因此,预言的第一部分已经实现了!和拉伊俄斯一样,俄狄浦斯还不曾意识到刚才发生之事,他事实上杀死了他的父亲……

完全不知道他自己和对手的真正身份,俄狄浦斯重新踏上去忒拜的路。当然,刚刚发生的暴力事件令人遗憾,不过双方都有错,而俄狄浦斯认为他的行为是合法的自卫。毕竟,不是他先出手攻击的。最后他忘掉了这整个事件,在经过漫长的折磨人的行程之后,抵达了他的出生之地。显然,瘟疫还在继续,不过一种不同的灾难——毫无疑问,它本身同样有着神圣的来源——现在正在困扰这座城邦,它的新国王(在拉伊俄斯死后已经登上了王位)是克瑞翁(Créon),伊俄卡斯忒的兄弟,因此也是俄狄浦斯的舅舅。这新的灾难有个名字:斯芬克斯(Sphinx),母狮的身体,秃鹫的翅膀,她守在城邦的通道上恐吓城邦,要求所有年轻人解谜语。如果他们解不开谜语,她就吞了他们,忒拜开始变得人口凋零……这里是求解之谜的一个版本(还有其他的,不过它们大致是相同的):

    哪种动物早晨走路用四条腿,中午用两条腿,而晚上用三条,而腿最多时,它最虚弱?

俄狄浦斯听说过斯芬克斯,他毫不犹豫地走到她跟前,询问那致命的谜语。他一听到它就知道答案:毫无疑问它的谜题是人本身,在其生命的早晨,还是一个婴儿,用四肢爬行,接着在成人之时,用两条腿,而最后在生命的黄昏用三条腿,这时他虚弱无力,靠着拐杖支撑。根据一则古代的预言,如果一个凡人成功地解开了斯芬克斯的谜语,她就必须死亡。面对俄狄浦斯的回答,她从一处最高的城墙上跳了下去,摔死了。由此忒拜从那怪物手中被解救出来,而俄狄浦斯凯旋入城。城邦举行庆典,赠给他许多奢华的礼物。他所到之处,人群欢欣鼓舞,由于伊俄卡斯忒王后是自由之身——当拉伊俄斯被杀死之时,她依然是一位年轻的寡妇——她的兄弟克瑞翁答应俄狄浦斯与他的姐姐共结连理,作为感谢,连带还有忒拜王位,在仅仅作为一位临时国王占据王位之后,现在他情愿将其让出。

因此,神谕预言的第二部分也实现了:依然完全不明白什么在决定着他生命的进程,俄狄浦斯杀死了他的父亲,并且现在娶了他的母亲。他和她在一起的日子有了四个孩子:两个男孩,厄特俄克勒斯(Etéocles)和波吕尼科斯(Polynices),有一天他们会为王位的继承杀死对方;还有两个女儿,伊斯墨涅(Ismène)和安提戈涅。不过,在接下来的二十年中,一切风平浪静。俄狄浦斯英明地治理着忒拜城,连同他的妻子,也是他的母亲伊俄卡斯忒精心地抚养着他们的孩子。

不幸的是,当孩子们就要长到成年时,一场可怕的瘟疫又一次肆虐城邦。对此什么都无济于事。更糟的是,如果这是可能的话,奇怪的事情开始出现并且扩散开来——妇女要么诞下死婴,要么生下畸形儿,突发的无法解释的死亡时有发生。因此,俄狄浦斯又派遣了一个信使去德尔菲询问神谕。后者的回应这一次一点都不模糊:只有当杀死拉伊俄斯的凶手被擒获并受到惩罚之时灾难才会终止。实际上,这般罪行不能被豁免而不予惩罚——这再一次(顺便)证实,众神从一开始就密切注意发生之事,毫无疑问,所有的新进展都通过阿波罗的直接神谕代言人之口宣示了。

俄狄浦斯还不知道他就是那个有罪之人,还一心地想要服从神谕。他召集众人,寻求良策,在克瑞翁的建议下,他找来这个地方最有名的预言者特瑞西阿斯,在其他神话中我们已经几次提到他。特瑞西阿斯当然知道整个真相,否则的话他也不会是预言者。但是他对于自己掌握的秘密尴尬不已,甚至可以说恐惧,觉得在俄狄浦斯面前无论如何也不能将那秘密暴露在公众面前,后者仍然完全蒙在鼓里。现在他发怒了,控诉特瑞西阿斯是凶手,而且与克瑞翁一起密谋要推翻他。他这般呵斥,以至于那预言者最后服从了他的意愿。他将整个故事都告诉了俄狄浦斯:如果俄狄浦斯一定要知道,是他本人杀死了拉伊俄斯,后者是他真正的父亲,正如那神谕所预言的,而接着又进一步娶了他自己的母亲!伊俄卡斯忒被这些话震惊了,坚决否认并且试图说服自己和俄狄浦斯,预言者的话荒诞不经。为了让他信服,她讲了在交叉路口拉伊俄斯被谋杀的一些细节:不是一个人杀死了拉伊俄斯,而是一帮强盗,因此,不可能是俄狄浦斯犯下这罪行的。另外,她向他透露,很久以前她还有另外一个孩子,但是这个孩子被"遗弃"了。俄狄浦斯将信将疑:对于交叉路口的叙述引起了某些令人烦扰的回忆,不过,真相依然模糊不明……

正在此时,从科林斯来了一位信使:他告诉伊俄卡斯忒和俄狄浦斯有人死了,即俄狄浦斯一直相信是他父亲的波吕玻斯。这消息令俄狄浦斯悲恸,但同时也令其松了一口气:至少他不曾杀死他的父亲!只可惜,那信使禁不住补充了一则令人吃惊的细节:俄狄浦斯根本不应太悲伤,因为波吕玻斯不是他真正的父亲。他是一个弃婴,偶然被发现,为科林斯王所收养。灵光一闪!整个难解之谜汇聚一处。俄狄浦斯心中完全明白了,传唤早些年曾经负责将拉伊俄斯和伊俄卡斯忒的孩子遗弃的那个牧羊人。他发现,这同一个牧羊人正是在拉伊俄斯被杀死之时陪伴着他的那个仆人。他那个时候捡了一条命,从此以后一直在山中避难,而且为了保持内心平静,发誓说忒拜国王是被强盗杀死的。相应地,这让伊俄卡斯忒确信俄狄浦斯不可能有责任。但这是一个谎言,现在牧羊人说出了真相。是的,特瑞西阿斯和科林斯的使者是正确的:被遗弃的孩子正是俄狄浦斯,正是他杀死了拉伊俄斯。每一个在场之人现在都能够根据现有情况推断且重建整个故事:阿波罗的可怕神谕最终实现了,而且得到了验证。

我们正处于悲剧的中心,不存在解决之道。相反,事情只能变得更糟。伊俄卡斯忒一得知真相就自杀了。至于俄狄浦斯,当他发现她在房间上吊自杀时,他抓过伊俄卡斯忒衣袍上的饰针,在暴怒中刺瞎了自己的双眼。一如既往,惩罚与"罪行"适宜——我将这个词加上引号,因为俄狄浦斯从未真正地试图促成这一切发生。的确,他的悲剧乃是他在其发生之前什么也不曾"*看到*"。尽管他聪明智慧,从头至尾他都是*盲目*的。而且正如他是因为不曾看到或预见而犯下罪行,也正是通过这种方式他受到了惩罚。现在他肉体上的盲目与其心灵的盲目相对应……

他生命的晚期同样悲惨。如果我们再次遵循索福克勒斯的版本——还有其他版本,不过他的已经成为权威——俄狄浦斯立刻从王位中退出,暂时又由克瑞翁接替。俄狄浦斯逃离至科罗诺斯,在那里,这位忒拜的前国王和拯救者,在位将近二十年之后,现在勉强维持着盲目且悲惨的流浪生活。他的女儿安提戈涅,心地善良,有着强烈的家庭情感,陪伴并且照料着他。随后他启程前往雅典,一位杰出的国王、仁慈的忒修斯这个时候在那儿掌权。在路途中,一处森林附近,他来到一个地方,他意识到这是他必死之处:这片小树林实际上属于厄里倪俄斯,这些可怕的神诞自乌拉诺斯的血,那是在克洛诺斯阉割了他父亲之后流到大地上的。我们这里应该记得,厄里倪俄斯的使命从一开始就是替家庭中的罪行复仇。可以说,可怜的俄狄浦斯已然成为这个领域中不明智且无意识的世界冠军了。在这般情形下,他在这些著名的"善主"手中必然结束自己悲惨的生活也属正常。但是这片树林是神圣的。雅典国王的仆人们相信,将俄狄浦斯从这凶兆之地逐出去是在做正确之事。俄狄浦斯请求他们去找忒修斯,此君一如既往地心存善意,很快赶到这里。他怀有真正的仁慈之心,同情俄狄浦斯,陪伴他直到死亡:大地裂开,厄里倪俄斯带走了他,不过没有人会知道他死亡的确切之地。忒修斯为俄狄浦斯举行了葬礼仪式,作为友谊的见证,并且为他并非有意的罪行祈求宽恕⋯⋯

大概说来,这是该神话的基本情节和结构。还需要对这位不幸的英雄之后裔的结局稍作补充。这在索福克勒斯的《安提戈涅》中有所叙述,也体现在埃斯库罗斯唯一幸存的一部将俄狄浦斯神话作为其主题的戏剧中(他在其他几部戏剧中也这样做了,但都不幸失传了):《七雄攻忒拜》。俄狄浦斯的两个儿子,厄特俄克勒斯和波吕尼科斯在得知其父之事的详尽情况时,对他们的父亲表现得相当不敬。他们羞辱并且虐待他,以至于俄狄浦斯最后恳求众神发怒来惩罚他们。确实成功了:这两兄弟会成为他们自己最凶恶的敌人。俄狄浦斯死了,现在出现的问题是权力斗争,两兄弟为了尽量解决争执,议定轮流做统治者,以一年为期:今年厄特俄克勒斯占据忒拜王位,波吕尼科斯第二年,第三年厄特俄克勒斯再坐王位,等等……只可惜有一次,厄特俄克勒斯在位之际,拒绝将王位让给他的弟弟。因此,后者召集一支军队攻打忒拜,强迫履行他们的协议。这支军队有七个首领,与波吕尼科斯现在试图要围攻的这座城市的七座门相对应,埃斯库罗斯的戏剧名称就由此而来:《七雄攻忒拜》。

简要叙述一下这部戏剧的结局:忒拜,有坚固城墙的保护,勇敢地抵抗七雄的攻击,后者的军队决定性地输掉了战争。相互为敌的兄弟俩在第七座门前相遇,单独决斗,成功地杀死了彼此。结果克瑞翁又重回权位,发布命令说,哥哥即厄特俄克勒斯守卫城邦,应该举行荣耀的葬礼,而波吕尼科斯围攻城邦,不应该举行葬礼:这是最大的羞辱。他的尸体应该留给野狗和飞鸟。任何人胆敢违抗这一法令,会被立刻处决!

正是在此处,悲剧《安提戈涅》开始了,尽管非常简短,它依然引得后人倾注大量笔墨,给出无数评论。然而,情节是最简单的：安提戈涅宣称——如果我们紧随埃斯库罗斯戏剧的结局——她在赋予其生命的共同体即她的家庭中承担她的责任，无论什么样的不幸降临于身。在她的眼中，私人领域是优先于国家法令的。因此，她公然反抗舅舅的命令，并且着手埋葬了她的哥哥波吕尼科斯。自然，她被逮捕了，并且被判处死刑，到这里，埃斯库罗斯的戏剧结束了。如果我们根据索福克勒斯继续这个故事，我们得知克瑞翁最初态度坚决，但是在他身边之人的压力下，他改变了自己的决定，并且下令释放安提戈涅——她已经被投进监狱，正在等待处决。当他们要释放她的时候，发现她已经吊死了自己。使得事情更糟的是，克瑞翁的妻子也自杀了，留下老国王深思这个坏决定的后果……后来，七雄的儿子们，即被称为埃披戈诺伊（Epigones）的，想要为他们的父辈复仇，拿起武器，毁掉了忒拜城。

就这样，忒拜传奇的罪恶循环画上了句号。关于俄狄浦斯命运和安提戈涅反抗的解释汗牛充栋。这一神话激发的吸引力持续了很多世纪，今天依然如此，没有一年不会有新的学术著作。鉴于此，看起来进一步冒险做评论是冒失的，但在当下这个背景不可能不这样做。因此，以极大的谨慎，我建议——而非另一种现代解读——尽量返回至希腊人自身会如何理解这一神话，至少我们留意埃斯库罗斯所说的，他对于忒拜城最初的建立做出了慎重却明确的论断。

这些不同的神话实际上说了些什么？首先，在我们的现代正义概念所包含的意义上，俄狄浦斯非常明显是没有"罪的"。

俄狄浦斯既不知道他被卷入其中的系列事件,也没有促成它们发生。同样清晰的是——正如在这个故事中由神谕这个关键性角色,以及借助于神谕的众神的角色所表明的——他就是更高命运的玩物,后者处处使其迷惑不已。对此我们可以补充——因为我们不应该忘了在这一事件中更低级的参与者——忒拜人(或者至少普通人)同样对于那些不断地折磨着他们的灾难和祸害是没有丝毫责任的,直到最终被埃披戈诺伊毁灭了城邦。

事情的真相是,一则古老的诅咒从一开始就施加于忒拜统治者的整个族裔,而这一诅咒,与最初的一项罪责相关,直到该统治家族和城邦之内恢复秩序时才能终结。最终,这一恢复以类似于丢卡利翁或诺亚(Noah)神话的方式,通过所有参与者大批地毁灭才能发生。这些不幸之人没有做错什么,他们的悲剧就在这里。命运吞没了他们,既使他们迷惑,又摧毁他们,无论他们做什么,因为那诅咒可回溯至非常遥远的过去。它主要涉及——如果我们立即返回到先于俄狄浦斯的一代——他的父亲拉伊俄斯对于珀罗普斯之子曾经犯下的罪行。我们需要知道,珀罗普斯曾经收留并且照顾拉伊俄斯,就像是他自己家的一员一般。后者(原因我们这里就不谈论了)在这个家庭中几乎度过了其整个童年时代。但是有一天,拉伊俄斯爱上了珀罗普斯的儿子、年轻的克里希帕斯(Chrysippe)并且试图强奸他。这受到惊吓的年轻人自杀了,珀罗普斯悲愤至发狂,向众神提出一项可怕的请求:如果拉伊俄斯生下儿子的话,他的儿子会杀掉他(一如既往,罪行和惩罚互易),而且忒拜城会被摧毁。根据某些神话讲述者,赫拉和阿波罗从未能够宽恕忒拜人没有考虑惩罚拉伊俄斯的罪行就拥戴其为他们的国王。

从这一点起,事情就以无法和解的逻辑推进了:阿波罗通过其神谕代言人,提前警示结为连理的拉伊俄斯和伊俄卡斯忒,如果他们生下孩子的话,灾祸将会如雨滴般降临在他们身上。拉伊俄斯不太喜欢女人,更喜欢男孩。因此,根据这个神话的大多数版本,是借助于酒精的作用,他宿醉之时与伊俄卡斯忒交欢,后者怀上了小俄狄浦斯。

下面是在埃斯库罗斯的《七雄攻忒拜》中歌队如何概述这些事件的:

> 我在想,那昔日的恶孽,虽然很快受到了惩罚,但是其影响甚至延续至第三代。拉伊俄斯的错误在于对阿波罗的谕示充耳不闻,后者在大地中央的皮提亚神谕所三次警诫,国王只有无后地结束生命,才能拯救他的城邦。但是他陷入了愚蠢的欲望中[拉伊俄斯与伊俄卡斯忒交欢时喝醉了酒]孕育了自己的死亡,一个男孩,即那弑父的俄狄浦斯,他在自己母亲的神圣田野上,那曾经孕育过自己的地方,胆敢播撒血缘的种子。疯狂将这错乱的一对儿结为连理。现在它犹如恶浪之海,掀起滚滚浪涛,冲击我们。一波才平,一波又起,第三波更加强大,猛烈冲击着我们城邦之船的尾部……当昔日的诅咒最终实现时,代价巨大,而古老的诅咒

从不会消失……①

进一步我们意识到,作为这同一残酷过程的一部分,当波吕尼科斯("那显赫的第七位英雄")被他的哥哥杀死之时,这也是阿波罗的意愿,因为,这位神保留着亲自负责第七座城门的权利,在那里,两兄弟之间的凡人搏斗发生了:"为的是实施对于俄狄浦斯一族的惩罚,因为拉伊俄斯昔日的恶孽。"

这意旨不能够被陈述得更清晰了,在一种心理学的领域或者其他地方寻找进一步的理由是没有意义的。这部戏剧的剩余篇章,进一步重复主张这一论点:拉伊俄斯的后裔都是使他们困惑不已的命运的牺牲品,对此他们没有责任,它贯彻的是以阿波罗为代表的众神的意志。对于安提戈涅本人同样如此,她通过违反克瑞翁的法令,坚定不移地表达了其面对死亡的决断——作为一项个人选择,自由地进入了一个领域,不过却发生在一个在其中自由付之阙如的背景下,在那里一切都被宇宙的命令以及众神本身所限制并预定:

> 我不会耻于无视城邦统治者而行事。我们必然与分享同一母体之人连在一起,同是一位可怜的母亲和不幸的父亲诞下的。因此,我的灵魂乐于分享他的罪恶[**波吕尼科斯的这般罪恶**],不情愿像这般之人,眼睁睁地看着兄弟死去。

---

① 参考王焕生《七雄攻忒拜》译本,742—767。——译注

空着肚子的恶狼也不会吞食自己的骨肉——没有人会相信这,尽管我是一个女人,我自己会找到方法给其葬礼和墓穴,用我的亚麻衣袍搬运泥土,用我的双手掩埋他……

这是一个巨大的悖论,而且完美概括了这个故事的悲剧维度:安提戈涅完全独立地行事,出于其自身的自由意愿。她自己做出决断,完全意识到了她承担的危险,可是她这样行事是在一个她对事件没有控制的背景中。她意识到,事实上她对此没有其他选择:她属于她的家庭,远胜于她的家庭属于她。结果是,那个诅咒束缚着她,自往昔之时就重重地压在她身上,没有什么能够改变她的生命进程。

正如心理分析在对这个神话的解释中赋予无意识主导性的角色,同样,女权主义者和反女权主义者也类似地(因为埃斯库罗斯的戏剧能以两种方式来解读)充分重视这一事实。安提戈涅是一位女性,而且如此"自然地"体现了内心、私人领域的命令——反对男性城邦的、集体责任的冷冰冰的理性领域,等等。再一次,不是没有可能,这些现代含义在某种程度上会呈现在这神话的字里行间。它甚至是很有可能的。毕竟,希腊人的智慧不比我们逊色,而且他们对于男人和女人、无意识、激情的角色以及其他现代心理学非常珍视的主题有他们自己的观念。不过神话的密钥肯定不会在这里找到,而且,尽管这些视角对于我们是正当且贴切的,但它们完全不同于希腊人的视角。

我们没有理由不相信埃斯库罗斯所说的:这悲剧与心理学

无关,而是与宇宙论以及盲目的命运(某种绝非个体无意识的东西)有关,当其介入之时,无论什么理由,事物的秩序就会颠倒。而且,自人类存在以来,自潘多拉和厄庇米修斯首次孕育人类以来,这样的纷扰就大量存在。如我们所知,它们是无法避免的,因为它们构成了生存准则本身,以及历史动力。如果代际延续不曾出现,一切都会在那最彻底的宇宙性单调中永久地被固化。但是代际的更替同时会引发悲剧性错误的危险。这是为什么如果想要领会降临在俄狄浦斯身上的苦难之根由的话,我们实际上必须追溯忒拜自卡德摩斯建城开始的整个历史的原因。我曾经暂时选择停留在拉伊俄斯及其针对珀罗普斯之子的罪行。但是虫子从那开端之时就在果实中了。

起初,卡德摩斯娶了哈尔摩尼娅,她除了名字之外,自身已经是某种不和之果,作为阿瑞斯和阿芙洛狄忒的女儿,那是爱与战争之间不稳固且被禁止的连理(尤其因为阿芙洛狄忒是正式嫁给赫淮斯托斯的……)。还有更多的,非常多:你会记得,卡德摩斯为了建立他的城邦,不得不请求"被耕种之人"的效劳,即那些**斯巴达人**(*spartoi*),它们诞生于守卫着阿瑞斯神圣之泉的一条龙的牙齿。这条龙被卡德摩斯杀死了,为的是获得泉水,后者对于献祭一头牛是不可或缺的,那头牛曾经指引着他来到了他的城邦即将建立的地方。现在,这些著名的"被耕种之人",共有五个,是战士,近似于原初混沌、大地本身、提坦以及堤丰的远古力量。在这里我们又一次地遇到了一个核心的宇宙论主题,没有它我们对包裹着忒拜历史的传说,包括俄狄浦斯传说,不能有丝毫理解。进一步,这些"被耕种之人"中的一个在建立俄狄浦斯的世系中扮演了一个角色;他的名字是厄喀翁(Echion),一个难免让人想起怪物厄客德娜的名字,那著名的半蛇人,堤丰的伴侣。卡德摩斯后裔的命运经常被证实为极其令人震惊,且始终不变地混乱狂暴,比如彭透斯的命运,那是他的孙儿,继承了他的忒拜王位,而结局是被酒神的信徒撕成碎片。

无需太过深入这冗长历史的细节,显而易见的是沉重地压在俄狄浦斯和安提戈涅身上的命运可以追溯到非常遥远的过去,而且,他们绝对与此无关,那些年轻一代的被斯芬克斯吞食的忒拜人,或者被瘟疫大批夺去性命的人也不能改变他们的命运。这是事物的法则。灾难总是自奥林波斯山被众神转移,至少从他们战胜了提坦神以来,从宙斯实施最初划分、为了最终确保宇宙的和谐依据正义将世界有序化以来,至少在天上,在奥林波斯山。但不是这里,在尘世!在地上,存在着些许无序,就像是时间和生命本身的副产品一样。这是不可避免的。证据呢?如果我们不惜任何代价来清除混沌,并且由此清除不义,这样做的唯一办法是压制历史和世系更替。换言之,压制人类生存本身。这是为什么自宙斯的原初划分以来,所有的不幸依然还为人类保留,而且事情只能如此前行。的确,有些凡人自求不幸——他们确实祈求它!——就像所有那些通过僭越而越轨之人的情形。但是,还有其他人,数目要多很多,他们对于降临于他们的不幸没有任何责任。存在着代代相传的不幸,就像一种疾病,一种基因瑕疵,除了下面这种情形,即瑕疵是与宇宙性的介入连在一起的,这一辈或者那一辈祖先多多少少可能对这一介入负有责任,不过它总是让我们想起这一事实,即原始的混沌从未消失:它与人类状况和人类历史乃是同体的。在有些情形中,即使这看起来是残酷且不义的,众神必须修补事物,并恢复秩序,通过那些承袭了最初越轨且打破平衡之人的整个世系。这当然会解释最残忍的罪恶像雨滴一样降临人类的方式和原因,至少对于一部悲剧的旁观者来说是如此。正如我在这一章开篇所说,和雨滴不会选择打湿这个或那个人,而是不加区别地降临在好人和恶人身上一样,打击个体之人的不幸绝非总是应得的。这就是事物的法则,简单明了,对此我们无能为力,因为这些折磨是我们人类状况的本质性部分:凡人陷入了时时伴随一种可能错误的生存和历史中,对此我们必须学会与其相处……

总体上这作为生存的一个残酷教训可能会打击我们,而且这种对于现实、世界本身的妥协可能看起来是绝望的劝诫。不过我们必须认识到,事实上,如果我们更加深入地思考,而不是抱着我们的现代性不放,悲剧见解,如俄狄浦斯神话以近乎讽刺的方式在完全纯粹的状态下对此进行了阐述,就同时充满真理和智慧。我试图简短地表明为什么是这样,而且解释为什么思索这些教训即使在今天依然对我们有益。

首先,非常简单,因为它忠于现实:人类生存的确——有时候,如果不总是如此的话——在这个意义上是悲剧的,不幸降临,我们却不能赋予其意义。而我们受到误导,试图做我们力所能及的任何事来忘记这一点。今天,只要不幸不公正地降临,我们就会屈从于寻找"负责之人"的现代躁狂症。一条河流决堤而且淹死了一些露营者？河道的错误在于市长、委员会、首相,所有这些人无能或者腐败！一架飞机失事？立刻,我们必须成立调查机构,确定有过错一方,将他们公之于众……无论是一家学校的屋顶倒塌了,一场暴风雨将树连根拔起,一处管道失火了,我们必须不惜代价寻找到一项人为的解释,绝对性的道德罪责会加诸于身。让我们坦率地说:没有什么其他地方我们会遇到如此纯粹形式的现代愚行。你或许会问,为什么我这里提到"现代人",就像是表明一个独立种类,大写的一个人种,与"古代人"相区别？当然,我夸大了,不过为的是离析出一种标志我们这个时代特征的思考方式,它至少在这一点上是与古代世界的方式相反的。我赞成且辩护的人文主义作为一种思考结构已经变得无所不在——我们非常确信自己是自然秩序的绝对统治者,所有力量的拥有者,以至于我们不知不觉地认为我们自己控制着万物,包括自然力量、灾难,甚至无意义的偶然事件……而这在本来意义上是一种谵妄症:拒绝现实。真相完全是不同的。除了基于科学给人类提供了巨大的力量之外,依然不过是这样的情形,我们的命运困惑着我们,而且永远如此。不仅机运是人类生活的一部分,不仅偶然编织进人类历史中,而且我们的生存也是由如此多的变数构成的,依赖于非常复杂且歧异的条件,以至于完全控制发生在我们身上的任何事情这样的理念实在是荒诞不经的！

举一个极端但明显的例子:最后一次世界大战导致五千三百万人死亡。我们真的相信所有这些不幸之人完全是由"罪人"、负有责任的人以及邪恶的人构成的吗?真相当然是,不幸降临——正如在俄狄浦斯神话中——而我们不曾参与其中,它在政治和社会领域重重打击我们,在这里我们或许认为我们比对自然领域的控制更加有效。我们的机运是不平等的,它取决于我们是生在这里还是那里,在一种不能被理解的层级上,对此谁都不能否认。为什么在这样的情境下我们不会被诱惑着去寻找一个解释,就像希腊人在俄狄浦斯神话中所做的那样?一个混乱世界的观念被用来解释不幸和不义有其自身的真理,对此看起来没有太站得住脚的反对理由……

首先,这里有着一种根本性智慧——诚然,它不是基督教的,因此对于我们的思考方式也是陌生的,无论数个世纪以来基督教信仰是否喜欢它——值得反思。一位基督徒,相信万物多少都出于上帝的意志,或者至少被上帝监管着,他几乎不可避免地会在人之疯狂中发现一种理由,一种解释,使得我们在某种程度上对于发生在我们身上之事负有责任:如果上帝是全能的,如果他是善的,那么就不可能真的有对于这个世界之恶的任何其他解释。我们必然认为,它们源自于人类的邪恶,源自他们滥用自己的自由,因此,人类在某种意义上对于降临的灾难集体负有责任。这里我们处于迷信的边界,希望避免迷信陷阱的基督徒需要非常多的辩证法技巧。

希腊人有着不同的思考:对于他们来说,就是要接受事物如其本身所是的荒谬。一种可谓当下时态的智慧,邀请我们去"行动"——不是以顺从的形式,而是激发我们发展自己的接纳能力,我们对世界的开放性,从自在的生命、不息的生命中获益。这预设了与时间的某种联系,我们现代人很大程度上都丢失了。再一次地:我是一个现代人,一个常说的"人文主义者",我甚至曾经花时间去阐释我称之为"后形而上学"或者"后尼采哲学"的人文主义。尽管如此,我们不能对于古代希腊思想的恢弘无动于衷,尤其不能对于这一事实无动于衷,即其擅长之处恰是我们不擅长的。在我们错误地相信我们能够掌控一切的地方,古人赐予我们一个不同的视角,从中我们可以获得新的灵感。

确切地说这意味着什么?它与我在我较早的一部书《思想简史》中曾经阐释的有关斯多亚主义的内容是一以贯之的,这里我在希腊神话的背景下对此简要重述。毫无疑问,存在这样的基本信念:神话遗传给古代哲学,尤其是给斯多亚主义的是一对孪生邪恶,它们对人类生存犹如千钧重担,是一对孪生的障碍,阻止我们克服恐惧、完全展示自身。它们一方面是怀旧,一方面是希望:迷恋我们的过去,担忧我们的未来。过去无休止地向后拽着我们,由于那可怕的力量施与我们被斯宾诺莎精确地称为"忧郁情感"的东西:乡愁。这时过去是快乐的,但不快乐时,则是自责、悔恨和遗憾。作为对此的反应,我们在未来幻景中寻求避难,塞涅卡在其《致鲁西留的信》中已经做了非常好的描述。我想象着,通过改变这或那,如车子、房子、鞋、发型、假日、MP3、电视、我们的工作,或者脑海里想到的任何其他东西,结果我们就会更快乐。真相是过去的甜言蜜语和未来的幻景大多数都是陷阱。它们无休止地从我们这里拿走的是当下本身,由此阻止我们过上圆满的生活。而且,它们是担忧和恐惧的永远不变的焦点——前者几乎不变地从过去涌现出来,而后者总是源自未来。对于幸福生活没有比忧惧更大的障碍了。

这就是希腊智慧核心处的信念,尤其是斯多亚主义所传播的,简单且深刻。① 为了获得拯救,为了获得克服恐惧的智慧,我们必须学会没有对过去的乡愁或者对未来的不必要恐惧而生活,这意味着停止永远地生活在时间维度中,后者甚至就不存在(过去已不在,未来尚未到),并且尽其可能地固守当下。正如塞涅卡在《致鲁西留的信》中所说:

> 我们必须从我们自身处消除这两类事:对未来的恐惧和对往昔困苦的记忆。后者不再是我所关心的,而未来尚不是我关心的。

就像他继续说的那样,因为依赖于生活在这两个虚幻的维度中,我们最终不过是"错失了生命"。

然而,你或许会说,这种当下智慧并不能真正站得住脚,而且无论如何,很少有证据表明,这就是被俄狄浦斯所深刻掌握的,安提戈涅也没有。这两人非常明显地感觉到,众神为他们保

---

① 参见我的《思想简史》中关于斯多亚主义的篇章。

留的命运是残暴且无法忍受的。除此之外,我们或许会想,这些悲剧的旁观者必然多少感受到了同样的事情:他们必然会对自己说,这整个传说是可怕的,而现实本身由于是被众神所意欲和决定的,是不能信任或者接受的。换言之,如何协调古希腊智慧——被认为是对现实的爱以及与当下时刻的和解——与悲剧冲动,后者与它背道而驰,并且激发了这一思想:世界即使被众神寄予希望,并且在总体上是和谐的,对于我们很多人来说也是一个完全无法忍受之地?

基于这个非常简要的问题,我们触及了内在于世界之宇宙论的、神圣的景观中最根深蒂固的困难,我认为,我们对此能够提供三项答复。

第一项答复,毫无疑问最大限度地在爱的智慧与现实的悲剧性之间做好协调,主旨如下:你应知晓,可怜的人类,俄狄浦斯就是例子,你的命运不属于你,它总是可能变得糟糕,收回曾经赋予你的。二十年的时间,俄狄浦斯是忒拜的统治者,身边有伊俄卡斯忒和子女陪伴,体验了荣耀和幸福。但随后他的一切都被夺走。更糟的是,正是他的幸福之基础,即杀父娶母的事实,成为他最终地、完全地毁灭的理由。这个故事的寓意:当生活惬意之时,我们须及时享受,不要通过无益地折磨自己暴殄天物。须知:无论发生什么,结局都是惨淡的,我们必须享受现在(在忒拜辉煌的二十年),遵循贺拉斯著名的"*carpe diem*"(*及时行乐*)之教导:抓住到来的每一天,不要问我们自己没用的问题。智者是生活在当下的人,并非指缺乏智慧或对于可能发生之事愚昧无知,而是(正好相反)因为他非常清楚地知道某一天一切都会变得糟糕,因为我们必然知晓如何从现在所赋予我们的得到益处。这可谓斯多亚智慧的最低版本。

第二个或者最高版本必须更进一步。它同样邀请我们接受现实,不过是全方位的,即使当这些是悲剧的、毁灭性的时候。在此类状况中,智者不会只限于热爱那怡人之事。我们所有人都能够做到这一点。更确切地说,智慧之人是在所有情形中成功做到"希望更少一点,热爱就更多一点"的人,这是哲学家安德烈·孔德-斯蓬维尔(André Comte-Sponville)曾经尝试以简要的术语概括这一希腊智慧时向我表述的。实际上,这一准则完美地表达了面对灾难时需要的禀性之宁静和力量,我们终有一天会与这盲目的灾难正面遭遇。如其所是,这就是传递了数个世纪的理念。我们已经在伊壁鸠鲁学派的著作中看到,同样也在斯多亚派中看到过,而且我们又一次在斯宾诺莎那里见到了,甚至是在尼采那里,后者坦率地鞭策我们去热爱如其所是的世界——不仅是在它被证实是一个足够快乐的地方之时,这总体上很肤浅,而且同样当它就像俄狄浦斯的情形,变成无法忍受的时候:

>   对于人类的伟大,我的准则就是**热爱命运**:一个人除了其本身之外什么都不需要,不是未来,不是过去,不是永恒。不要单纯地忍受必然发生之事,更不要掩饰它——所有的

> 理想主义在必然面前都是谎言——而是热爱它……①

换言之,这可能是古希腊智慧内容的"最高"版本,我们决不能徘徊于时间的虚幻维度中——过去或未来——而是相反,尝试尽可能地活在当下:带着确信说"是的",哪怕对于当下的恐惧,带着尼采谈及酒、宴饮以及欢愉之神时所谓的"狄奥尼索斯式肯定"。

尽管我不得不如其所需要的那般无条件地遵循这一命令,实际上我从不相信如下情形对于我们来说是有着些许合理之处或可能的:对于一个孩子的死亡,或者一场自然灾难,或者一场战争,高兴地说"是的"。客观来说,俄狄浦斯悲惨的结局足以证明,希腊悲剧与这种情境的事情没什么关联,它毫无疑问在理论上是崇高的,但在日常生活中却是荒谬的。个人而言,我从未理解,一个人如何以尼采或斯宾诺莎或斯多亚派的方式对所发生任何之事说"是的"。我也不相信这是可取的。对于"奥斯维辛集中营"说"是的"意味着什么?毫无疑问,将这个问题简化成如此突兀的方式是粗野的,在这一情形中,就让我们变得粗野些。事实上,对于这个问题我从未听到有着丝毫可信度的回答,尽管在我的斯多亚派或尼采式或斯宾诺莎主义者的朋友看来,这可能显得微不足道,然而,正是这依然阻止我赞同他们的想法……还有,如我曾说,俄狄浦斯本人不比你我更成功地赞成施加于他

---

① 弗里德里希·尼采,"我为什么这样聪明",《看哪,这人》。

的恐惧。

我们还可以尽力想象第三种方式,介于最低版本的智慧——它使我觉得非常美好,但是很难最充分地实现——与最高版本的之间,后者不甚了解人类现实。这第三种方式在我看来潜隐于希腊悲剧中,几乎一直如此隐秘。显然,俄狄浦斯并没有对他的命运快乐地说"是的",而且这样说是极不真诚的:这一悲剧的旁观者乐于目睹宇宙或神圣秩序重申自我,尽管是正当的,但却鱼肉普通凡人、一直残酷地蹂躏他们。因此这意味着由于俄狄浦斯没有像一位真正的斯多亚主义者、斯宾诺莎分子或尼采分子那样想或者做,他就缺乏智慧吗?我并不如此确信。因为在我看来俄狄浦斯留给我们一则信息,那是有趣的,但不是就 *amor fati*(热爱命运)而言的。作为一个古希腊人,他当然信仰他的世界和他的神,他部分地接受他的命运,这从他惩罚自己的这一事实可以得到确证。他刺瞎双眼,让出王位,以悲惨的流浪方式结束自己的生命。然而,通过这些行为,通过其公开的痛苦——这没有包含可识别出的 *amor fati*,或者接受当下——他反叛、他抗议、他呼喊:事情有些不对劲。他的女儿安提戈涅走得甚至更远,而且以一种极端的形式,为了他前仆后继。并非他们中的任何一人质疑——至少不是明确地——他们陷入其中的世界:相反,安提戈涅清晰地表明,她属于她的家庭,而且对此无能为力。可依然存在着错误之举。这些个人是令人可叹的:俄狄浦斯是智慧的、聪明的、仁慈的、诚实的;安提戈涅是勇敢的、忠诚的,忠于其理想(那是最高秩序)……然而他们被摧毁了。

这需要进一步地思索……

他们悲惨的故事首先教导我们更好地理解人类境况,更好地领会此一含义,即不幸是人类生活中整体性的、不可避免的一部分,而且为什么它同时总是不公正的、荒谬的、过度的。它使得我们同样理解了接受当下之智慧、热爱如其所是之事物的理由,还有尽可能地弃绝念念不忘的痛苦回忆,或者幻想灿烂未来的理由。不过除了这最初的教训(这与"至简"模式相应)之外,如果俄狄浦斯和安提戈涅是英雄式的,且在某种肯定的意义上是传奇人物——对于我们来说就如同最初对于希腊人一样——那么这是因为,和其他人不一样,他们通过本身的遭遇,来验证宇宙秩序中关于人类境遇独一无二的是什么。这里我们能够感受到即将到来的人文主义的早期发酵。在埃斯库罗斯的悲剧中,以相同的方式,普罗米修斯以人类之名反抗众神,索福克勒斯悲剧的旁观者不免开始思考,尽管是隐晦的,这个世界必须被转变、提升、改造,而不仅仅被解释。确定的是,在经纬巨制中存在着差错,而且它有个名字:鞋子中的这个石子,机械中的这个幽灵正是人类自身。当安提戈涅祈求内心的道德时,她——即使她以众神之名说话——是一个革命者,一个人文主义者(实际上他们是相同的),她自己或许没有意识到这一事实,只是将这一识别强加给旁观者。远远多于热爱命运,即一种纯粹地向世界之法则的妥协,她激发我们去质疑事物本身。正是这一点是她性格中真正人类的:它不能被简化为秩序,也不能被众神或者宇宙所同化。我们必须等待,直到人文主义诞生,直到卢梭和康德出现,直到法国大革命的到来,这一普罗米修斯式的理念才能得到充分的阐释——这里"普罗米修斯式"这一术语呈现出其充分的意义,因为,根据柏拉图,普罗米修斯的确是第一个看到人类从无开始,却能获得一切,包括拒绝世界秩序的。在我看来,此中寓有俄狄浦斯和安提戈涅这双重悲剧的真正庄严之处:它破天荒地,从希腊宇宙起源论的封闭体系内核,获得了人道的理念,具有实质上无限的颠覆性潜能。

# 结　语
## 神话与哲学：狄奥尼索斯的教诲与俗世精神

　　我并不是要回到神话遗赠给哲学的希腊宇宙构造上。通过这部作品,我们已经充分表明那多重且复杂的含义,即良善生活只有在这般生存中才能获得——至少如果我们聆听长期以来作为希腊文化本质性意旨的话——理想地说,与事物之宇宙秩序协调一致地行事。不过,就俄狄浦斯悲剧而言,我们也开始察觉到某些其他东西:这一秩序之围墙上的裂缝,影响它并且对它提出了质疑,这些过失作为潜在的悲剧性必然最终降临在我们身上。正是基于这一事态,我想在结语中对于一般会被称为"他异性"的内容进行更进一步的思考:这一"他性"反对宇宙,反对和谐,而它正是我们自身,我们凡人。因为希腊神话的宏伟不止是存在于其多重因素的连结。它同样能够从几乎绝望地使事实结合为整体、协调万有之存在的努力中得来,这万有存在着,但远非在一个主导性的思想体系中被完美地有序化,这是一个赋予和谐超越其他一切特权的体系。这是一项事实:希腊宇宙起源论强调秩序与正义,和谐与同一,不过它也没少警觉这些事物的汹涌吸引力:混沌、歧异、宴飨、酒醉。简言之,就是初看上去属于愚蠢而非智慧领域的一切事物。这经常被提到,希腊思想中的这一"异议"方面,可以说在这方面找到了表达:与柏拉图主义或斯多亚派主流并行的哲学传统中,在一种贯穿于前苏格拉底原子论者、伊壁鸠鲁主义以及智者的反主流文化中——一种前卫的"解构主义",人们可以说,它已经直言不讳地表达了对混沌而非秩序、对歧异而非同一、对身体而非灵魂的渴求。

如果我们自身置于这一视角,看起来关于希腊神话真正值得钦佩的是,它已经非同凡响地大胆进入事物的这一方面,并且通过将其体现为一个人物形象非常坦率地进行描述。他已经与我们打过照面,即狄奥尼索斯,我会对他略作论述作为结语。在更进一步之前,让我们明确,将一个如此声名狼藉的形象转变为一位奥林波斯神,而且如此瞩目地、自信地将其整合至宇宙起源论体系中的核心是非常大胆的。

说狄奥尼索斯让人难以置信是轻描淡写的说法。我之前曾提到过,他是如何诞于"朱庇特之股"的,在紧要关头从母亲塞墨勒的母体中取出。塞墨勒不是女神而是一个普通的凡人,她着火了——确实被烧成了灰——因为一睹她荣耀万分的爱人:宙斯,众神之君。从一开始,狄奥尼索斯就是完全与众不同的人。第一,他是那唯一一位由凡间女子诞下的奥林波斯神,这已经表明,他自身之中承载着混沌的成分:一种根本的他性,一种瑕疵。此外,据说他有着"东方化"的色彩,尽管是"地地道道的"希腊外观。这一术语是不确定的,这是为什么我将其放在引号中的原因,意在表明,从一个在传统上正确的观念看来,狄奥尼索斯有着作为希腊人称为 métèque,即异邦人的神态。更糟的是,他从最幼年的婴儿时期以来,就被打扮成一个女孩,而他身处其中的世界公开提倡的是男人或者雄性德性。起初,正是为了避开赫拉之怒,阿塔马斯国王——赫尔墨斯将那位年幼的神托付给他——才将狄奥尼索斯打扮成如此模样。除此之外,有几处记述认为,正是赫拉致使他的母亲被火烧着,通过可劲地撺掇她请求宙斯向她展示其真身——赫拉非常清楚,这位年轻女子片刻都不能经受住奥林波斯山统治者发出的光芒,而且她会被烧成灰烬。但另一方面,狄奥尼索斯随之养成了爱女装的癖好。为了报复,赫拉在发现这一易装之时,迫使他变得疯狂,而为了能够从宙斯妻子填入他头脑中的那种疯狂和极度紊乱中解脱出来,狄奥尼索斯需要付出几乎是超人般的努力自我净化。为了让狄奥尼索斯免遭赫拉的仇恨,宙斯亲自将其变成一只山羊。据说,这只是增加了他的怪异之处:**他不仅是一个凡间女子生的;他不仅有些东方化,一点女人气,还非常疯狂;而且,他还有着像动物一样的过去!** 如此这般的形象本质上不是奥林波斯神的,这样说实属挂一漏万。相反,一切都被打乱了,当他被发现带领着他的一干有着难以想象之德行的萨提尔、酒神女信徒以及西勒诺斯穿过那被男子气的、战争理念的公正秩序所主导的希腊城邦时。他的随从是狂醉的疯子,并且沉溺于放纵的性欲,甚至到了性虐狂的极端地步,我们面临的是有着多重嗜好的僭越!值得再次指出,将这个奇特的家伙放进最威严的奥林波斯众神班列中,是独一无二的大胆举动。这就提出了一个看似极为简单的问题:为什么?

为了能够更好地理解问题所在而不是给出一个简单的答案,或许我们应该重温其生涯较早也是最浓墨重彩的篇章①,尤其是彭透斯之死,我曾经简要地提及。这个故事值得更为详细地讲述,因为它对于这位怪异神明的独特之处极具阐释意义。

狄奥尼索斯刚一生下来,赫拉就满怀愤怒开始追逐他,如我们所见,就像她追逐许多其他的人一样——尤其是伊娥和赫拉克勒斯——同是出于嫉妒的动机。赫尔墨斯遵照宙斯的命令将这孩子藏在一处安全的地方,并且扮成女装来抚养,我已提及了。当赫拉发现事实真相之后,她不仅逼疯了狄奥尼索斯,还包括他的养父母,阿塔马斯和伊诺(在某些版本中,这也导致了金羊毛神话:阿塔马斯的孩子们努力逃离他们父亲的疯狂……)。现在宙斯将小狄奥尼索斯又藏起来了,这一次是在遥远的一个叫尼萨(Nysa)的地方,在这里宁芙仙女抚养着他。有些文本记载说,正是从这一事件中,这一年轻的神获得了他的名字狄奥尼索斯(Dionysos):"神或宙斯(*Dios*),来自尼萨(Nysa)"……无论情形如何,他四处流浪,最终治愈了他的痴妄症。这个时候他努力返回色雷斯,但被这个地方的国王莱库古(Lycurgue)用暴力赶

---

① 关于其概要我遵循阿波罗多洛斯,然而,依据《荷马颂诗》以及著名的帕诺波利斯的诺努斯的《狄奥尼西亚卡》对此加以补充是有益的。

走。就像一个心胸狭窄的市长看到吉普赛人出现在他整洁的城市街道上,他不想收留狄奥尼索斯的这批疯狂随从,于是将他们围了起来。此非良策。这年轻的神已经有了可怕的威力。他对莱库古施咒,后者随之失去理智,并且遭遇了可怕的结局,被他的子民们在疯狂中割掉一条腿,随后撕成了碎片……狄奥尼索斯又流浪了一阵后,最终返回了他的出生地,或者至少回到了他母亲塞墨勒的出生地,你会记得,她是忒拜的统治者、建城者卡德摩斯与哈尔摩尼娅的女儿。塞墨勒有个姐姐叫阿高厄(Agavé),后者有个儿子叫彭透斯,是狄奥尼索斯的第一个表兄弟。因此,他也是卡德摩斯的外孙。而彭透斯的父亲——对于我们的故事很重要——是那著名的"被耕种之人"中的一个,即我们早些时候曾提及的**斯巴达人**。他甚至是这些**斯巴达人**中最著名的一个,名字叫厄喀翁,一个名副其实的土番——从地里长出来的,确实正如所有这些"被耕种之人"的情形。因此,彭透斯正是狄奥尼索斯的对立面:不是一个"异邦人",而是一个本地人,故土的产物。他的外祖父这个时候年龄太大,已不能再统治这个城邦了,彭透斯成了新国王。他的母亲阿高厄现在经常取笑她死去的妹妹,狄奥尼索斯的母亲:她从不相信宙斯和塞墨勒被烧死的故事,也不相信从"朱庇特之股"生出一个儿子的传言,而且她断言,这如果不是欺骗的话,就是传说。这令狄奥尼索斯极其不快,有两个理由:第一,因为他不喜欢他的母亲受到诋毁;第二,因为阿高厄实际上否认狄奥尼索斯是宙斯的后裔。彭透斯和阿高厄会因为这轻率言行付出极大代价。

由于让-皮埃尔·韦尔南曾经非常精彩地讲述过这个故事,我所能做的就是转述他描绘的狄奥尼索斯来到忒拜的情境:

> 忒拜城可谓古希腊城邦的典范;狄奥尼索斯改装来到此城。他出场的样子不是狄奥尼索斯神,而是神的祭司。一个传教士的形象,穿得像一个女子,长发披肩,他完全是一个东方的混血儿,有着黑色的眼睛,迷人的面容,流利的谈吐——所有这些特征都可能激怒并且引起那从忒拜土地"耕种"出的人彭透斯的反感。他们二人大致相同的年纪。彭透斯是一位非常年轻的国王,而这所谓的祭司同样是一位非常年轻的神。在他身边围着一众妇女,老少皆有,她们是吕底亚人(Lydiennes),东方妇女——东方既指一种体型,也是一种生存方式。她们在城邦的街道上吵吵嚷嚷,就在露天之地或坐或吃或睡。彭透斯将这一切看在眼里,勃然大怒。这群迷途之人在做什么?他想将他们驱逐出去……①

这一描述清晰捕捉到的,也是我在这里引用的原因,是在狄奥尼索斯与彭透斯之间的强烈对比,那异邦人或者流浪者与本土之人的对比,客民与土著的对比:我们可以看到,从一开始他们必然不可避免地会冲突。不过狄奥尼索斯会以一种邪恶且致

---

① 韦尔南,《宇宙、神和人类》,第181页。

命的方式演出这一幕。在彭透斯盛怒的表层下掩饰着一种无意识的诱惑,正如此类情形中经常出现的一样。实际上,他极其迷恋这些女人,迷恋她们在大街上流露出的这种肉欲感,这种言谈的自由和心灵的自由,因为他受到那可恶的约束,从幼儿时期就被以"斯巴达的"方式严格地教育,推崇他的模范城邦的"男子气"德行和价值。而狄奥尼索斯知道如何开发并且利用这一迷恋。他邀请彭透斯来到森林——不得不说是偷偷地——怂恿他加入他们的宴飨:著名的酒神之宴或者狂欢节,这是为了纪念这位神而举办的。彭透斯禁受不住诱惑。他爬上一棵树,隐秘地注视着那毫无疑问就要上演的令人吃惊的景象。所有这一切与他本身之所是以及所代表的相悖,但也正是这一原因产生了精神的,甚至是身体的隐秘且撩人的吸引力……酒神女信徒,狄奥尼索斯随从中的女人(这样称呼与巴克斯[Bacchus]有关,它是这多面神的其他名字之一)现在开始变得谵妄,一边跳舞一边狂饮,追逐幼小动物,然后活活吃掉它们,折磨它们,将它们撕成碎片……简言之,这是充分展现的狄奥尼索斯式疯狂,其中最隐秘的激情是多重性的——当然有性放纵和嗜酒,还有性虐狂、狂喜入迷、如痴如醉……因为他的罪孽,可怜的彭透斯不久就被发现了——当然这是狄奥尼索斯安排好的。这些女信徒们用她们的手指引诱着他。看,她们的新猎物!她们折弯了那棵树,迫使他下来,而他自己的母亲阿高厄,行为举止就像是一个指挥官,在她的密友的帮助之下,将她自己的儿子撕成了碎片。她在精神错乱中将他当做是一只野兽,而且现在得意地返回家向卡德摩斯展示她的战利品:他自己外孙流着血的脑袋,插着一根长矛……

让我们将这故事的后续搁在一边:年老的卡德摩斯彻底心碎了;阿高厄在恢复心智之后同样如此;然而狄奥尼索斯为自己赢得了名声,并且公然施展他的威力……不过更让我们关注的是这一事实,希腊人需要用此类完全站不住脚的、不正当的、如此近似于彻底癫狂的事件,来完成他们的宇宙神话,他们那完全关注于秩序与和谐的传说。这里有些奇特之处,迫使我们质疑将狄奥尼索斯这样一个存在物置于众神世界中的意义。再一次,我们必须问:为什么?

实际上,答案非常简单明了。不过首先我们必须避免犯下一个种属错误:狄奥尼索斯不像提坦或者堤丰,不是"混沌"的产物,不是宙斯建立的经统纬治中的一个狂热的对手。如果这样的话,他就绝不会是一位奥林波斯神。相反,他会被囚禁在塔尔塔罗斯中,就像所有其他的原始存在物一样,被严密看管在盖亚的腹中。因此,他并不体现——或者至少不是首要地——混沌和宇宙两极中的一个极端,哪怕如我们从尼采对于音乐精神的评论中所看到的,在他的成分中显然存在着一种混沌的、提坦式的因素。实际上,他是此二者的混合物,是多种意义的一种综合,因为它依其定义表明,没有不和就没有和谐,没有凡人就没有众神,没有差异就没有同一,没有客民就没有土著,如果不存在异邦人就没有公民……

为什么这一含义极其重要,以至于它必然象征性地潜藏于奥林波斯神殿的核心？对这一问题的回答我们经常求助于对狄奥尼索斯形象的两种解释,相互对立但都有合理之处。除此之外,对于一个神话来说,极其常见的是会有几种解读,考虑到它们确切说来没有确定的作者。如同童话故事一样,我们这里面对的是"类"文学作品——这些创造物不能被归于一个特定的个人,因此不可能将一个单一的容易被归结的作者意图归于此类作品。不可能与荷马交流,不仅是因为他死了,而且因为那可能的"荷马"是一个集体的名字,掩藏了几种不同的身份,或者至少几种口头传统,这里没有单一的个体能够声称对于一部作品的意义承担责任。因此,可以说,我们必须从作品的"外围"入手寻求重建作品的意义。在这种情形下,比起一部作品被归于一位"单独的"作者的情形,选择性阅读也是可能的,而且是可能性更大的或者不可避免的……这相应地使得重建之事更为有趣。但是我们同样要避免这些就在不远的过去非常流行的托辞,它们——基于这样的借口,我们经常面对的是"文本"而不是有着可控意图的作品——的内容是,只关注"结构"而不曾探析含义和它们的意义。非常肯定的是,这将会成为严重的错误。

因此,根据某种对这一神话初步的"尼采式"阅读(只是大致如此,考虑到它与尼采的真实思想相距甚远),狄奥尼索斯是生存之节庆或者狂欢方面的人格化。他肯定代表了这些时刻:纵情、狂喜以及过度,还有嬉戏和欢乐,甚至恰在那边缘。简言之,在生活被"解放"了的所有这些刹那,愉悦地纵情于享乐主义、快乐原则,甚至最隐秘的性冲动的满足。这里,我们有着对于狄奥尼索斯仪式的可被称为"左派的"阅读,对无政府主义的遥远期望,胚胎中的1968年5月精神……此外,在一种相对一致的意义上,罗马文化接下来会这样描绘巴克斯:毫无疑问一个老酒鬼,但同时赞同并且热爱良善生活,充满幽默和热情,而且最终(就像他的随从森林之神西勒诺斯一样)是某种智者,"像火山一样生活"或许是狄奥尼索斯的座右铭,至少根据对神话的这种阅读来说是如此。

问题是,在他的生存中,如同神话所描述的,没有什么内容与狄奥尼索斯的这种理想形象遥相呼应。真相看起来完全不同。酒和宴饮神的生活丝毫也不能使人想象无忧无虑的快乐。他的出生是痛苦的,他的年幼时期动荡不安。当他逃离莱库古之际,当他在印度或者亚洲流浪之际,当他返乡报复阿高厄和彭透斯之际,他更是经常生活在恐惧或者仇恨而非爱和欢愉的纵情之中。而且,狄奥尼索斯节——如果我们花时间仔细思考那根本性文本告诉我们的内容(现实毫无疑问是相当不同的)——模仿的是恐怖影片而不是欢愉宴会:野兽被撕成碎片,孩子被折磨,以及轮奸、骇人的杀戮景象,一切之所为都伴随一种可怕的有节奏的调子。所有这些使得我们怀疑,罗马宴会或者1968年5月或者"爱之夏"的理想形象都离题万里。进一步,如我们在对待其表兄彭透斯中所看到的,狄奥尼索斯的行为一点都不像一位有同情心的英雄。他有魅力并且迷人,是的,但凭借浮夸、谎言和背叛,简言之,通过求助于诡计和欺骗,更仔细地审视,这与黄金时代景象的支持者试图赋予的价值毫无干系:在欢乐和自由爱恋情境中的过度和越轨。在狄奥尼索斯那里有足够多的越轨,但很少有快乐或爱恋……

第二个也是相反的解释,已经贴近现实很多了,获取灵感的来源不是半吊子的尼采主义,而是黑格尔。实际上,这内容是说狄奥尼索斯代表了"差异"[①]时刻——与这一理念相对应,为了包含他性的维度,必须将时间加入永恒和宇宙之中。换言之,他性与这些永恒固定性不同。尽量更为坦率地陈述此事,不打哑谜:这一谵妄神因此包含了需要考虑所有与静止、永恒且神圣命定的宇宙不同甚至相反的东西,这宇宙是由宙斯推动且保证的——不是神圣的混沌本身(这是提坦以及堤丰的王国,他们本身是神,甚至在宇宙本身被适当地建立之前就得以控制),而是机运、混乱、偶然、悲伤以及人类境遇独有的其他不完美之处。所有这一切必须寻求表达,以便——在第三阶段(第一阶段对应于宇宙本身的创造)——它在总体的和谐中得以重建:从此狄奥尼索斯的角色居于奥林波斯神殿的核心。

这一解释明显更贴近狄奥尼索斯传说背后的真意,认为我们要考虑他性、陌生、无序和死亡——实际上是所有不神圣的东西。我给这一黑格尔式视角的唯一限制(却是本质性的)是,最终没有快乐且成功的综合。是的,发明狄奥尼索斯并且允许他地位显赫是不可避免且本质性的,因为真实生活——良善生活,

---

① 在其"自在"(*en soi*)、"定在"(être là)以及"自为"(*pour soi*)的三一组合中,黑格尔称之为"定在"的东西。

对于人类和众神相同——是宇宙和混沌的混合,凡人与不朽者共存。生命停止,纯粹的宇宙变得僵化;纯粹的混乱,一切都会毁灭。酒神节的无序如果不加制衡,会在灾难和死亡中结束;一种相反的原则必须介入,并且终结它。相反,没有人类的宇宙秩序——没有运动且在历史的现世维度中过活的生者——会成为另一种形式的死亡,一种冰冻状的亀息。

正如在尼采典型化的包容性"宏大风格"中(这里我说的是真实的尼采,他绝不是"尼采主义的",更不是"左派"人物了),一个人必须将敌人融入内部①,而不是将其留在外面,这不仅是危险的,而且更糟的是,极端乏味。这解释了这位德国哲学家对狄奥尼索斯这个角色的迷恋,他在后者之中发现了自己。在《悲剧的诞生》中描写的阿波罗式与狄奥尼索斯式对立,彼此不可分离,对于生命来说同样不可或缺:正如没有混沌就没有宇宙,没有时间就没有永恒,或者没有差异就没有同一……

狄奥尼索斯恰通过其存在不断地提醒我们世界的起源,以及世界从中形成的深渊之黑暗。无论我们何时需要提醒,他总是再度使得我们意识到宇宙是如何从混沌之中形成的,源自宙斯战胜提坦的这一建筑是多么脆弱,如果我们忘记了这起源和不确定性,所有一切将更加脆弱。这是狂欢节使我们惊恐的原因,正如疯狂使我们惊恐一样,因为我们确定无疑地感到它是多

---

① 参见在我的《思想简史》中关于尼采的篇章。

么地接近我们:它如何就内在于我们。根本上这就是狄奥尼索斯的教训,或者毋宁是他与奥林波斯神一体化的教训:正如在希腊悲剧中,我们不断地被迫意识到,这整体的构造毕竟是由人所造,也是为了人类,这样的人不仅是永恒宇宙的成员,也陷入一个有限世界,诞生于狄奥尼索斯处处向我们诉说的撕裂和无序的维度中。

不存在任何最终的调和——与黑格尔的模式相反——没有快乐结局,或许是因为这一点,狄奥尼索斯神话允许我们比任何其他神话更好地明白缘由所在:为什么所有这些神话今天依然以如此亲近的方式向我们诉说。这是因为它们说的是关于我们,我们的必死性,用的不是遥远的宗教方式:它们这样做用的是俗世精神的术语,而非信仰的;是就人类拯救方面而言,而非信仰神。奥德修斯之旅非常让人感动的是,他用自己的力量做所有的事情,依靠自己劫后余生、保持清醒、留居在(或重回)他的位置、拒绝不朽和众神太易得的帮助。当然,他们中的一些神,比如雅典娜和宙斯,对他伸出援手,而其他神,比如波塞冬,尽力毁灭他的生存。然而,最终奥德修斯独立地历经磨难,坚定地走向等待着他的死亡。只有哲学会继续见证这起源于希腊神话的世俗现实图景。再一次地,我充分意识到这一主张可能乍看起来是多么地不合逻辑:从所有表象来判断,神话当然与众神打交道,也生活着超自然的存在物和事件,为的是松散地谈论一种"俗人的"或者世俗的智慧?

异议是不言而喻的。不过我们决不能停留在表象中。如果我们更深入地探查,如我们在这些篇幅中所尝试的那样,我们在希腊神话中会发现某些完全不同于宗教的东西:更像是某种尝试,狄奥尼索斯的形象就是其缩影,即充分估量人类必死性、直面众神赋予人类和感性世界的这种疯狂之本来面目,为的是摆脱那疯狂,为了他们自己而保存宇宙。正是对于这一被时间蹂躏的地上世界,我们必须反对偶然,努力赋予其意义,或者毋宁是面对这个世界的他性、不朽众神的宇宙时,赋予其星座般丰富的可能意义。神话从根本上提供给我们的,以及它会遗传给哲学作为一个起点的内容,是一个精彩纷呈全方位的记述,这是关于我们作为个体之人在一个有序且美丽的宇宙中可能的巡回,不过宇宙处处超越我们。在一个像我们这样的时代,宗教日渐褪色,显然我正在说的是世俗的欧洲秩序,而不是已然被神权政治统治着的大陆,希腊神话探索了一个从未像现在这样对我们有影响的问题,即宗教信仰之外的生活的问题。神话本身能够作为一个模板来思索我们当下的境遇。

这是我为什么再次坚持这一点并将其作为结论的原因:悖谬的世俗而非人性的,而且有时候太人性的宗教智慧和精神性,才是希腊神话留给西方哲学传统的遗产。

## 哲学总体上作为宗教的世俗化,尤其希腊哲学作为神话的世俗化:俗世精神的诞生

我曾在其他地方发展了这一想法,哲学,至少在其鼎盛时

刻,总是与宗教逐步的世俗化相关联,并且就是其一个组成部分。① 甚至当它接受了唯物主义,并且与一种神灵的世界观根本性地分道扬镳之际,哲学依然与神灵的视角维持着一种隐秘但不再是根本性的连续性。毕竟,它是从神灵中得出其最重要问题的,这只有在一种神灵的背景中被重新系统陈述之后才能成为真正哲学的。正是这种超越断裂的连续性,让我们理解了哲学接下来如何接受了就拯救而言的良善生活问题,与有限和死亡有关,同时丢弃了神灵的解决之道。从此,哲学也主要对所有个体发言,而不仅仅是信奉者,它的雄心是超越这或那种地方主义,为的是普遍福祉,后者从一开始就与神灵的地方性分离了。

自哲学诞生以来在希腊语境中呈现的这种断裂和连续,在我们对于神话的分析中是显而易见的,让-皮埃尔·韦尔南以巨大的敏锐性展示了这一点。他从他的同僚弗朗西斯·康福德(Francis Conford)关于希腊宗教从神话到哲学之转变的著作中获得启发。韦尔南表明,古代时期,哲学的诞生如何不是某些深不可测的"奇迹"的产物。其要旨值得关注,因为这古代的"世界之祛魅"具备两面性:一方面,最早的哲学家以他们自己的名义*接收了相当份额的神话遗产,比如这些编织在众神以及世界诞生的神话叙事中的秘义*;另一方面,这一遗产本身经历了相当大的修正,*立刻被转变为一种理性思考的新形式,也被这种形式曲*

---

① 《现代人的智慧》(*La sagesse des moderns*,1998)第10章中谈到的一个主题,并且在《何谓成功的人生》(*Qu'est-ce qu'une vie réussie*,2002)中也有。

解了,这赋予它相当新的变调和新的身份。因此,根据韦尔南,希腊哲学本质上

> 以世俗形式以及在一种思维的更抽象层次置换了被神话已经阐释的表现体系。哲学家的宇宙起源论延续了神话的宇宙起源论……这也不是一个模糊类比的问题。康福德详细地表明在阿纳克西曼德(Anaximandre)的哲学与一位赫西俄德这样的诗人的神谱之间有着结构上的对应。①

事实上,自哲学之黎明起,宗教的这种世俗化——它同时被保留但也被超越了:有限性和拯救问题被保留下来,但神话的答案被抛弃了——稳固且实实在在地形成了。特别有趣的是,这一过程如何以两种方式来解读:人们可以特别对待将哲学与宗教联系起来的内容,后者先于前者,并决定了前者;或者相反,人们可以强调在可被称为它的世俗化或理性主义时刻**分离出**哲学的内容。因此,尽管康福德被二者之间的关联所吸引,韦尔南(没有丝毫否认早期希腊哲学的宗教渊源)更为强调将它们区别开来的内容。显然,他承认,

> 最初的哲学家不需要发明一种用来解释世界的体系;

---

① 让-皮埃尔·韦尔南、皮埃尔·维达尔-纳凯(Pierre Vidal-Nacquet),《古希腊:从神话到理性》,1990年,第198页。

他们继承了现成的……不过现在这一点已经被认识到了,感谢康福德,问题必然采取了一种新形式。在希腊哲学中不再是确定已经有了什么的问题,而是区分出什么才是真正新的:也就是那些因素,哲学凭借它们不再是神话了,为的是成为哲学。①

可以说存在着连续性的革命,并且至少在三个层次上运行。第一,不像神话那样以血统的术语来言说,如宙斯是克洛诺斯的儿子,后者是乌拉诺斯的儿子,诸如此类,理性主义的、世俗化的哲学用因果性术语表述事物:这一因素导致那一因素,这一现象产生这些结果,等等。第二,指称盖亚或乌拉诺斯或蓬托斯被指称大地、天空、海洋所替代:这些神在物理因素本身的现实面前(断裂时刻)开始消褪了,尽管如此,物理学家的宇宙还是继承了所有根本性特征如和谐、适宜、美等等——这表征着古代神话和宗教的想象力(它相应地代表了连续性)。最终,哲学家在历史上出现是作为一个单独的形象,与祭司完全不同,他的权威不是来自于他掌握或控制的秘密,而是来自他澄清且公开化的真理;不是来自神秘的秘仪,而是来自他阐述清晰的理性判断的能力。

无需沿着这条路走得更远,我们就已然得到了由哲学反思造成的裂变观念,只要我们更为细致地思考第二点主旨,即哲学家从神圣过渡到世俗的方式(通过努力从希腊神灵中"抽取"或

---

① 前引书,第 202 页。

"抽象"宇宙的构成性物质因素,通过从蓬托斯到水、从乌拉诺斯到天空、从盖亚到大地等等的转变)。当然,这个过程比我在这里所能阐释的要复杂得多,但是原则未变:它是用自然和物理现象中的新事物替代神圣和宗教实体的问题。几个世纪之后,我们依然在西塞罗这样的著者那里发现这一"世俗"革命的有趣回音,依此,用他的话来说,"希腊神话中的众神由自然科学进行了重新阐释"。西塞罗采用了萨图恩(Saturne)(克洛诺斯的罗马名字)、凯卢斯(Caelus)(乌拉诺斯的罗马名字)以及天空的例子,揭示了由斯多亚哲学导致的关于古代神话"迷信"的世俗化过程,表述如下:

> 很久之前的希腊有着这样的信仰,凯卢斯被他的儿子萨图恩致残,而萨图恩本人又被他的儿子朱庇特[宙斯]用武力关押。不过,在这些亵渎神灵的预言中包含着一种经常被研究的物理理论。它们确立的要旨是,那居于天穹且通过自己的代理者创造万物的虚幻或炽热的要素并不具有物质部分,它为了生殖的目的需要与其他物质混合。通过萨图恩,它们又寻找代表控制时间和季节循环过程的那种力量。这是这个神的希腊名字所承载的意义,因为他被称为克洛诺斯,这与 chronos 或者"时间过程"相同。而他后来被称为萨图恩(Saturne),据说是因为他被年月"浸透"(saturé,即"使充满");正是因为时间吞食了季节的过程,而且装载了过去的年月,永不满足,萨图恩被表现为习惯于吞

食他自己的后代。①

将西塞罗在解释伟大的希腊神谱时简单的词源学放在一边,这里重要的是,"世俗化"的根本机制得到了清晰的阐释:它不是与宗教决裂的问题,而是重新安放家具的问题,不是做一次大扫除的问题,而是将神话的重大主题转移至新通道的问题。正是这一双重性——断裂和连续——从一开始,而且永远如此,决定了哲学与其唯一严肃的对手宗教之间的含糊不清的联系。这一动力绝没有被限制在希腊思想的思考中。② 它有着非常普遍性的应用,以至于我们看到它在整个哲学的历史中得到确认,直到也包括这些被认为最少宗教信仰的思想家。这里我仅仅提及这一方面,对此我会在《学会生活》的下一卷中更详细地提出讨论。这里我们只是存而不论,这一论断通行于西方哲学中所有主要的实践者,没有例外。

因此,柏拉图、斯多亚派、斯宾诺莎、黑格尔以及尼采少数几人,依然对拯救和永恒的双重问题感兴趣——每一个都有其方式,而且全都彻底地认为他们标志着与既定宗教的彻底决裂。因此,这不是巧合,如果说在柏拉图和亚里士多德那里,智慧之人比起傻瓜据说是较少死亡之人——在某种意义上更少必死性;或者如《尼各马可伦理学》(亚里士多德的道德生活著作)中

---

① 西塞罗,《论神性》,第24章。
② 如我在其他地方所主张的,尤其是在《现代人的智慧》中。

所说,"使得我们自己不朽,在我们自己能力范围之内"。这也不奇怪,斯宾诺莎的《伦理学》尽管有着非常不同的起点,同样宣称避免形式道德,为的是引导我们走向真正智慧的"福地"——对他来说,同样不可能存在没有从死亡恐惧中解放出来的良善生活,就像成功生活与成功死亡是一回事。我们除了克服所有恐惧外不能发现如何生活,这样做的收益是使得一个人的生活如此地智慧,如此地远离愚蠢,以至于人们成功地"尽可能少地死亡"。这是斯宾诺莎分子熟悉的主题,也得到他的一个伟大阐释者吉尔·德勒兹(Gilles Deleuze)的详尽分析,据此(再一次),"智慧之人的死亡远少于傻瓜"。类似地,在黑格尔那里,"绝对知识"的定义,他整个体系的顶点,直接继承了基督教的护教学:其构成是到达某处,在那里,就像基督教一样,有限与无限,人和神最终和解了——它与基督教主要的分歧在于,在黑格尔眼中,这一和解必须发生在"概念的领域"而不是信仰的……如果尼采提出其"永恒回归"学说的著作非常频繁地借用了福音书独有的寓言形式,那也不算奇怪:这里再一次地,它是这样一种情形,寻求一种基础来区分在绝对意义上值得经历之痛苦的存在,与另一方面几乎不值得延长的存在……从这我们再次看到,根基性的连续以及间或的激进断裂如何定义了这复杂的联系,后者既连结又分离哲学和宗教。

我们将返回到这些重大的哲学时刻,以及在未来的《学会生活》几卷中许多其他的时刻。我现在的观察,不过是迅速地触及这些问题,引出我的两项最终论断,这确证了在第一卷中采取的路径,同样暗示了继之而来的方向。

第一,为了理解哲学,我们必须避免犯下混淆伦理与精神这一最严重的错误(在今天非常普遍)。伦理,不论我们在什么意义上提到这个术语,意指尊重其他人,尊重他的自由、他寻找幸福的权利,只要以他自己的方式,没有其他人因此受到伤害。简言之,对于生活在今天的我们来说,普通的伦理行为的观念粗略说来与我们多种方式庄严宣告的人的权利大致类似。如果我们将此坚持不懈地适用,就不会再有强奸、盗窃或谋杀,不再有公然的经济不平等……这不啻于一场革命。可是……这不能阻止我们变老,或者死亡,或者失去我们的挚爱,或者仅是爱的不幸,或者陷入平庸的单调乏味中无聊地死去。因为这些主题——死亡、爱以及未遂愿——确切地说不是伦理主题。你能像圣人一样生存,一丝不苟地尊重其他人,践行人的权利直到精疲力竭……而你依然会遭受苦难,变老并且死亡。再一次:它们之间互不相干。正是这第二类的生存问题,我用"精神"这个术语来指称它们,与伦理相对,正如在这一系列的第一卷(《思想简史》)的论断所主张的,哲学不像宗教,本质上是一种俗世精神。换言之,它不能被简化为一项简单明了的伦理方案。

但是,将哲学简化为抽象理论同样是错误的。学生也经常被教导说,哲学是反思、批判精神或者论证。毫无疑问,为了清晰地思考,反思、批评、争论更有效,而且显然这是哲学的一部分。不过这同样是社会学、生物学、经济学,甚至新闻学的组成部分。正如我在第一卷中论及的,批判思考绝不是哲学家的特权。希腊神话留给希腊哲学的最重要遗产,在这方面后者显而易见是前者的继承者,是它的如下领悟:最本质的问题正是如何获得良善生活,甚至在众神已经不被崇拜、宇宙已经被柏拉图式或者斯多亚式地世俗化之后。如果哲学诞生于希腊,这是因为,神话通过用一种非同一般的深刻方式为思考凡人在世界中的境遇打好了基础。的确,哲学家追问的根本问题在他们出场之时已经有了清晰的阐述:如何克服必死之恐惧,以便获得智慧,它是拯救的唯一形式,将我们从毁灭之痛苦中解救出来,后者源于我们的必死境况。

从神话到哲学,这一转变证实后者完全是一种"没有神的救赎理论":试图避免我们的恐惧,无需求助于信仰或者某种超越存在,而是通过运用我们的理性,并且尝试无需帮助却劫后余生。这里,存在着哲学与宗教真正的区别。即使希腊神话中充满了神,它们的哲学宏愿确切说来是分离出人类救赎问题,并且将其与众神和他们的威力分隔开:以便留待我们凡人尽可能地解决这个问题,留给我们独自解决——毫无疑问不完美,但凭借的是人类理性的方式,而不是借助于宗教信仰或者不朽之神或女神。如我们在下一卷将要看到的,这的确是希腊哲学遇到的核心挑战。源于这个特殊的问题,对我们今天依然有影响的部分是,希腊哲学"发明"了如此丰富的有创造力的回答,甚至今天依然还能为我们提供理解自己生活的诸多方式。

# "轻与重"文丛(已出)

01 脆弱的幸福　　　　[法]茨维坦·托多罗夫 著　　孙伟红 译
02 启蒙的精神　　　　[法]茨维坦·托多罗夫 著　　马利红 译
03 日常生活颂歌　　　[法]茨维坦·托多罗夫 著　　曹丹红 译
04 爱的多重奏　　　　[法]阿兰·巴迪欧 著　　　　邓　刚 译
05 镜中的忧郁　　　　[瑞士]让·斯塔罗宾斯基 著　郭宏安 译
06 古罗马的性与权力　[法]保罗·韦纳 著　　　　　谢　强 译
07 梦想的权利　　　　[法]加斯东·巴什拉 著

　　　　　　　　　　　　　　　　　　　　杜小真　顾嘉琛 译
08 审美资本主义　　　[法]奥利维耶·阿苏利 著　　黄　琰 译
09 个体的颂歌　　　　[法]茨维坦·托多罗夫 著　　苗　馨 译
10 当爱冲昏头　　　　[德]H·柯依瑟尔　E·舒拉克 著

　　　　　　　　　　　　　　　　　　　　　　张存华 译
11 简单的思想　　　　[法]热拉尔·马瑟 著　　　　黄　蓓 译
12 论移情问题　　　　[德]艾迪特·施泰因 著　　　张浩军 译
13 重返风景　　　　　[法]卡特琳·古特 著　　　　黄金菊 译
14 狄德罗与卢梭　　　[英]玛丽安·霍布森 著　　　胡振明 译
15 走向绝对　　　　　[法]茨维坦·托多罗夫 著　　朱　静 译

16 古希腊人是否相信他们的神话

　　　　　　　［法］保罗·韦纳 著　　　　　　张竝 译

17 图像的生与死　　［法］雷吉斯·德布雷 著

　　　　　　　　　　　　　　　黄迅余　黄建华 译

18 自由的创造与理性的象征

　　　　　　　［瑞士］让·斯塔罗宾斯基 著

　　　　　　　　　　　　　　　张亘　夏燕 译

19 伊西斯的面纱　　［法］皮埃尔·阿多 著　　张卜天 译
20 欲望的眩晕　　　［法］奥利维耶·普里奥尔 著　　方尔平 译
21 谁，在我呼喊时　［法］克洛德·穆沙 著　　李金佳 译
22 普鲁斯特的空间　［比利时］乔治·普莱 著　　张新木 译
23 存在的遗骸　　　［意大利］圣地亚哥·扎巴拉 著

　　　　　　　　　　　吴闻仪　吴晓番　刘梁剑 译

24 艺术家的责任　　［法］让·克莱 著

　　　　　　　　　　　　　　　赵苓岑　曹丹红 译

25 僭越的感觉/欲望之书

　　　　　　　［法］白兰达·卡诺纳 著　　　　袁筱一 译

26 极限体验与书写　［法］菲利浦·索莱尔斯 著　　唐珍 译
27 探求自由的古希腊［法］雅克利娜·德·罗米伊 著

　　　　　　　　　　　　　　　　　　　　　张竝 译

28 别忘记生活　　　［法］皮埃尔·阿多 著　　孙圣英 译

# 图书在版编目(CIP)数据

神话的智慧 /(法)费希著;曹明译.
——上海:华东师范大学出版社,2017
("轻与重"文丛)
ISBN 978 - 7 - 5675 - 6139 - 7

Ⅰ.①神… Ⅱ.①费…②曹… Ⅲ.①神话—研究 Ⅳ.①B932

中国版本图书馆 CIP 数据核字(2017)第 024107 号

华东师范大学出版社六点分社
企划人 倪为国

La sagesse des mythes
by Luc FERRY
Copyright © Éditions Plon, 2008
Simplified Chinese edition arranged through Dakai Agency Limited
Simplified Chinese Translation Copyright © 2017 by East China Normal University Press Ltd.
ALL RIGHTS RESERVED.
上海市版权局著作权合同登记 图字:09 - 2015 - 640 号

轻与重文丛
# 神话的智慧

| | |
|---|---|
| 主　　编 | 姜丹丹　何乏笔 |
| 著　　者 | (法)吕克·费希 |
| 译　　者 | 曹　明 |
| 责任编辑 | 高建红 |
| 封面设计 | 姚　荣 |

| | |
|---|---|
| 出版发行 | 华东师范大学出版社 |
| 社　　址 | 上海市中山北路 3663 号　邮编　200062 |
| 网　　址 | www.ecnupress.com.cn |
| 电　　话 | 021 - 60821666　行政传真　021 - 62572105 |
| 客服电话 | 021 - 62865537 |
| 门市(邮购)电话 | 021 - 62869887 |
| 地　　址 | 上海市中山北路 3663 号华东师范大学校内先锋路口 |
| 网　　店 | http://hdsdcbs.tmall.com |

| | |
|---|---|
| 印 刷 者 | 上海中华商务联合印刷有限公司 |
| 开　　本 | 787×1092　1/32 |
| 印　　张 | 12.75 |
| 字　　数 | 245 千字 |
| 版　　次 | 2017 年 5 月第 1 版 |
| 印　　次 | 2024 年 1 月第 3 次 |
| 书　　号 | ISBN 978 - 7 - 5675 - 6139 - 7/B · 1067 |
| 定　　价 | 68.00 元 |
| 出 版 人 | 王　焰 |

(如发现本版图书有印订质量问题,请寄回本社客服中心调换或电话 021 - 62865537 联系)